KB075999

변혁적 중도론

변혁적 중도론

정현곤 엮음

창비

일러두기

1. 이 책에는 '창비담론총서'에 싣기 위해 새로 집필한 글을 포함하여, 계간 『창작과 비평』을 중심으로 여러 매체에 발표된 해당 주제의 기고문을 수록했다. 수록 글의 출처와 최초 발표시기는 책의 맨 뒤에 밝혔다.
2. 편집과정에서 이해를 돕기 위해 덧붙인 부분은 〔 〕로 표시했다.

차례

서장

변혁적 중도의 실현을 위하여

정현곤

1. 변혁적 중도의 운동노선을 제기한다

본서는 백낙청이 제기한 '변혁적 중도론'을 하나의 정치적·사회적 운동노선으로 이해하며 진전시키고자 한다. 변혁적 중도론은 분단체제에 기반한 안보국가와 소수의 특권세력이 구사하는 정치·외교·안보·경제·사회·문화 제반 정책의 편중과 왜곡에 맞서 민주·복지·평화사회를 건설하려는 정당과 시민사회의 연대 및 실천 전략의 하나이다.

변혁적 중도론은 분단체제를 그 '변혁'의 대상으로 한다. 분단체제는 남북분단이 구조화, 체계화되면서 스스로 재생산할 수 있는 동력을 확보한 일종의 통합된 체제로서, 남북 공히 극소수 기득권층의 결탁으로 정치·사회구조가 편제된다는 특징을 보인다. 그런 탓에 분단체제하에서는 남북 모두에서 다수의 피해자가 양산되고 있다.

그러나 남과 북 사이의 이질성과 단절이 심하다는 점에서, 분단체제는 엄밀한 의미의 통합적인 사회체제와는 거리가 있음을 인정한다. 이에 따라 분단체제에 입각한 실천노선으로서의 변혁적 중도주의는 남한 사회의 관점을 채택하게 된다. 여기서 또한 무엇보다 중요한 것은 남한 사회를 포괄하는 분단체제 자체가 한반도에 작동하는 자본주의 세계체제의 국지적 양상이라는 점이다.

분단체제는 고정된 실체는 아니며, 남북관계와 한반도 주변의 역학관계에 따라 변화해왔다. 우리는 1987년 6월 민주항쟁을 통해 남한 사회가 민주화의 길로 들어서면서 분단체제를 지탱하는 한 축이 흔들렸던 역사를 직접 겪었으며, 2000년 남북정상회담에 이르러서는 분단체제 변화의 기대감을 품은 바 있다. 이러한 분단체제의 변화와 더불어 이를 극복하려는 변혁적 중도주의 실천 또한 계속 다듬어져왔다고 할 수 있다.

변혁적 중도주의는 분단체제 극복운동으로 남북관계 차원에서는 '포용정책 2.0'을, 남한사회 개혁 차원에서는 '2013년체제'를 내놓은 바 있다. 두 운동은 서로가 서로를 내포하는 특성을 지니고 있으며 따라서 통일문제와 남한사회 개혁의 문제가 상호작용하는 동시성을 드러낸다.

2. '변혁'과 '중도'의 변증법

변혁적 중도주의는 변혁과 중도라는 일견 상반되는 두 개념을 포함한다. 우리의 물음은 다음의 질문과 동일하다.

> 어째서 전쟁이나 혁명이 아니고, 그런데도 그냥 '개혁'이라고 해서는 안되고 굳이 변혁이라고 쓰느냐?[1)]

이 질문에서 '전쟁은 안된다' '혁명도 아니다'라는 의미를 이해하기는 어렵지 않다. 우리는 이미 다시는 겪어서는 안되는 전쟁을 치른 바 있고, 1987년 6월 민주항쟁을 통해 군사독재를 청산한 이후로 혁명적 방식은 더이상 통용될 수 있는 방법이 아니라는 것을 잘 알고 있기 때문이다. 그런 점에서 이 질문의 어려움은 왜 '개혁'이 아니고 변혁이냐는 점에 있다.

> 사실 개혁과 변혁을 너무 이분법적으로 보는 것은 우리가 넘어서야 하고, 분단체제 변혁작업에서 남한 사회의 적절한 개혁이 중요한 몫을 차지합니다. 다만 분단체제를 그대로 놔둔 채 남쪽 사회만 개혁해서 우리 사회의 문제를 풀어보겠다는 것은 불가능한 일이라는 판단입니다. 그런 의미에서 개혁이나 혁명이 아닌 '변혁'이 정확한 표현이라고 말씀드릴 수 있겠습니다.[2)]

'개혁'을 포함하되 그 실현을 보장하기 위한 더 결정적인 과제를 부각시키는 의미에서 '변혁'을 사용하고 있다는 말이다. 여기서 더 결정적인 과제란 물론 분단체제 극복의 과제를 말하는 것이다. 변혁과 개혁의 차이를 드러내는 이 의미는 백낙청의 다음 글에서 좀더 정확하게 드러난다.

> 남한 현실에서의 실천노선으로서 변혁적 중도주의는 변혁주의가 아닌 개혁주의인데, 다만 남한 사회의 개혁이 분단체제 극복운동이라는 중기적 운동과 연계됨으로써만 실효를 거둘 수 있다는 입장인 것이다.[3)]

그런데 변혁적 중도주의가 사실은 개혁주의라는 이 설명은 변혁과 개혁의 관계에서가 아니라 '중도'의 의미가 부가되면서 가능해지는 설명이다. 백낙청이 얘기하는 개혁주의는 '변혁적 중도주의'라는 단일한 개념 속에서만 이해되기 때문이다. 그렇다면 중도란 또 무엇인가? 아무래도 중도가 변혁과 결합하려면 조금 우회해야 할 것 같다.

중도는 원래 불교 용어로서 '유(有)와 무(無)의 두 극단을 아울러 넘어선 공(空)의 경지'를 말한다. 이는 당연히 탐진치(貪瞋癡, 욕심내는 마음, 성내고 미워하는 마음, 어리석은 마음) 삼독심(三毒心)을 극복한 상태이다. 중도에 대한 이러한 이해는 일종의 마음공부로서 중도를 바라보는 것이다. 한편, 중도에는 '어느 한쪽으로 치우치지 아니하는 바른 길'이라는 사전적 의미가 있다. 우리가 '중도'를 사용하는 순간 그러한 언어 규정을 피할 수 없다. 결국 급진성을 내포하는 변혁과 보편성을 드러내는 중도는 상충한다는 얘기인데, 지금 시기 이 둘을 결합시킬 수 있는 논리적 정합성은 무엇인가? 그것은 현실 그 자체가 설명한다고 말할 수 있다. 우리는 평화와 평등의 가치가 한반도 주민의 폭넓은 동의 속에 있다는 것을 알지만, 그 가치야말로 한반도에 분단체제보다 나은 체제로의 변화가 이룩됨으로써만 비로소 제대로 작동한다는 것 또한 안다. 이럴 때 변혁의 의미는 한반도 전체를 보는 시각이 된다. 그리고 중도는 남한 사회를 좀더 나은 방향으로 가져가려는 실천노선이 된다. 변혁과 중도는 개념 자체로 그 층위가 다르며 적용범위도 다르게 설정되는 것이다.

이렇듯 중도는 변혁과 만나 다음 세가지 의미를 획득한다. 첫째로, 중도는 변혁과 함께 쓰임으로써 자본주의 세계체제와 분단체제의 취약점을 명료하게 해준다. 이들 체제가 가진 특성을 탐진치의 관점에서 드러내주기 때문이다. 특히 분단체제의 경우, 자본주의 체제원리가 더욱 저열한 천민성을 띠고 나타난다는 점에서 중도와는 상극이다. 사실 한국 자본주의의 천민성에 대해서는 누구나 공감하는 바이고, 이것은 북의 지독한 세습정치의 후진성과 적대적 상호의존관계를 맺으며 탐진치 삼독심을 증폭시켜왔다.

둘째로, 중도는 분단체제 극복을 위한 세력 연대의 방법론으로 쓰인다.

그런데 남한 사회로 국한해보면, 이런 변혁을 이룩하기 위해서는 분단 현실을 고수하려는 이들과 비현실적인 과격노선을 고집하는 이들[4]을 제외한 나머지가 모두 힘을 합치는 광범위한 국민통합이 요구됩니다. 그래야지 전쟁을 하는 것도 아니고 혁명을 하는 것도 아니고, 그러면서도 부분적인 개혁에만 안주하지 않고 변혁을 이룰 수 있는 거지요. 그 점에서 중도주의일 수밖에 없는 것입니다.[5]

셋째는 불교적 원뜻인 마음공부의 의미로, 이는 분단체제 극복운동의 리더십으로 표상된다. 중도의 마음공부가 리더십이 되는 이유는 다음과 같다. 우선 참된 공(空)의 경지인 중도는 수준 높은 범인류적 표준이기에 그 자체로 마음공부다. 그러한 공부는 우리 사회의 개혁과 그에 얽힌 분단체제뿐 아니라, 이 체제를 매개로 탐진치를 증폭시키는 자본주의 세계체제의 모순과 대면하는 용기가 된다. 그런 점에서 중도는, 분단체제로 피폐해진 한반도 주민들이 스스로를 극복하는 정치적 인간의 행동규범으로 차출된 것임을 알 수 있다. 다만 여기서는 중도의 마음공부조차 정치·사회현실에 종속되어 있음을 자각하는 것이 우선일 것이다.

3. 분단체제론에 대한 이해

변혁적 중도주의는 분단체제론을 이론적 기반으로 삼는다. 분단체제론은 한국 사회에 내재화된 분단의 작용력에 대해 그 체제적 성격을 논할 필요성에 따라 제기되었다. 여기서 **체제**적 성격이란, 대한민국이 독립적이고도 고립적인 실체가 아니라 남북 전체를 망라하는 특이한 복합체의 한 구성물이라는 의미를 담고 있다. 따라서 분단체제론의 이해에는 첫번째로 '분단문제'나 '분단모순'이라 하지 않고 분단**체제**라고 쓰는 의미를 이해하는 것이 중요하다. 백낙청 자신은 분단체제에 대해 "남북한이 각기 다른 '체제'(즉 사회제도)를 가졌으면서도 양자가 교묘하게 얽혀 분단현실을 재생산해가기도 하는 구조적 현실을 좀더 확연히 인식하기 위해"[6] 사용한다고 말한다. 분단의 영향력보다는 분단현실 자체가 재생산되는 구조에 주목하는 것이다. 이런 점에 비추어볼 때 역시 분단체제론은 체제 개념에 대한 일반적인 정의를 넘어서야 접근이 수월하다.

분단체제론에서 사용하는 체제 개념은 레짐(regime) 또는 시스템(system) 중의 하나일 수 있다. 정대화에 따르면 정치학에서 체제라는 것은 "일정한 권력을 정점으로 구성되고 이에 부합되는 지배집단을 포함하는 regime의 개념일 수도 있고, 체계이론(system theory)에서 사용하는 것으로서 그 자체 일정한 구성요소를 가지고 대외적으로 폐쇄적이고 대내적으로 수평적인 system일 수도 있다."[7] 김종엽에 따르면 "레짐은 '군사독재체제'와 같이 단순히 정부 형태 혹은 정부 성격을 나타내는 말로 쓰"이기도 하며, 나아가 "정부와 사회의 상호작용을 규율하는 일종의 규칙을 포함"하기도 하고 그런 방식 뒤의 "사회문화적 규범까지 포섭하는 의미로 사용된다." 반면에 시스템은

"구성요소들이 통합된 전체를 이룰 경우 쓰"이는데, "대개 정치경제적인 영역에서 주로 쓰이는 용어인 레짐과 달리 시스템은 추상도가 높으며 그렇기 때문에 오히려 우주적인 현상(예컨대 태양계)에서부터 심리적인 현상(심리체계)에 이르기까지 매우 다양한 현상을 지칭하는 데 사용된다."[8] 흥미로운 점은, 정대화의 경우 분단체제론을 레짐도 시스템도 아닌 독특한 것으로 이해하는 반면에 김종엽은 시스템에 가까운 것으로 본다는 점이다. 정작 백낙청 본인은 분단체제를 일단 시스템으로 설정하지만 예컨대 세계체제(world-system)에 비하면 자기완결성이 훨씬 덜한, 그런 의미로 레짐에 가까운 시스템으로 이해한다.[9]

분단체제론 이해의 두번째 관문은 분단체제가 한편으로는 자본주의 세계체제와, 다른 한편으로는 남북 각 사회체제와 연관되어 있다는 것이다. 이미 개념 이해를 통해 짐작할 수 있겠지만 한국 사회가 독립적이고 완결된 체제가 아니듯이 분단체제 자체도 완결된 체제가 아니다. 그렇다면 세계체제, 분단체제, 남북의 각 체제라는 세 차원의 체제는 어떤 연관으로 이해되는가? 이 문제에 대해서는 다음의 표현을 그 출발로 삼을 수 있다.

"자본주의 세계체제가 한반도를 중심으로 작동하는 장치가 곧 분단체제이고 남북 각기 상대적인 독자성을 갖는 사회이긴 하지만 분단체제의 매개작용을 통해 세계체제의 규정력을 반영하고 있다는 인식"[10]이 그것이다. 이러한 진술을 통해 우리는 3자 관계에서 자본주의 세계체제의 규정력이 가장 기본적인 것이며,[11] 분단체제가 세계체제에 포섭되어 있음을 알 수 있다. 그런 점에서 흔히 '분단이 모든 것의 원인이라는 말이냐?'라거나 '분단문제만 해결되면 다른 문제도 해결된다는 얘기냐?'라는 식의 분단환원론적 문제제기는 분단체제론 논의에서 적확한 논점이 아니라는 것이 확인된다.

주지하듯이 자본주의 세계체제는 이매뉴얼 월러스틴(Immanuel Wallerstein)의 세계체제분석(world-systems analysis) 패러다임에 의해 정식화되었다. 그 핵심적 주장은 우리가 분석단위로 당연시하는 국가가 근대 자본주의 세계체제의 작동과 유지의 제도적 산물이라는 데 있다. 국가는 근대세계체제 안의 여러 제도들, 즉 국가간 체제, 다양한 사회적 집단, 가구, 계급, 성, 종족을 비롯한 각종 정체성 집단들 가운데 하나일 뿐인데, 그것이 오히려 절대시되어 사회 연구의 기본적 분석단위로 전제되어왔다는 것이다. 세계체제론은 자본주의 극복을 목표로 하는 운동전략에 대한 심각한 문제제기로서 중요한 정치적 함축을 갖는다. 자본주의가 세계체제로 작동한다면, 그래서 그 극복대상이 국가가 아니라 세계체제라면, 이제 국가권력 장악을 통한 사회 변혁이 아니라 전혀 새로운 전략을 설정해야 할 과제가 뒤따르기 때문이다.

따라서 분단체제가 극복된다고 해서 자본주의 세계체제가 곧바로 극복될 수 없다는 것 또한 당연한 일이다. 분단체제는 자기완결적인 것이 아니라 현존 세계체제가 한반도에서 작동하는 국지적인 양상이고, 이는 곧 현존 세계체제의 계급갈등, 성차별, 인종주의, 환경파괴 같은 문제들이 분단체제를 매개로 해서 남북 사회를 한층 심각하게 규정짓는다는 뜻이기도 하다. 하지만 한반도의 분단체제가 엄연히 세계체제의 국지적 작동양상인 한 그 극복이 현 세계체제 일각을 허무는 데 크게 기여하리라는 전망은 충분히 가능하다. 월러스틴의 주장처럼 사회 연구의 분석단위가 오직 세계체제뿐이라는 인식에 설 때[12] 분단체제가 받는 압박의 결정적 실체로서의 세계체제의 여러 모순들 또한 제대로 파악할 수 있게 된다. 비로소 세계체제, 분단체제, 남북 각 체제의 세 층위는 세계체제를 중심으로 총체적인 관계를 맺게 되는 것이다.

월러스틴의 세계체제론은 현실세계가 작동하는 방식에 대한 총체론적 접근이다. 현실 그 자체가 관계들의 총체로 드러나는 것이라 할 때, 월러스틴의 방법론은 이론의 정합적 체계에 갇혀 현실의 일부만을 진리인 양 이해하는 한계를 깨고 나온 인식론의 변화라 할 수 있다. 이러한 문제의식은 분단체제론에도 담겨 있다. 실제로 분단체제론에 대해서는 종합적이고 정합적인 체계를 구축하는 이론모델이 아니라 인식방법에 가깝다[13]는 이해가 크다. 백낙청 본인도 "'분단체제' 개념을 끌어들임으로써 한반도 전체—다시 말해 남북 양쪽 모두—의 현실이 훨씬 효과적으로 설명될 수 있어야 할 것"[14]이라고 개념 제기의 의미를 부여한 바 있다. 그런 점에서 분단체제론은 일종의 현상학이라고도 할 수 있다.

분단체제 이해의 세번째 관문은 현상학이라는 측면에서 분단체제론이 갖는 현실분석 능력이다. 이 문제에 대해서는 실증 이해가 가능하다. 백낙청의 분단체제론 4부작이랄 수도 있는 『분단체제 변혁의 공부길』(1994) 『흔들리는 분단체제』(1998) 『한반도식 통일, 현재진행형』(2006) 『어디가 중도며 어째서 변혁인가』(2009), 그리고 뒤이은 『2013년체제 만들기』(2012)를 통해 진단해볼 수 있기 때문이다. 우리는 분단체제의 현상학적 측면을 두개의 분석틀에서 살펴볼 수 있다. 하나가 분단체제론의 한반도판인 '포용정책 2.0'이고, 다른 하나가 그에 연관된 한국사회 개혁판인 '2013년체제론'이다.

4. 변혁적 중도주의의 '포용정책 2.0'

변혁적 중도주의는 한국사회 개혁에서 통일문제의 중요성을 강조하는 일환으로 포용정책 2.0을 정식화했다.

포용정책 2.0은 그 명칭에서 나타나듯이 '포용정책 1.0'의 업그레이드판이다. 포용정책 1.0은 노태우 대통령 시절의 '남북 사이의 화해와 불가침 및 교류·협력에 관한 합의서'(이하 '남북기본합의서')에서 발의되었고, 김대중 대통령 집권기인 2000년에 최초의 남북정상회담이 성사되고 '6·15남북공동선언'(이하 '6·15공동선언')이 발표되면서 완성되었다. 1991년의 남북기본합의서가 불가침, 교류·협력의 방대한 내용이었지만 실행력이 결여된 예비설계였다면 2000년의 6·15공동선언은 최초의 남북정상회담에서 나온 장전의 성격인데, 남북관계 개선에 집중했다는 점에서 포용정책 1.0은 대북정책의 범위 내에 있다고 할 수 있다. 다만 남북관계라는 것이 국가 대 국가의 외교관계를 말하는 것이 아니라 통일을 향한 이정표를 담고 있기에 그 경로와 방법, 통일된 국가의 성격에 대한 논쟁이 있어왔던 것이다.

그에 비해 포용정책 2.0은 남북관계와 더불어 그것이 남과 북 각각의 개혁에 미치는 영향까지를 분석범위에 담는다는 차이를 보인다. 포용정책 2.0이 1.0의 업그레이드판임을 구체적으로 드러내는 것이 바로 통일의 중간단계로서 국가연합과 시민참여형 통일에 대한 강조이다.

우선 국가연합의 경우는 6·15공동선언 제2항[15]에 명기되어 있는 것으로, 포용정책 1.0의 범주에 속한다. 이는 교류와 협력이 전개될수록 북한에서 커져가는 체제 이완의 불안감에 대한 대응체계로 준비된 것이기도 했다. 물론 포용정책 1.0의 실행이 북한에만 체제 불안감을 예고한 것은 아니다. 그것은 남한의 경우도 마찬가지였는데, 당장 포용정책 자체에 대한 반발이 하나의 세력으로 형성되었다. 그 대표적인 논쟁이 '퍼주기', 북한 인권, 북핵 위협 등이다. 여기에는 포용정책이 북한 정권의 위기를 넘기는 데 기여할 뿐 북한의 변화는 이끌어내지 못할 것이라는 비판이 담겨 있다. 이 논쟁을 거치면서 국가연합은 복합적인 의미로 포착되었다. 예컨대 남한에서 국가연합의 성립은 북한발 안보 위협을 넘어서는 국면으로의 진입을 의미했다. 북한의 경우 국가연합은 남북교류 확장에 따른 체제 불안 우려를 상쇄해주는 장치로 이해되었다. 이렇듯 국가연합이 일정하게 완충적 역할을 하게 되면 남북 각각은 자기 문제를 해결할 시간적·공간적 여유를 가질 수 있다. 그런 면에서 국가연합은 남북 교류·협력의 질서를 지속적으로 확장하는 데 반드시 필요한 운영체계라는 의미를 가질 뿐 아니라 점차로 남북 각각의 개혁을 풀어갈 중간단계로서 기능하게 된다.

포용정책 1.0에 대한 평가는 분명히 갈린다. 적어도 2007년 2차 남북정상회담 시기까지만 본다면 협상을 통한 북한 핵활동 동결과 상생·협력의 남북 당국간협상 체계는 효과가 있었다고 판단할 수 있다. 한편, 북한이 끝내 핵무기 보유국가를 이룩한 것에 비추어 '북한을 변화시킨다는 것은 애초에 불가능했다'는 주장도 일정한 설득력을 지닌다. 2008년을 기점으로 이렇게 평가가 단절되어 이루어진 원인으로는 당시 남한에서의 이명박정부로의 교체가 결정적이다. 이때부터 남과 북은 서로의 협력이 가져다줄 미래에 대해 의심을 더욱 키웠고, 점차 다른 방향으로 갈 길을 재촉하고 만다.

포용정책 2.0은 국가연합의 건설과 이를 통한 교류·협력의 증대라는 현실을 예고하고 대비하며, 나아가 그렇게 현실화된 국가연합이라는 중간단계에서 남북 각각이 무엇을 준비해야 하는지 그 내용에 대해 말하고 있다. 남북협력의 여러 공간에 국가기관뿐 아니라 기업을 포함한 시민사회의 여러 자원이 더 많이 관여할 때 통일의 내용도 풍성해질 뿐 아니라 국내적으로도 좀더 나은 사회개혁과 쇄신이 쌓여갈 것이라고 보는 것이다. 그것이 포용정책 2.0을 일명 '시민참여형 통일'이라 부르는 이유이다. 예컨대 기업들이 교류와 협력을 통해 남북의 자원을 연결하여 한반도 주민의 경제생활을 향상시켜가는 것은 말할 것도 없고, 환경운동과 녹색운동의 경우도 북한과 연관지어 친환경적 에너지 대안을 찾아내고 궁극적으로 핵 없는 한반도를 향해 나아가는 것이 시민참여형 통일의 내용이 되는 것이다. 특히 여성운동이 분단체제 속의 성차별 문제를 인지하고 성찰하여 남북 공히 가부장제를 극복하고 여성의 권익 신장을 도모하는 것은 중요한 시민참여 통일운동이다.

포용정책 2.0의 대북정책에서 국가연합과 연계되어 다루는 것이 한반도 평화체제이다. 평화체제는 포용정책 1.0에서도 다루어온 주제로, 북의 핵무기 개발이 핵심 이슈였다. 포용정책 1.0은 '한반도 평화프로세스'를 해법으로 2005년 9월 19일 제4차 6자회담 2단계 회의에서 북한의 핵 포기와 미국의 대북위협 제거를 교환하고 향후 평화체제로 대체한다는 합의를 이끌어냈다. 그러나 이 합의는 북미관계 정상화로 나아가지 못하고 멈춰 있다. 이러한 과정은 한반도 평화프로세스가 북의 체제 안전을 약속하는 정도로는 부족하다는 점을 보여준다. 포용정책 2.0은 바로 이 지점에서 분명한 해법을 제시한다.

> 남북연합 건설은 6·15공동선언에 포함된 것이니까 포용정책 1.0에 이미 들어 있습니다. 그러나 포용정책 1.0에서는 교류협력을 잘하다보면 남북연합을 할 수도 있다고 편안하게 생각했다고 봅니다. 그러나 그렇게 안되는 게 점점 명백해졌지요. 이제는 교류협력이든 북핵문제 해결이든 평화협정 체결이든 이 모든 것을 남북연합 건설이라는 1단계 목표를 중심에 놓고 설계하고 추진하는 것이 필요해졌다고 생각합니다. 남북연합이 문제 해결의 선결조건

이라는 말은 아니고, 남북연합을 향한 비전이 있고, 계획이 있고, 로드맵이 있고, 다른 현안과의 연계성이 녹아들어가야 한다는 것입니다. 그래서 나는 남북연합의 추진 없이는 핵문제도 해결이 안 될 거라고 오랫동안 주장해왔습니다.[16)]

이와 연관하여 포용정책 2.0에서는 한반도 평화체제가 1953년 정전체제와 대비되어 한국사회 개혁을 위한 매우 중요한 장치라는 입장을 동시에 갖는다. 물론 포용정책 2.0이 한반도 평화체제가 지체되어 벌어졌던 한국 사회의 제반 문제를 분석하고 있지는 않지만, 상시적 전쟁체제로 드러난 남북관계가 한국 사회를 얼마나 피폐하게 하는지에 대한 문제의식을 늘 긴장되게 유지하는 것이 포용정책 2.0의 의미라 할 것이다.

포용정책 2.0 앞에 대두된 중요한 과제 중 하나는 북한의 핵무기 보유국가화이다. 이 문제는 포용정책 2.0이 제기하는 국가연합이 앞으로 북한으로 하여금 핵무기를 포기하게 하고 통일로 나아가는 중간단계로서 의미를 지닐 수 있는가 하는 질문을 던진다. 이 질문은 북한의 위협능력 강화가 한반도 정세를 긴장으로 몰아넣지 않겠느냐는 한반도 평화에 대한 우려와, 북한이 끝내 핵무기 보유국가를 표명함으로써 영구적 분단의 길을 가는 것이 아닌가 하는 통일에 대한 우려를 모두 내포하고 있다. 북한의 핵무기가 북한 자신의 체제를 유지하는 데 중요한 지렛대가 될 수 있다는 점은 분명 인정된다. 그러나 북한의 체제문제는 정권과 '인민'의 관계에서도 발생하는 만큼,

'인민'의 경제생활 향상이 필수이다. 그런 점에서 북한이 내걸고 있는 핵·경제 병진노선의 성패가 역시 관건이 된다. 북한에 있어서도 핵무기는 체제문제를 해결하는 본질은 아닌 것이다.

북한의 핵무기 보유국가화가 한반도 정세를 긴장시킬 것이라는 우려는 당연하다. 북한의 핵무기 보유국가화는 한미공조 정책이 평화체제 문제를 회피해온 데 따른 나쁜 결과물이라는 점 또한 분명하다. 북미간 공방이 누적되면서 비핵화와 평화체제가 동시적으로 교환될 수 있는 시점은 이미 지나갔다. 이제 북한은 평화협정이 체결되어도 핵무기 폐기를 동시적으로 진행하지는 않을 것이다. 북한의 입장에서는 협정은 허약하고 현실의 무기만이 살길이라 판단할 가능성이 크기 때문이다. 북한의 핵은 남북관계 발전에 지속적인 장애로 작용할 것이다.

북한의 핵무기 보유국가화가 드러내는 평화와 통일에 대한 우려는 서로 연결되어 있다. 북한에 있어 평화는 체제의 유지이고, 이는 흡수통일에 대한 저항이기도 하다. 여기서 중요한 것은 북한의 체제가 '현상 유지'되는 것에 대한 우리의 입장이다. 포용정책 2.0의 문제의식은 바로 이 지점에서 다시 중요해진다. 포용정책 1.0의 좌절은 결국 흡수통일 이외의 대안을 만들지 못한 결과이기 때문이다. 포용정책 2.0의 국가연합이 흡수통일 이외의 대안이 될 수 있다는 것은 국가연합을 명백한 하나의 통일단계로 이해하고 있다는 의미이다. 결국 국가연합의 설정 없이는 남북관계는 항시적인 불안 속에 있게 되는 것이다.

5. 변혁적 중도주의의 '2013년체제론'[17)]

2013년체제론은 변혁적 중도주의의 실천적 의미를 종합적으로 드러낸 첫 시도이다. 2013년체제론은 2014년에는 「큰 적공, 큰 전환을 위하여 — 2013년체제론 이후」로 진화했고 점차 국가와 사회 운영체제로 발전할 것으로 기대된다.

2011년 3월 백낙청은 「'2013년체제'를 준비하자」라는 글을 발표한다. 당시 발표문의 제목을 좀더 명료하게 표현하자면 '민주, 평화, 복지의 2013년체제를 건설하자'가 될 것인데, 2013년이라는 연도가 붙은 것은 2012년의 총선과 대선을 통해 수립될 의회와 행정부를 염두에 둔 것이다. 이 글이 내건 '평화체제, 복지국가, 공정·공평사회'라는 비전은 당시 사회의 일반적 과제와 어울렸다. 그런 점에서 당시 발표문의 독창성은 그 3대 의제보다는 '2013년체제'라는 과제명 자체에 있었다.

2013년체제론에서는 먼저 한반도 평화체제를 핵심과제로 제기하고 이를 통해 1953년 정전체제를 대체한다는 비전을 담고 있다. 평화체제를 남북이 공유한다는 것은, 평화적 환경에서 남북 각자가 자신이 원하는 과제를 수행한다는 점에서 남북의 점진적 통일작업이 남북 각각의 개혁작업과 동시에 이루어져야 한다는 변혁적 중도주의의 관점을 반영한 것이다. 여기서 문제는 '2013년체제론'이 한반도 평화체제 수립의 당위성만큼 그 현실성을 드러낼 수 있느냐 하는 것이었다.

이 문제는 포용정책 2.0의 대상영역이기도 한데, 필자는 '2013년체제 건설에서의 북한 변수'라는 제목으로 『창작과비평』 2012년 봄호에 그 해법을 제안하였다. 이 글은 포용정책 2.0의 핵심전략인 남북연합이 '2013년체제에서 가능하다'는 입장에 서 있다. 이 글에서는 북한의 경우 적어도 2012년 초입까지 2007년의 '10·4남북정상선언'을 강조하면서 동시에 '자주'를 언급하는 것에 주목했고, 따라서 남북관계를 여전히 중시하는 것으로 판단했다. 북한 핵무기의 경우도 평화체제가 구축되는 방향에서 논의가 진행된다면 협상에 올릴 수 있다는 북한의 입장을 확인했다. 미국의 경우는 2011년 말의 상황까지는 확인하지 않았지만 2009년 11월에 힐러리 클린턴 미 국무장관이 제시한 방안, 즉 '관계정상화와 평화조약 체결 검토' 발언을 상기했다.[18] 남북연합 실행 차원에서는 2007년 남북 사이의 종전선언을 제시한 부시 미 대통령의 발언에서 출발하여 이 단계에서 북미간 연락사무소를 개설할 수 있다고 보았다. 종전선언 논의를 평화협정으로 이어가고 이 과정에서 비핵화와 평화협정을 동시 병행하여 운영할 수 있다고 보았다. 서해 북방한계선(NLL) 문제의 경우는 남북 사이의 쟁점이 당장 해소되기 어려운 만큼 나중에 평화협정을 논의하는 단계에서 남·북·미·중의 4자틀에서 논의하자고 제안했다.

또한, 2013년체제론은 한반도 평화체제와 복지국가, 사회적 양극화 등 여타 개혁의제 간의 관계 설정이다. 2010년 지방선거에서 무상급식 이슈가 크게 부각된 이후 복지국가가 하나의 대세처럼 여겨졌기에 복지 지향과 한반도 평화체제의 관계를 이해시키는 것이 매우 중요했다. 이 문제에서 2013년체제론은 평화와 복지의 관계가 '한반도 평화체제 지향―국방비 감축―복지예산 증대'라는 수준에 머무르는 것을 경계하고, 적어도 '평화복지연대'라는 차원으로의 진화가 필요하다는 입장을 제기했다. 국가에 의한 부의 재분배라는 진보적 입장이 대북인식의 보수성에 의해 차단되지 않아야만 복지의 실질화가 가능하기 때문이다. 평화와 복지의 관계에 대해서는 '평화복지 지지세력의 지형'에 관한 실증적 연구를 참고할 수 있는데, 연구의 결론이 시사하는 바가 있다. "대북인식이 어떤 내용으로든 같다면 복지에 관한 정부의 구실을 지지하는 사람일수록 진보정당을 지지하지만, 복지 태도와 상관없이 대북인식에 따라 지지할 정당을 결정하기도 한다. (…) 그래서 평화복지국가가 아니면 복지국가도 어려운 형편이라고 말하는 것이 과언이 아닌 것이다"[19]라는 평가가 그것이다. 이 연구는 '역사적으로 평화체제와 복지국가는 서로 독립적'이라고 전제한 복지론자에 의해 수행되었다는 점에서, 분단체제에 대한 이해가 진척되고 있음을 엿볼 수 있다. 결국 평화와 복지의 상관관계에 대한 이해를 주문한 2013년체제론의 문제제기는 시의적절했다고 할 수 있겠다.

2013년체제론의 세번째 내용은 연합정치이다. 연합정치는 세력연대 전략으로, 변혁적 중도주의 실천노선의 핵심을 차지한다. 당시 2013년체제론에 연결된 움직임은 '희망 2013 승리 2012 원탁회의'[20]였다. 이 틀에서 시민사회와 정당관계의 단초가 형성되었다. '희망 2013 승리 2012 원탁회의'의 특징은 선거연대가 아니라 가치연대라는 점이었다. 연대를 이루는 핵심적인 질문은 '2013년 이후의 어떤 세상을 위해 연합정치를 할 것인가?'였다. 2013년체제론에서 연합정치는 '분단한국의 정치지형에 근거한 중·장기적 변혁전략의 일부'로 다루어졌으므로, 먼저 '보수 대 진보'의 정치지형에 대한 문제제기가 필요했다.

> 결손국가이자 분단체제의 일환인 한국 사회는 '정상적'인 사회들이 보여주는 '보수 대 진보'의 대립구도가 성립되기 이전의 상태인 대신에, 분단체제의 수구적 기득권세력이 상당수의 진정한 보수주의자마저 포섭해서 막강한 성채를 구축하고 있는 특이한 현실이다. (…) 여기서 간과하지 말아야 할 점은 이들이 단순한 국내세력만이 아니라는 사실이다. 세계자본과 직접 연계된 대기업들은 더 말할 나위 없고, 심지어 학계처럼 객관적인 진리탐구를 표방하는 영역에서도 미국의 주류 학계와 그들이 전파하는 각종 이데올로기의 영향력이 압도적이다. (…) 수구·보수 동맹이 수구세력이 진성 보수주의자들마저 포섭한 거대 카르텔이라고 할 때, '수구'는 이념상의 '극우'와 구별되어야 한다. 수구세력 대다수는 이념을 초월하여 자신의 기득권을 지키는 데 골몰한 인사들이지, 극우 이념의 신봉자는 소수라 봐야 하기 때문이다.[21]

그렇다면 이에 대항하는 정치세력의 현실은 어떻게 그려볼 수 있을까? 백낙청의 표현대로라면 "저 막강한 성채에 균열이라도 일으키라고 국민이 차려준 진지 몇개가 여기저기 있을 정도"[22]이다. 그런 세력이 진정한 보수주의자나 중도보수, 혹은 중도개혁파, 진보파 등이라는 것인데, 그렇다면 자신의 이익 때문에 수구에 가담하는 보수주의자에게 경종을 울리면서 '민주평화복지'체제의 비전을 찾아갈 세력연합은 어떻게 구성할 수 있는가? 2013년체제론의 세력연합은 반수구 연합이라는 점에서 단일정당을 기초로 하는 여야 일대일의 정당체계가 가능하지 않다는 입장에 선다. 여기서 연합정치는 단일형 수권정당이 아니라 정당간 연합이며 수구 최소화 전략으로서의 변혁적 중도연합이어야 하는 것이다.

2013년체제론은 그 결과를 놓고 볼 때 변혁적 중도주의를 충분히 내재화하지 못했다는 자기평가를 안게 되었다. 2013년을 출발로 삼은 세력은 박근혜정부였고 그에서 한반도 문제가 국내 문제와 연관되어 오히려 악순환되는 분단체제의 현상을 보고 있으니 말이다. 2013년체제론에서 변혁적 중도주의는 실현되지 못한 셈이다.

6. 변혁적 중도주의 실천을 위한 과제

변혁적 중도주의는 일종의 실천노선이라는 점에서 분단체제론의 현상학적 의미와는 다른 과제를 안게 된다. 그 첫번째 과제는 정치적 실행력으로, 예컨대 통일문제와 국내 사회문제에 연관성을 부여한 데서 오는 통찰력과는 별도로, 이것을 극복할 변혁적 중도주의의 힘을 뒷받침할 수 있는 정치적·조직적 과제를 안고 있다는 것이다.

역시 가장 난제는 북한문제의 해법이다. 북한은 분단체제라는 분석범위에는 들어오나 변혁적 중도주의라는 실행범위에는 잘 들어오지 않는다. 이런 상황은 여러 방면에서 제기된다. 아래 은수미의 문제제기가 그 답답한 현실을 보여준다.

> 저는 그게〔박근혜정부의 지지율을 높이는 요인이〕 종북·안보·통일이라고 봐요. 어떤 정치인이든 핵심 이슈를 가지고 자기정체성을 세우고 지지율을 높이기 마련인데, 〔북한문제는〕 50~60대한테는 안보 불안을 다시 불러일으키고 20~30대에게는 북한 혐오감을 이용합니다. 이걸 결합시키면 종북·안보·통일이 되는 거 아닙니까. 대통령 지지도뿐 아니라 새누리당의 지지율이 높은 이유는 종북·안보·통일 프레임이 먹히기 때문입니다.[23)]

그래서 은수미는 안보 프레임을 피해 '복지가 대끼리(최고)' 프레임을 짜야 한다고 말하기까지 했다. 북한은 통제되지 않을 뿐 아니라 그 행동에 대해 어떤 변호도 통하지 않는 존재로서, 북한문제는 2012년 대통령선거에서도 확연히 수구기득권세력에 유리하게 작동했다. 당시 박근혜 후보 진영이 문재인 후보 진영을 '남북정상회담에서 노무현 대통령이 NLL을 포기했다'며 지속적으로 공격한 것이 그것인데, 허위사실임에도 저들은 거리낌 없이 그것을 바탕으로 야권을 공격하는 뻔뻔함을 보였던 것이다.

북한에 대한 인상은 화해·협력정책이 운영되던 2000~7년 사이 7년 동안의 노력에도 불구하고 크게 개선되지 못했다. 3대 세습 문제와 핵무기 개발 문제, 인권문제에서 형성된 후진성이 대표적이다. 그런 관계로 "'1단계 통일'이나마 이룩함으로써 남북의 화해·협력과 한반도 평화를 불퇴전의 영역에 들여놓기까지는 한반도 정세의 악화에 따른 민주화의 역행으로부터 자유로울 수가 없는 것"[24]이라는 지적의 적절함과는 달리, 당장의 대책을 내놓으라는 요구에 응답하기 위해서라도 포용정책 2.0을 더 연마해야 하는 것이다.

두번째 과제는 변혁적 중도주의가 표방하는 세력연대의 실체화이다. 변혁적 중도주의는 그 노선을 실행하는 정치적 실체가 없이는 의미가 없다. 그것은 달리 말해 현안에의 개입이자 문제 해결능력을 가진 정치적 주체의 형성이다. 예컨대 노동문제는 어떤가? 우리는 자본주의의 일반모순이 분단체제를 통해 왜곡됨으로써 인구의 절대다수인 노동자들의 권리가 국가의 경제력이나 교육수준에 비할 때 상대적으로 엄청나게 뒤처져 있음을 알고 있다. 한국의 노동운동은 안보국가에 의해 조직, 통제된 초창기 역사를 갖고 있고 그후로도 국가의 반공이념 공세 속에서 자주적 조직으로서의 성장지체를 겪어왔기 때문이다. 노동조합 조직률이 10% 수준에 그치는 하나의 이유이다. 이렇듯 대항세력의 저성장이 노동권의 위축으로 나타나고, 그것은 매순간 노동자의 삶의 질을 낮추어왔다. 2016년의 대표적인 쟁점은 일반해고이다. 그렇다면 이 싸움에서 최대의 연대가 실천되고 있는가? 누가 이런 연대를 조직하는가? 농민운동의 경우는 더 명료하다. 농업 분야는 자본주의 세계체제가 국내 순환 시스템을 파괴해 들어오는 영역이라는 점에서 최대연대가 필요한 핵심적인 영역이다. 변혁적 중도주의의 실천이 요구되는 이 영역에서도 최대연대를 위한 노력이 늘 진행되고는 있다. 그러나 노동 분야건 농업 분야건 이러한 최대연대가 연합정치의 틀에서 다루어지지는 못하고 있다.

변혁적 중도주의 정치세력 연대의 필요성은 보수정부 이후 악화된 민주주의 문제에서 좀더 명료해진다. 언론 자유의 질이 낮다는 점[25]에서도 그렇고, 급기야 국가정보원이 대통령선거 개입으로 인해 법적 처벌을 받고도 테러방지법 제정을 통해 오히려 더 큰 권한을 갖는 국민 감시기구가 된 것이 얼마 전의 일이다. 그런 점에서 민주주의를 진전시키는 일에 최대연대의 실천이 필요하다. 결국 변혁적 중도주의라는 것은 그것이 무엇으로 표현되든지 간에 현실에서는 움직이고 있는 실체이다. 그렇다면, 대중들은 그 속에 있는데 전략가만 모르는 것이 아닌가?

제 1 부

분단체제와 변혁적 중도론의 제기

분단체제의 인식을 위하여

백낙청

'분단체제'라는 낱말을 쓰는 빈도가 분단체제에 대한 인식이 커지는 지표가 될 수 있다면 근래에 확실히 어떤 진전이 이루어진 폭이다. 한가지 예로, 『창작과비평』 1992년 봄호(통권 75호)의 지상토론 '사상적 지표의 새로운 모색'에 참여한 열명 중 그 용어를 사용한 이가 단 한 사람이었던 데 비해, 1992년 가을호(통권 77호)의 특집 '변화하는 정세, 통일운동의 전망'(이하 면수만 밝힌다)에서는 국내 필자 네명 모두가 어떤 식으로든 이 낱말을 쓰고 있다. 다른 지면을 보더라도 '분단체제'는 이제 결코 낯설지 않은 용어가 되었음이 사실이다. 반면에, 그것이 이름 그대로 하나의 '체제'라는 인식은 여전히 드문 것 같다. 당장에 『창작과비평』 77호의 특집만 보더라도 그런 뜻으로 '분단체제'를 말한 것은 고세현 씨의 「통일운동론의 몇가지 쟁점에 대하여」 한편뿐인데, 우연찮게도 그와 나는 이 잡지의 동료 편집위원인 것이다.

그밖의 예들은 분단체제의 개념과는 대체로 거리가 멀다. 단순히 '분단' '분단시대' 또는 '남북대결상태'를 뜻하는 수사적 표현이거나, 남한 내부의 '반공체제' '냉전체제' 등과 동의어로 쓰이는 정도다. 예컨대 예의 특집에서 강정구 씨가 "분단체제로 대립구도를 형성한 남과 북이…"(22면)라고 한 것은 (뒤에 다시 거론할 그의 '분단모순' 이해에서도 드러나듯이) 전자의 경우겠으며, 서중석 씨가 "분단체제를 깨고 민족의 자유를 얻기 위하여 노력하자는 외침은 광야의 메아리가 되거나 철창에 갇힐 뿐이었다"(25면)라고 개탄할 때는 그 자신이 곧이어 말하는 '극우반공체제'와 거의 같은 뜻으로 쓰인 듯하다. 오귀환 씨의 「'남북 합의서' 이후의 통일 전망」에도 "분단체제로 이익을 보는 분단기득권세력과 공격적인 흡수통일론자들의 연합전선"(40면)을 언급한 구절이 나오지만, 분단의 체제적 성격에 대한 특별한 인식이 전제된 것 같지는 않고 이때의 '분단기득권세력'은 단순히 남한의 분단주의자들을 지칭하는 듯하다. (75호의 고은 씨 역시 "그러나 우리는 분단체제·반공체제에 대해서 수많은 신명과 고행을 바쳐 민족자주평화통일의 정당성을 획득했고"(22면)라는 대목에서는 '반공체제'와 특별한 차이를 두지 않았고, 『동향과 전망』 1992년 가을호 특집 '변화하는 국제질서와 남북한의 통일정책'의 한 필자가 "40년이 넘는 분단체제 동안"(75면) 운운한 표현 같은 것은 그냥 '분단시대'라고 했을 법한 내용이다.)

분단체제의 인식을 위하여 나 자신이 분단체제라는 용어를 처음 쓴 것이 언제인지는 정확히 기억에 없지만, 분단시대의 한반도 현실을 좀더 총체적이고 체계적으로 해명할 필요성을 제기하기로는 1980년대 중반의 이른바 '사회구성체 논쟁'과 관련하여 '분단모순'에 대한 새로운 인식을 강조한 것이 하나의 고비가 되었다. 그전에도 우리 사회의 모순들을 '계급모순·민족모순·분단모순' 하는 식으로 나열하는 논의는 있었으나 이와는 다른 차원에서 분단사회의 성격을 이론화할 필요성을 『창비 1987』의 좌담 「현단계 한국사회의 성격과 민족운동의 과제」에서 제기했고, 뒤이어 6월항쟁 직후의 어느 학술모임에서는 '기본모순은 노자간의 계급모순이고 주요모순은 민족모순이다'라는 당시 통설에 가까운 명제의 모호성과 개념상의 혼란을 지적했으며,[1] 그후 이러한 논의를 분단모순론 혹은 분단체제론의 형태로 계속해왔다.[2] 그러나 이에 대한 학계의 반향은 실로 미미하였음을 자인하지 않을 수 없다. 문단에서는 그래도 나의 분단모순론이 심심찮게 말밥에 오른 반면—물론 주로 '계급모순'에 대한 인식이 허약다는 증거로 제시되기는 했지만—사회과학도들은 몇몇 분이 재미있는 발상인데 자기들이 지금 다루기에는 힘겨운 문제라고 좋은 말로 미루어놓았을 뿐 대부분은 찬반간에 태도 표명이 없었다.

나 자신의 모자람에다가 발표조차 여기저기 지나가는 말처럼 흩어놓은 것이 대부분이니 남의 반응이 적었다고 투정할 일은 아니다. 단지 분단시대를 사는 학도들이 분단현실에 대한 체계적 해명을 좀더 착실히 수행해오지 못한 것만은 누구나 유감스럽다 할 만하다. 그런데 이러한 해명을 촉구하는 방편으로 '분단모순'의 개념을 앞세우는 것이 여러모로 비생산적이라는 생각이 점차 들게 되었다. 분단모순론은 변증법적 모순의 개념, 더 나아가 주요모순 개념에 대한 어느 정도 공통된 인식이 주어진 상태에서만 생산적으로 토의될 수 있는데, 그동안 우리 주변에서 변증법을 말해온 사람들이 특별히 교조와 공담(空談)을 즐겨서인지 어쨌선지 몰라도 '모순' 어쩌고 하며 나서는 것은 곧바로 부질없는 말싸움을 자초하는 짓임을 실감하게 되었던 것이다. 그보다는 실사구시의 정신으로, 우선 한반도의 분단이 엄연한 현실임을 인정하고 우리가 '분단시대'라는 말을 당연시할 정도로 이 분단현실이 상당한 지속성을 띤 것임을 인정하면서, 한반도 남북 전체를 망라하는 이 현실이 '체제'로서의 어떤 성격을 띠지 않았는지, 만약에 체제에 해당하는 것이 있다면 그것은 어떤 의미, 어떤 내용의 체제인지, 있는지 없는지 모르겠으면 한번 알아보려는 노력이라도 제대로 해보는 것이 순서가 아닐지, 이런 초보적인 사항들로부터 시작하는 것이 낫겠다는 생각이었다.

이러한 취지로 최근에는 분단모순론보다 분단체제론의 형식으로 논지를 펼치는 경우가 많았지만, 어느 쪽이든 체계를 갖춘 '론'과는 거리가 멀었으며 본고 또한 마찬가지다. 그리고 체계적이고 전문성을 띤 논의는 끝까지 사회과학 전공자의 몫으로 남겨놓고 싶다. 그러나 나 자신의 논의 중 시사문제와 분단체제 문제를 비교적 정면으로 거론한 몇편의 글조차 외국에 먼저 소개되고[3] 국내에서는 그 마지막 회분만이 발표된 상태이므로,[4] 지난호(77호) 『창작과비평』지 특집을 계기 삼아 약간 더 상세한 논의를 해볼 필요를 느낀다. 편집책임자이기도 한 처지에 잡지의 내용을 논평하는 것이 다소 어색한 일이 될 수도 있지만, 글쓴이들이 각기 개인 의견을 썼듯이 이 글도 어디까지나 개인 필자로서의 견해 표명임은 물론이며, 찬반간에 허심한 논평을 보태는 것이야말로 진지한 논의들에 대한 최상의 예우가 되리라 믿는다.

2

특집에 실린 글들에 대한 구체적인 언급에 앞서 '분단체제' 개념에 대한 몇가지 설명을 달아두는 것이 좋을 듯하다. 먼저 그것은 문자 그대로 두개의 서로 다른 국가 내지 사회로 갈라진 현실을 포괄하는 체제인 만큼 남북간에 실재하는 이질성을 도외시하는 태도와는 구별되어야 한다. 이에 대해 『세까이(世界)』에 실은 졸고를 인용해본다면,

> 물론 '체제'라는 용어에는 그 나름의 함정도 따른다. 분단체제라는 무슨 고정된 실체가 따로 있어서 한반도의 모든 현실들이 그것의 '속성'으로 확인되고 끝나는 관념유희에 빠질 위험이 없지 않은 것이다. 그러나 남북한처럼 판이한 두 존재를 그런 식의 관념유희로 해명하는 일이 무리임은 너무나 쉽게 드러나게 마련이고,

오히려 도저히 단일한 체제에 편입될 수 없을 것처럼 보이는 이질적 현상들을 체계적으로 인식하려는 노력을 통해 그보다 훨씬 광범위하고 다양한 세계체제에 대한 인식능력에도 획기적인 진전이 이루어질 가능성이 크다 할 것이다.[5)]

사실 이는 분단체제뿐 아니라 모든 복잡한 사회현실에 해당하는 이야기로서, 개념에 상응하는 어떤 물체가 현실 속에 덩그렇게 자리잡고 있는 일이란 없다. (아니, 우리가 '평범한 물체'로 흔히 알고 있는 것조차 일종의 '복잡한 사회현실'이요 개념의 지시대상을 단순하게 설정할 수 없다는 점을 해체론자를 포함한 많은 사람들이 강조하고 있다.) 어떻든 분단체제는 어느 한쪽이 잠시 '수복' 또는 '해방'을 기다리고 있는 단일사회도 아니요, 그렇다고 남북 두 사회를 기계적으로 수합한 것도 아니다. 그냥 이웃나라와는 무언가 본질적으로 다른 두개의 분단사회를 망라하는 특이한 복합체인 것이다.

동시에 한반도 바깥의 세계와 단절된 상태로 실재하는 자기완결적인 체제가 아닌 것도 분명하다. '민족모순'에 관한 여러 논의들이 말해주듯이 남북분단의 생성 및 재생산 과정에서 외국세력의 존재는 빼놓을 수 없는 요인이며, 우리가 분단의 체제적 성격을 논하는 이상 바깥세계와의 관계도—예컨대 모든 것을 미국의 일방적 침해로 단순화하지 말고—훨씬 체계적으로 정리할 수 있어야 한다. 나 자신은 한반도의 분단체제가 월러스틴이 말하는 근대세계체제, 즉 자본주의 세계경제의 일환이라는 쪽으로 이 문제를 정리하고 있는

데,[6] 그러한 세계체제의 역사에서도 특정한 시기와 동아시아라는 특정한 지역에 자리 잡은 독특한 하위체제로서 '분단체제'라는 별도의 명칭이 필요한 특이한 존재라고 보는 것이다.

이러한 별도의 명칭이 실제로 정당화되려면 '분단체제' 개념을 끌어들임으로써 한반도 전체—다시 말해 남북 양쪽 모두—의 현실이 훨씬 효과적으로 설명될 수 있어야 할 것이다. 가령 남한의 현실과 관련하여 "분단국임으로 해서 반민주세력의 집권과 자기안보가 남달리 용이한 면도 있지만, 끝끝내 그것이 진정한 계급적 헤게모니로 정착될 수 없는 취약점을 안고 있기도 하다"거나,[7] "분단에서 오는 규정성에는 어떤 면에서 신식민지치고는 덜 종속적인 면과 또 어떤 점에서는 더 종속적인 면 양자를 두루 갖추고 있다는 점"[8] 따위는 나 자신 여기저기서 강조한 바 있다. 민주화운동 과정에서만 하더라도 '시도 때도 없이' 통일문제를 들고나오는 사람들 때문에 운동에 오히려 지장이 생긴다는 불평이 있는데, 그들의 처사가 과연 지혜로운가라는 문제와는 별도로 그런 사람들이 다소간에 반드시 있게 마련이고, 그러한 재야운동가들이 아니더라도 집권층 스스로가 '시도 때도 없이' 남북문제를 들고나와 활용할 수 있도록 되어먹은 체제가 곧 분단체제다. 분단체제의 이런 속성을 외면한 채, 일부 운동가의 '경거망동'만 없다면 또는 북한 내 일부 강경세력의 '모험주의'나 '실책' 그리고 남쪽 공안세력의 '음모'만 없다면 분단한국의 민주주의가 순조로울 텐데라고 기대해보았자 소용없는 일이다. 남한 내부의 민주화·자주화운동의 착실한 진전을 위해서도 반민주적이고 비자주적인 분단체제의 존재를 인식하는 일이 중요한 것이다.

그런데 남북한이 다같이 '반민주적·비자주적 분단체제'의 소산이라고 말하는 것이 민주나 자주의 개념 자체를 무의미하게 만들지 않겠는가라는 의문도 제기됨직하다. 하지만 '다같이' 분단체제의 일부라고 해서 그 반민주성과 비자주성이 똑같은 방식으로 작동한다는 말은 아니다. 오히려, 양쪽이 여러모로 극과 극의 대조를 이루는 만큼이나 상이한 방식으로 나타나기 때문에 그 본질적 상통성이 은폐되는 형국이다. 그리하여 예컨대 북에 대해서 다른 건 몰라도 자주성에 한해서는 흠잡기 힘들다는 주장이 가능하고, 남에 대해서는 적어도 북과 동렬에서 그 비민주성을 논해서는 안된다는 말을 흔히 듣게 된다. 그러나 이는 '자주' 또는 '민주'의 기준을 다분히 피상적으로 정해놓음으로써만 성립되는 주장이다. 가령, 외국군의 주둔을 일찍부터 청산하고 외국 정부의 직접적인 내정간섭을 배제하며 경제의 자립도가 높다는 뜻에서의 '자주'가 북측의 특징이요 자랑임은 확실하다. 하지만 개인이건 집단이건 진실로 자신에게 필요하고 자신이 소망하는 바를 남들의 간섭 없이 성취할 수 있는 상태가 자주라고 한다면, 조선민주주의인민공화국과 그 주민들이야말로 오늘날 (누구의 잘못 때문이든) 매우 심각한 자주성의 제약을 겪고 있다고 보아야 한다. 그동안 미국의 압력과 일본의 홀대에 남한 정부가 가세해온 것은 물론이고 이제 왕년의 맹방들조차 대부분 포위망에 가담한 실정에서, 북의 자주체제는 필자가 다른 글에서 지적했듯이 "일종의 농성체제"로서[9] 결코 자주성의 일반적 모범일 수 없는 것이다. '민주'에 대해서도 단순히 민주적 절차의 문제를 기준으로 남쪽의 일방적 우위를 말할 것이 아니라—물론 그러한 우위가 존재하는 한은 이를 소중히 여겨야 하고, 우위 여부를 떠나서 아직도 너무나 흔한 위반사항들을 시정하려는 노력을 계속해야겠지만—협의의 '인권'과 더불어 민중의 생존권과 평등권, 사회보장의 실현 등을 동시에 고려해야 옳다. 이렇게 했을 때 남북간의 우열이 정확히 어떻게 매겨질지는 확언할 수 없으나 양자 모두 '반민주적 분단체제'의 각인을 충분히 보여주리라는 것만은 분명하다.

한가지 덧붙일 점은, '분단체제'가 단순히 남북한 현실의 부정적 측면만을 총괄하기 위한 용어는 아니라는 것이다. 앞서 남한에 대해서도 분단사회로서의 양면적 특징을 강조했거니와, 무릇 어떠한 체제건 그것이 '체제'라는 이름값을 하려면 일정한 지속성 즉 자기재생산 능력이 있어야 하고, 그러기 위해서는 지배층뿐 아니라 일반 대중들을 위해서도 그 물질생활을 상당부분 해결해주는 능력은 물론 어느정도의 자발적 순응을 확보할 객관적 근거가 없을 수 없다. 이 근거가 과연 무엇이며 얼마나 튼실한 것인지는 남북 각각의 현실에 비추어 검증할 일이나, '분단체제'가 남북한이 각기 나름대로 이룩한 엄연한 성취를 무시하는 개념이 아니라는 점이 중요하다. 동시에, 하나의 분단체제를 말하는 것은 이러한 성취를 가능케 해준 체제에 대해 양쪽의 기득권층이 얼마간 공통된 이해관계를 갖는다는 뜻—즉 살벌한 대치상태 자체가 남북의 기득권층에는 전적으로 살벌한 현실만은 아니라는 취지—임을 유의할 필요도 있다.

3

앞서 말한 『창작과비평』 77호의 특집에서 통일문제의 역사적 의미를 민족사·세계사·동북아사의 여러 차원에서 고찰하고 남북분단에 개재된 모순들을 가장 계통적으로 분석하고자 시도한 글이 강정구 씨의 「세계사적 전환과 통일운동의 접합」일 것이다. 그리고 우리의 민족재통일이 "접합을 통한 통합으로, 이념형에서 역사적 가능태의 실재화로, 연방제 원칙 아래 기능주의적 방안의 수용으로, 일회적인 계기가 아니라 과정과 단계로서의 통일로, 세계사적 전환과의 유리로부터 접목으로, 남쪽만이 아니라 북의 민중과의 연합으로"(23면)라는 원칙 아래 실현될 것을 제안하는 그의 결론에는 대체로 공감하는 터이다.

그런데 바로 이러한 원칙을 제대로 이행하기 위해서도 분단현실에 대한 정확한 인식이 전제되어야 함은 물론이다. 강교수의 현실인식이 분단체제에 대한 인식으로서 미흡한 바 있음은 앞에서도 언급했는데, '분단체제'를 단순히 '남북의 첨예한 대결체제' 정도의 의미로 쓰고 있다는 사실도 그렇지만, 그가 정리한 '분단모순'의 개념 자체가 본고가 주장하는 분단의 '체제적 성격'과 무관해 보이는 것이다. 그는 흔히 말하는 '진영모순'과 비슷한 의미로 '체제모순'을 정리한 뒤,

> 분단모순은 분단으로 인해 발생되는 분단비용(군사비, 국가 억

> 압기구의 팽창 등)과 기회손실(자원의 효율적 배치 저해, 민족민주운동의 탄압 등)을 포함한다. 이 분단모순의 특성은 다른 모순을 심화시키는 핵심고리이기 때문에 이것의 완화 및 해소는 기타 모순인 민족모순, 체제모순, 계급모순의 완화와 해소에 결정적으로 유리한 조건을 제공해준다. 분단모순의 전형적인 발현인 국가보안법의 폐기는 계급모순, 체제모순, 민족모순의 이완 또는 해결에 엄청나게 유리한 지형을 제공해줄 것이라는 사실이 이를 잘 웅변해준다. 또한 체제모순의 완전한 해결 없이도 분단모순은 완화 또는 해소될 수 있다. (17~18면)

라고 말한다. 여기서 분단모순은 분단이라는 특정 상황에서 여러 모순들이 결합하여 이룩한 복합모순이라기보다, 다른 모순들에 추가되어 이들을 "심화시키는" 고리로만 규정된다(비록 그런 '고리' 중에서는 '핵심고리'로 대접받지만). 실제로 우리 사회의 특정 비용이나 손실을 두고 그것이 분단을 계기로 발생한 것인지 분단의 결과로 단지 심화된 것인지를 따지는 일은 다분히 공리공론에 흐를 가능성이 크며, 여타 모순의 "완전한 해결 없이도" 특정 모순이 "완화"될 수 있다는 점이야 누구나 쉽게 수긍하지만, 다른 모순의 "완전한 해결 없이도 분단모순은 완화 또는 해소될 수 있다"라는 주장은 분단체제의 약화 내지 해소가 다른 모순들의 약화 또는 해소와 (결코 일률적으로는 아니나) 밀접하게 얽혀 있는 양상을 제대로 밝혀내지 못한다.

이른바 4대모순 가운데 나머지 둘에 대한 논의(18~19면)를 보더라도 이미 비판받은 3대모순 나열식 발상에서 별로 달라진 바 없는 듯하다. '민족모순'의 경우 논의가 주로 미국의 역할에 한정된 점을 차치하고라도, 이런 '모순'이 어떻게 분단체제를 통해 한반도 전역에 걸쳐 작동하는지, 다시 말해 북쪽의 자주성 또한 제약하며 그 내부모순을 심화시키는지에 대한 인식이 안 보인다. '계급모순'에 관해서는 종래 이 문제만을 절대시하던 논자들이 감안해야 할 이런저런 새로운 현실들을 지적하고는 있지만, 계급문제가 분단체제의 재생산에 어떻게 작용하는지, 다시 말해 남북 각각의 여타 모순들과 어떤 유기적 관계를 맺고 있는지에 대한 천착이 부족하다. 그 결과, "노동자나 기층민중세력을 중심으로 이들 주변의 계층 및 계급들과 (계급모순의 해소를 통한 통일이 아니라) 민족모순·분단모순의 해소를 중심으로 연대하여 폭넓은 동력형성을 통하여 통일운동을 전개하여야 한다"(21면)라는 처방은 내용 없는 대동단결론 비슷하게 되었다. 계급모순의 '해소' 또는 '완전한 해결'을 선행조건으로 삼는 통일론에 반대하는 것은 옳으나, 계급문제를 중심에 놓지 않은 채 "노동자나 기층민중세력을 중심으로" 통일운동을 전개한다는 것도 사회운동으로서의 현실성을 의심케 하는 것이다. "일회적인 계기가 아니라 과정과 단계로서의 통일"일수록 다양한 계급·계층의 생활상의 이해관계가 반영된 사회운동을 요구하게 마련이다. 더구나 "남쪽만이 아니라 북의 민중과의 연합으로"라는 원칙을 실행하려면 남북 기득권층의 갈등뿐 아니라 일정한 상호의존성 내지 공조관계, 그리고 민중의 경우에도 남북 어느 쪽에 있고 또 각각의 사회 안에서 어떤 계급 내지 계층에 속하는가에 따라 일치하기도 하고 상충하기도 하는 이해관계를 올바로 인식함으로써만 현실적인 동력 형성이 가능할 것이다.

서중석 씨의 「분단과 통일」은 남한에서 분단이데올로기가 극단적인 대결의식을 만들어냄과 더불어 분단되었다는 사실 자체를 망각하게 만드는 양면을 지녔음을 잘 지적해주었고(24면) '민중통일론'(이른바 'PD파'의 통일론)의 맹점을 공박하면서도 거기서 북한의 현체제에 대해 제기한 비판적 인식에 공감하는 신축성을 보이기도 한다(33면). 그러나 남한에서의 분단이데올로기의 작용이 곧 분단체제는 아니다. 전체 분단체제의 국부적 현상에 불과한 것이다. "파시즘적 극우반공체제"(25면)는 그중에서도 또 일부라 보아야 한다. 서교수 자신이 '극우반공체제'의 범위를 어디까지로 보고 있는지는 분명치 않지만—가령 "기존 야당이라는 것이 외세의존적 극우반공체제의 쌍생아로서"(31면)라고 말할 때 야당이 극우체제가 낳은 쌍둥이 자식 중에 하나라는 말인지 야당과 극우반공체제가 쌍둥이형제 사이라는 말인지 모호하다—어쨌든 남쪽의 기득권세력에 관해서도, 예컨대 오귀환 씨의 글에서처럼 '보수·강경파'와 '온건파'를 구분할 뿐더러 전자를 다시 '보수파'와 '강경파'로 갈라보는 식의 좀더 자상한 현실분석이 바람직하다. 동시에 남쪽에서 작용하는 분단이데올로기를 한마디로 반공주의라고 규정할 것인지는 좀더 엄밀한 검토가 필요하다고 보는데,[10] 만약에 한반도 전역에 걸친 분단체제가 있고 그 나름의 이데올로기가 있다면 그것을 반공주의라 일컬을 수 없을 것은 분명한 일이다.

분단체제를 너무 단순하게 냉전체제와 연결짓는 태도 또한 문제다. 예컨대 "한국처럼 미·소 세계체제에 제약받은 지역도 없을 것이다. 한국의 분단은 다름아닌 세계냉전체제의 산물이었으며"(26면)라는 대목에서 '미·소 세계체제'라는 개념부터가 엄밀성을 결한 것이지만, 한국의 분단을 곧바로 냉전체제의 산물로 볼 것인지도 역사가들의 본격적인 검증을 요청해볼 일이다. '동서냉전'을 아주 넓게 해석하면 1917년 볼셰비끼혁명과 함께 이미 시작되었다고 하겠지만 2차대전 연합국들 사이의 냉전이 본격화된 것은 미국이 한반도의 분단을 실질적으로 결정한 1946년 초보다는 뒤의 일이며,[11] 미국의 이러한 결정에는 소련과의 대결의식 못지않게 한반도 안에서 진행 중이던 사회혁명을 억누를 필요성—즉 제3세계의 도전으로부터 미국의 패권을 방어할 필요성—도 작용했다고 보는 것이 옳을 듯하다. 그러지 않고 동서냉전이 끝난 오늘까지 한반도의 분단이 지속되는 사실을 단순히 냉전체제의 불행한 '유물'로 보는 것은, 사실인식 자체의 정확성도 의심스럽지만 이러한 '유물'로 남은 우리 민족의 못남을 개탄하는 자기비하에 빠지거나 어떻게든 냉전체제를 연장하려는 미국에다 모든 잘못을 돌리는 또다른 단순논리를 낳기 쉬운 것이다.

그런 점에서 고세현 씨가 실제로 동서냉전의 대표적 산물인 독일 분단과의 차이를 지적한 것은 매우 적절했다고 생각된다.

분단 독일은 전후 냉전체제의 산물이다. 독일 내의 반나치 투쟁의 다른 노선이 각기 다른 지역을 해방시킨 것도 아니고 어느 한쪽이 식민지화된 것도 아니었던 만큼 내부 계급모순이나 민족모순과는 무관한 분단이었다고 할 수 있다. 따라서 동서독은 냉전체제가 유지되는 한 사이가 좋건 나쁘건 두 나라로 공존할 수 있었고 통일지향은 지배민족의 민족주의로서 오히려 반동적인 흐름으로 이해되었다. (…) 그런 만큼 독일 내에 분단의 유지를 그 기본적인 존재조건으로 하면서 냉전체제만으로는 포괄되지 않는 독자적인 이해관계를 가진 어떤 '체제'가 구축되어 있었던 것도 아니었다고 할 수 있다. 따라서 진영모순의 '해결'과 더불어 정말 아무렇지도 않게 '두 나라'가 합쳐진 것이다. 또한 중요한 것은 진영모순의 해결방향과 같은 방향으로 이루어진, 한쪽에 의한 한쪽의 흡수통합이었다는 사실이다. (60~61면)

이러한 인식의 다른 일면은 베트남의 분단이 "기본적으로 민족모순에서 비롯된"(60면) 것이라는 점에서 독일의 경우와 정반대이면서도, 한반도와 대비되는 그들끼리의 어떤 공통성을 지닌다는 인식이다. 그리고 "그 두 나라에서 우리가 말하는 '분단체제'라 함직한 어떤 구조가 성립해 있지는 않았다는 판단"(61면)이야말로 실천의 영역에서 우리가 독일식도 베트남식도 아닌 독자적인 통일방식을 추구할 수 있고 또 그럴 수밖에 없는 근거가 되는 것이다.

4

『창작과비평』 77호의 특집 전체를 최근 다른 지면들에 펼쳐진 비슷한 논의들과 비교할 때, 일본의 작가 오다 마꼬또(小田實) 씨의 「'PKO 후'의 일본에서 '통일'을 생각한다」 같은 글이 포함된 것이 좀 색다르다는 것 외에, 기존 급진운동권의 양대 정파라고 일컬어지는 이른바 '민족해방(NL)파'와 '민중민주주의(PD)파'의 전형적 논리가 빠진 것이 눈에 뜨인다. 그중 전자의 민족대단결론이나 연방제통일안 등은 강정구 씨의 글에 상당부분 수용되어 있는 반면, 그에 대한 후자의 비판 또는 남한민주변혁우선론 같은 것은 제대로 대변되지 못하였다. 이것은 편집의도를 그대로 나타냈다기보다 편집인이 머리글에서 말한바 "특집의 필자를 선정하고 승낙을 얻어내는 과정에서부터 뼈저리게"(4면) 느낀 어려움의 한 반영이라고 보아야 할 것이다.

다른 한편 그 어려움이 "분단현실과의 타협에 안주하는 논리와 기존 운동권의 타성에 끌려가는 논리를 동시에 거부"(같은 곳)하는 데 따른 어려움이었던 만큼은, 예의 전형적 논리들에 대한 어떤 판단이 끼어든 것이 사실이다. 가령 『동향과 전망』 1992년 가을호나 『경제와 사회』 92년 여름호, 『사회평론』 92년 7월호 등에 나온 민족대단결론·연방제통일론들을 보면, 남북한을 아우르는 분단체제에 대한 인식이 결여된 것은 더 말할 나위 없고 기본적인 사실인식과 논리 전개에도 많은 무리가 엿보인다. 그 핵심적 주장 가운데 하나인, 통일은 그 자체로는 진보냐 보수냐 하는 것과 아무 관련이 없다는 명제에 대해서는 고세현 씨 글(51면)에서도 비판하고 있지만, 그에 앞서 『경제와 사회』지의 논쟁에서 정대화 씨가 이 명제의 부당성뿐 아니라 이를 제시한 논자의 개념상의 혼란을 통렬하게 지적한 바 있다.

> 평자(「'민족대단결'은 통일운동의 핵심이다」의 필자)는 통일이 그 자체로서는 진보나 보수로 규정될 수 없다는 주장을 펴고 있다. 그러나 이 주장은 대단히 무원칙할 뿐만 아니라 앞뒤가 맞지 않는 주장이다. 통일만을 고려할 때, 분단국가에서 분단의 해소는 그 자체로서 진보적인 것이다. 특히 우리가 민족적 혹은 민족주의적인 관점에 설 때 통일은 가장 진보적인 개념일 수도 있다. 평자가 민족적 이익을 누누이 강조하면서도 통일의 성격을 애매하고 유동적인 것으로 규명하면서 논지를 끌어가는 이유를 납득하기 어렵다. (…) 그렇다고 평자가 통일의 중립성을 견고하게 고집하는 것도 아니다. 평자는 통일이 전민족의 이해를 담보하는 운동이라는 점을 재삼 강조하고 있다.[12]

NL측 논리의 문제점에 대한 PD측 논리를 가장 분명하게 정리한 최근의 글이라 할 김세균 씨의 「연방제 통일방안의 모순」에도 여러 가지 날카로운 지적이 나온다. 하지만 "흡수통일의 가능성이 높아지는 한, 남한 지배세력은 통일을 바라는 대중들의 정서를 일깨우면서 그것을 부르주아적 통일을 촉진시키는 수단으로 적극 활용하려 한다"[13]라는 사태에 대한 경계심이 지나쳐, 지배세력 통일정책의 반민중성을 대중에게 "폭로"하고 "대중적으로 공격·분쇄"하며 "민중적 통일의 정당성을 헌신적으로 선전"[14]하는 것 이외의 통일운동을 생각할 수 없게 되는 것은 서글픈 결과이다. 더구나 그 '민중적 대안'이라는 것은 분단체제 아래서의 민중혁명이라는 공허한 관념에 머물며, 이런 '민주변혁' 이전에 예상할 수 있는 모든 통일은 '부르주아적 통일'이라는 한마디로 기피사항이 되고 마는 것이다. 『창작과비평』 77호의 특집에서 강정구·서중석·고세현 제씨가 입을 모아 김교수의 논지에 이의를 제기(22, 31~32, 58~59면)하는 것도 당연하다 하겠다.

정대화 씨의 입장은 좀더 유연한 편이다. 그는 "우리가 통일과 변혁의 과제를 동시에 안고 있다는 사실에 동의한다면 이러한 상태는 통일문제에 대한 계급성의 침투 혹은 남한 차원에서 전개되어온 계급투쟁의 전한반도적 영역으로의 확대라는 차원에서 이해되어야 옳을 것이다"[15]라고 하여, 통일운동에 대해 좀더 적극성을 보이며 운동의 전한반도적 확대까지 내다보고 있다. 하지만 정작 중요한 것은, 통일과 변혁이 우리가 '동시에' 떠안은 두개의 과제가 아니라 '분단체제의 변혁'이라는 하나의 과제이며, 반면에 '민중적 민주주의'는 반민중적·반민주적 분단체제가 약화되는 과정에서 성취되는 민주개혁의 진전, 그리고 분단체제의 붕괴를 통해 가능해질 민중주도성의 획기적 강화로 나뉘는 두개의 순차적(그러나 밀접히 관련된) 작업이라는 인식이다. 이러한 인식 없이 '권력의 문제'를 강조하는 것은[16] 결국 '민주변혁' 또는 '민중권력 쟁취'라는 PD측의 관념적 구호를 다시 한번 되풀이하는 꼴밖에 안된다. 정대화 씨 스스로가 글머리에서 지적하듯이 우리가 아직도 통일 개념을 두고 요즘 같은 논란을 벌이는 이유는 "첫째, 88년 이후 통일운동의 양적 성장에도 불구하고, 실천을 뒷받침할 수 있는 이론적 토대가 결여되어 있기 때문이다. 남한에서 전개되고 있는 남한의 통일운동은 아직까지 남한의 역사와 특성을 반영하면서 동시에 한반도 전체를 포괄하는 고유한 통일이론 및 이를 위한 운동론을 발전시켜내지 못했다."[17] 쉽게 말해서 우리에게는 아직도 '선민주 후통일'의 이론과 '선통일 후민주'의 이론은 있을지언정 '통일운동과 민주화운동의 일체화'에 대한 효과적인 이론은 없는 것이다.

나 자신이 그러한 이론을 내놓았다고 자처한다면 망발일 것이다. 하지만 바로 그러한 이론의 필요성과 가능성을 전보다는 더 구체적으로 제시한 것이 '분단체제' 개념이 아니겠는가. 정대화 씨가 지적하는 두번째 이유는 실천적 과제와 직결되는 문제이다. 즉 "통일의 과제가 변혁 및 자주의 과제와 결합되어서 전개되는 남한 운동의 복잡성과 특수성 때문이다. 역사적으로 남한 사회의 운동은 세가지 차원의 과제를 하나의 총체적인 운동으로 결집하도록 요구받았다. 그러나 이 세가지 차원의 과제가 완전한 운동이론과 튼튼한 실천조직으로 결합되지는 못했다는 것도 사실이다."[18] 두개 또는 그 이상의 과제가 어떤 내적 연관으로 결합되어 있으며 어떻게 세분되어 어떤 우선순위가 매겨지는지가 밝혀지지 않은 상태에서 복수의 과제들을 '동시에' 수행하라고 하면 "튼튼한 실천조직으로 결합"될 리 만무하다. 앞서 민주와 통일의 관계에 대해서도 그랬듯이 자주와 통일의 관계도 '비자주적 분단체제의 극복'이라는 단일과제를 중심으로 다시 정리되어야 하며, 그러다보면 민주와 자주의 우선순위 문제가 결정적인 분열요인이 될 이유도 없어진다. 바로 이런 취지에서 나는 '자주·민주·통일'이라는 나열식 구호에 대한 재검토가 필요함을 주장한 바 있거니와,[19] '분단모순'을 거론한 다른 자리에서 "나의 분단모순론은 우리가 떠맡은 자주화와 민주화의 과제를 동시에 포용하는 개념으로서, 나 자신은 '주요모순의 주요측면'이 민주화라고 믿고 있지만 개념 자체는 자주화와 민주화 과제의 상대적 우위에 대한 견해 차이를 '주요모순'을 둘러싼 대립이 아닌 '주요측면'에 관한 대립으로 자리매겨주는 실천적 이점을 지녔다는 것"을 상기시키기도 했다.[20]

5

통일방안 및 통일운동론과 관련하여 요즘 특히 논란의 대상이 되는 것이 이른바 '흡수통일' 문제다. 여기에는 그것이 바람직하냐는 문제와 실현 가능하냐는 문제가 섞여 있는데, 대체로 NL과 PD라는 기존의 급진운동권은 바람직하지 않다는 데 의견이 일치하면서 그 개연성 문제로 갈라선다. 한편 급진운동권 바깥에서는, 딱히 극우세력이 아닌 개혁세력 중에도 그것이 가능만 하다면 추구해볼 만하다거나 최선은 아니지만 거의 불가피하지 않겠느냐고 생각하는 사람들이 적지 않은 듯하다.

현실문제를 논할 때 어떤 일이 실제로 가능하냐라든가 불가피하냐라는 종류의 물음은 되도록 주관적인 바람의 개입을 자제하면서 사실적인 결론에 도달하고자 해야 함은 물론이다. 그러나 역사의 중대한 사안일수록 '불가능' 또는 '불가피'라는 식의 간명한 답변이 나오기 힘들기 때문에 그것이 과연 바람직하며 우리가 어떤 식으로 개입할까라는 문제가 얽혀들게 마련인데, 흡수통일의 전망이야말로 너무나 많은 변수에 휘말려 있다. 남한의 능력만이 아니라 북한의 실상과 역량, 외국(주로 미국과 일본)의 역량과 의도, 기타 주변 강대국들의 향배, 전반적인 세계정세 등 정밀하게 계산하기 어려운 요소들이 복잡한 상호연관을 맺으며 산적해 있는 것이다. 그럴수록 최대한의 객관적 사실인식을 기해야겠지만, 동시에 흡수통일이라는 용어부터 좀더 분명히 정리할 필요가 있을 것이다.

흡수통일은 동독이 서독의 헌법상 절차에 따라 독일연방공화국에 가담하고 서독의 자본주의 경제체제에 통합된 이후에 유행하게 된 낱말로서, 흔히 그러한 '독일식 통일'과 동의어로 쓰인다. 그리고 이때 '독일식'이라는 수식어를 다소 엄격히 적용한다면, 남한이 서독과 너무나 다르고 북한 또한 동독과 다르기 때문에 독일식 흡수통일의 가능성은 희박하다는 필자를 포함한 많은 사람의 지적에 큰 무리가 없다고 할 것이다. 그러나 단순히 자본주의 주도의 분단 해소라거나 한반도 전역에 걸친 자본주의 시장의 형성을 뜻하는 좀더 넓은 의미의 흡수통일이라고 할 경우, 검토할 가능성들은 훨씬 다양하며 확률 문제도 훨씬 복잡해진다.

예컨대 독일에서 서독 자본이 주도했듯이 남한 자본이 주도하는 것이 아니라 미·일 자본이 주체가 되는 흡수통일 가능성이 제기된 바 있다.[21] 이에 대해 필자는 외국 자본의 경우 '통일비용'을 감당할 능력이야 있지만, "통일독일과 엇비슷이라도 한 통일한국을 자신들이 주도하는 세계질서 속에 편입하기 위해 그 막대한 비용을 감당해 줄 리는 없다"[22]라고 의문을 표시했다. 다만, "만약에 북한측의 결정적인 실족과 남한측의 경거망동이 겹쳐 일종의 흡수통일이 이루어졌을 경우 그로 인한 전국적 혼란과 경제파탄을 (미·일 등의 자본이) '유연한 자본축적'의 또다른 계기로 삼으려 할 것이다. 세계경제 속의 통일한반도의 지위가 지금의 남한보다 훨씬 낮아진다 해도 이에 쉽사리 적응할 수 있는 것이야말로 국제자본의 '흡수통일능력'인 것이다"[23]라고 토를 달았다. 하지만 적어도 한반도 내의 사태 진전에 대해서는 적잖은 영향력을 견지할 것으로 보이는 남한의 자본가들이 남한 자본의 그토록 급격한 위상 격하에 동조하리라고 보기 힘들며, '미·일 자본'이라는 것도 단일한 실체가 아닌 만큼 이러한 모험을 위한 일치단결이 가능할지 의심스럽다. 아무튼 통일 후 독일이 치르고 있는 홍역을 감안할 때 그와 비슷한 흡수통일의 결과가 한국에는 일대 재난에 가까우리라는 추측이 불가피하다.

바로 그렇기 때문에 적어도 단기적으로는 남한 기득권층의 다수—즉 오귀환 씨가 말하는 '강경파'만 뺀 '보수파'와 '온건파'—

나 외국 자본의 주류는 통일보다는 분단이 지속되는 상태에서 한반도 전역을 세계시장에 편입시키는, '흡수통일'보다는 '흡수통합'이라는 표현이 더 어울리는 전략을 선호하는 듯하다. 그리고 북한측으로서도 당장의 흡수통일 가능성을 봉쇄하기 위해 최소한 일정선까지는 이러한 사태 진전을 수용하기로 방침을 바꾸었을 것이라는 견해가 여러 논자들 사이에서 제기되고 있다.

이러한 상황이 한동안 지속된 뒤의 흡수통일 가능성은 지금으로서는 더더구나 예측하기 힘들다. 북한 정권의 '루마니아식' 전복 각본은 현재로는 일부 강경 반공주의자들의 소망사항일 따름이지만 긴 장래의 가능성으로는 당연히 그것도 고려의 대상이 되며, 반면에 남한의 경제성장이 심각하게 둔화되고 사회불안이 급증하는 사태도 얼마든지 가능하다. 그 어느 쪽의 경우도 통일로 이어질지 여부는 또 다른 문제인데, 어쨌든 지금은 희박한 독일식 또는 그와 유사한 방식의 실현 가망성이 언젠가는 높아질 수도 있고 좀더 대등한 통일의 가능성이 오히려 확대될 수도 있을 것이다.

'좀더 대등한 통일' 가운데는 '예멘식'도 있다는 점 역시 참고할 만하다. 예멘에 대해서는 나 자신 너무 아는 바가 적지만, '자본주의' 북예멘과 '사회주의' 남예멘은 7·4남북공동성명이 발표되고 동서독의 기본조약이 체결되던 1972년에 통일원칙에 합의했다가 오랜 절충과 몇차례의 충돌을 거친 끝에 1990년에 양측 정권의 합의로 통일을 이루었다. 북예멘 집권당의 일정한 우위가 전제되고 남예멘의 '사회주의' 포기를 수반하는 것이었지만 남쪽 집권당의 기득권은 그것대로 존중되었다고 한다. 최근에 그곳을 다녀온 한 인사의 표현에 따르면 '3당합당식' 통일을 한 셈인데(북예멘 집권당이 대통령을 내고 남예멘 집권당이 부통령을 내는 식으로), 그에 따른 후유증도 만만찮지만 어쨌든 상당 정도 자주적으로 평화통일을 이루었다는 점은 평가해야 할 것이다. 이에 대해 우리가 비판을 가하고자 할 때는, 한마디로 사회주의적 통일이 아니었다거나 민주변혁이 없었다는 식으로 몰아칠 일이 아니라, 동독 말년의 민주개혁이나 독일 통일과정에서 선거절차가 대표하는 만큼의 민중적 참여조차 없었기에 독일식 통일보다 민중의 관점에서 더욱 바람직하지 못한 면이 있다는 식으로 구체적인 문제제기를 해야 할 것이다.

아무튼 한반도에서 개량된 분단체제가 일정 기간 계속된 끝에 '예멘식 통일'이 이룩된다면 분단시대를 통해 남북한 민중이 흘린 피에 대한 보상으로서는 너무나 허망한 결과일 것이 분명하다. 그렇게 될 가능성 역시 현실적으로 크다고는 말할 수 없다. 한반도의 남북 각자는 예멘의 북남에 비해 지금도 이미 훨씬 복잡하고 여러모로 수준 높은 사회이거니와, 분단체제의 일정한 개량만으로도 우리의 민중역량은 집권당 사이의 나눠먹기식 통일이 불가능하도록 만들기에 충분할 것이기 때문이다. 그러나 이 경우에도 '예멘식'하고 어떤 방향으로 얼마만큼 달라질지는 숙제로 남는다.

6

이런저런 가능성들을 검토할수록 우리는 기존의 어떤 통일방식과도 다른 우리 나름의 길을 찾아낼 필요가 더 절실해진다. 또한 선행 방식들이 우리 현실에서 되풀이되기 힘든 이유가 많다는 점에서 '우리식의 통일', 종전의 어떤 방식보다 우리 민족과 민중의 이익에 충실히 부응하는 새로운 형태의 통일을 위한 일정한 객관적 기반이 존재한다고 하겠다. 그러나 다른 방식들이 어렵다는 소극적인 의미의 기반만으로 불충분함은 물론이다. 그것을 바탕으로 우리식 통일을 추진할 사회세력의 존재라는 적극적인 의미의 기반이 필요한 것이다.

이러한 세력의 형성—강정구 씨가 말하는 '동력 형성'—을 위해 분단체제에 대한 인식이 긴요함을 이제까지 역설해왔다. 그리고 분단체제의 인식은 그것이 어떤 더 큰 체제의 일부인가에 대한 인식을 포함한다고 서두에 밝혔는데, 분단 해소의 여러 가능성을 검토하는 과정에서도 우리가 그야말로 세계적인 시각을 갖지 않고서는 한반도의 장래를 제대로 논할 수 없음을 실감하게 된다. 그런데 '세계적인 시각'이라는 것 자체가 무작정 시야만 넓힌다거나 외국에 대한 정보를 쌓아감으로써 획득되는 것이 아니고, 이 땅의 오늘을 사는 사람으로서 우리의 분단체제가 어떤 세계체제의 일부이고 그러한 세계체제의 어떤 하위체제인가를 파악함으로써 얻어지는 것이다.

그러나 세계체제에 관한 이론을 끌어들이는 일도 그것이 얼마나 우리의 분단현실을 설명하고 분단체제 극복운동에 이바지할 수 있는지가 검증되지 않는 한, 강단세계의 지적 취향 차원을 크게 벗어나지 못한다. 예컨대 냉전체제와 분단체제의 관련이 결코 단순치 않음을—즉 후자가 전자의 단순한 하위체제가 아님을—지적했지만, 냉전체제 자체가 결코 자본주의와 사회주의 '양대 세계체제'의 대립이 아니고 자본주의 세계체제의 장구한 역사 속의 특정 시대에 불과했으며 '진영모순'은 이 시대의 기본모순이기는커녕 동서냉전을 기화로 미국이 소련뿐 아니라 독일과 일본까지 통제하는 기제이기도 했다는 점이 설명될 때, 분단체제의 독자성은 더욱 분명해진다. 즉 한반도의 분단은 진영모순을 거의 그대로 재현한 독일의 분단보다 제국주의 패권의 더욱 일방적이면서도 더욱 다각적인 작용이었음이 확인되는 것이다. 그만큼 자본주의 세계체제의 모순들을 훨씬 깊고 다양하게 체현하고 있으며, 여기서 한반도 분단체제의 극복이 냉전 중에도 가능했던 베트남의 통일이나 냉전 종식과 더불어 가능해진 독일의 통일보다 더욱 큰 세계사적 의의를 지니리라는 전망이 객관적 타당성을 획득하는 것이다.

그렇다고 대뜸 한반도 통일에 따른 세계자본주의의 붕괴라거나 한반도에서의 온전한 사회주의의 성립을 예상한다면 곧바로 객관성을 상실하는 결과가 된다. 동서냉전에서 서방측이 승리함으로써 자본주의 세계체제에 오히려 자체 모순의 심화를 가져온 것은 사실이지만, 제3세계에서의 레닌주의적 '민주변혁'이나 세계시장을 외면한 '자주적' 일국사회주의를 허용하지 않을 힘은 그 어느 때보다 커진 상태다. 아니, 둘 중 어느 것도 자본주의 극복의 왕도가 아님을 실력으로 입증한 참이다. 또 바로 그렇기 때문에 민주변혁을 내세운 선민주·후통일 노선도 아니고 민족해방의 이름으로 추진되는 선통일·후민주도 아닌 분단체제의 극복만이 현존 세계체제에 좀더 실질적인 타격을 줄 수 있는 것이다.

말을 바꾸면, 세계체제의 실상에 대한 올바른 이해를 가질 때, 우리의 운동이 '자주'와 '민주'의 우선순위를 두고 분열할 이유가 없음이 다시 한번 뚜렷해진다. 그로 인한 분열을 마다 않는 논자들이 이해하는 '민주'와 '자주'는 다같이 현실세계에 없는 허상일 따름이며, 설혹 우리가 고도의 자주성과 민중주도성을 발휘한 통일을 이룩한다고 해도 자본주의 세계경제가 하루아침에 무너진다거나 우리만이 세계시장과 무관하게 살 수 있는 세상은 오지 않는 것이다. 이렇게 본다면 'NL 대 PD'라는 급진운동권 내부의 대립뿐 아니라 '변혁 대 개량'이라는 좀더 큰 범위의 대립구도 역시 다분히 무의미한 것이 된다. 물론 일체의 변화를 거부하는 기득권세력과 조금이라도 개혁 또는 변혁해보려는 세력의 대립이 당장에 남고, 분단체제의 타파를 원하는 사람과 그 개량으로 만족하는 사람의 대립이 뒤이어 성립할 것이다. 하지만 이런 대립들이야말로, 분단한국의 자체 개혁을 일차적인 과제로 삼되 이를 분단체제의 변혁으로 연결시키며 이런 변혁을 통해 세계체제 속에서 민족의 삶을 개량하고 나아가서는 세계체제 자체의 변혁에 이바지하려는 사람들이 기꺼이 감당할 대립이요, 기층민중을 중심으로 가장 많은 사람들을 동원할 수 있는 대립구도라 할 것이다.

효과적인 동력 형성을 위해서는 세계체제와 분단체제에 대한 인식의 구체화 과정에서 동아시아 내지 동북아시아라는 중간항에 대한 체계적 인식이 함께해야 한다. 그 점에서 문제의 특집 중 단순한 반미 또는 반일 주장에 머물지 않고 "쇠퇴해가는 미국의 영향력과 부상하는 일본의 영향력 사이의 전환기에 외세의 상대적 공백기가 형성"(21면)되는 것을 적극적으로 활용할 것을 주장한 강정구 씨의 제의라든가, 남한 경제계의 일부 인사들이 '시장권' 개념으로 통일을 파악하기도 한다는 오귀환 씨의 지적(45면)이라든가, 'PKO 후'의 일본을 과거식 군국주의의 부활이라는 차원이 아니라 기성 세계질서 속의 '보통 부자나라'로 드디어 자리 잡고 '보통 가난뱅이'들을 억누르는 '부자 클럽'에서 제 몫을 충실히 하게 된 일본이라는 차원에서 인식할 것을 촉구하는 오다 씨의 글이 모두 시사하는 바 크다. 이러한 지역정세 문제에 관해서는 식견도 모자라고 지면 또한 부족하므로 여기서는 더 언급하지 않겠다.

다만 이 문제 역시 궁극적으로는 단순한 '정세판단'의 문제가 아니고 민족이나 국가의 개념 자체를 근본부터 다시 생각할 것을 요구하는 문제임을 강조하고자 한다. 전지구적 세계경제의 존재와 지역적 통합의 진전에도 불구하고 국민국가의 중요성은 엄연하며 민족의 문제는 오히려 절실성을 더해가는 느낌조차 있다. 그러나 국민국가 내지 민족국가를 사회구성의 기본단위이자 표본으로 삼는 발상이 당연시되던 시대는 확실히 지나갔다. 가장 흔히 지적되는 것은 다국적자본에 대한 개별 국가기구의 통제력 약화라는 현상이지만, 그밖에 유럽에서처럼 지역적 경제통합이 기존 국가들간의 정치적 통합으로까지 진행되는 현상도 있고, 각종 국제기구들의 영향력 증대라든가 반체제운동들의 초국가적 연대관계의 증진도 (아직 초보적인 단계지만) 무시할 수 없는 수준에 이르렀다. 또한 기존의 다민족국가가 와해되며 소수민족들이 제각기 독립을 부르짖는 현상도 1민족 1국가 원칙을 강화해준다기보다 오히려 그에 대한 전면적 재검토를 요구하고 있다.

물론 먼 옛날부터 단일한 국가조직 아래 동질성 높은 민족사회를 구성하고 있다가 타의로 분단된 주민집단의 통일민족국가에 대한 열망은 특별한 것이다. 하지만 그럴수록 어떤 선험적인 1민족 1국가 원칙보다 해당 분단체제의 비자주성·반민주성에서 통일의 구체적인 당위성을 구해야 하며, 그에 걸맞은 통일국가의 형태를 찾아야 한다. 실제로 우리는 남북 각각에서 온전한 민족국가도 아니지만 그렇다고 국민국가가 아주 아니랄 수도 없는 국가생활을 영위하면서 '일국사회'라는 분석단위의 모호성을 실감한 바 있으며, 남북 양쪽에서 제기된 국가연합을 전제한 민족공동체라든가 연방제, '연합성 연방제' 등이 모두 우리가 8·15 이후 분단이 안되었더라면 당연한 것으로 생각했을 통일국민국가와는 뚜렷이 구별되는 복합국가 형태를 설정하고 있다. 이 모든 것을 '완전한 통일국가'로 나아가는 잠정단계로 생각하는 경우가 대부분이기는 하다. 그러나 분단시대가 마치 없었던 것처럼 8·15 당시의 민족사적 목표로 되돌아갈 수 없음은 물론이려니와, 분단체제 극복의 방편으로 채택되는 연방 또는 연합 체제는 국가 개념 자체의 상당한 수정을 동반하는 새로운 복합국가 형태의 창출이 아니어도 곤란할 것이다. 기존의 안이한 '1국가 2체제 연방'안에 대해서는 사실 김세균 씨의 공박이 예리한 바 있었다. 그러나 이에 대한 고세현 씨의 논평 또한 경청할 만한데, 첫째 '민중통일론'에서 구상하는 새로운 "진보적인 사회체제를 만드는 일이 지금까지 세계 역사상 유례가 없었던 1국가 2체제의 연방을 이루는 일보다 더 쉽다거나 더 현실적이라고 볼 수도 없다"는 것이요, 또한 "현재의 적대적인 두 체제가 이 모습 그대로 외국으로서가 아니라 한 나라 안에서 사이좋게 공존하는 것은 생각하기 힘든 것"이지만 바로 그렇기 때문에 "1국가 2체제의 연방 역시 남북 양쪽 체제의 일정한 갱신을 전제하는 것이라고 보아야"(54면) 한다는 것이다.

통일과정의 진전과 더불어 남북 양쪽에 중대한 변화가 일어날 수밖에 없음은 당연한 상식이지만, 특히 분단체제라는 개념을 전제할 경우 이 체제의 하위체제에 불과한 현존 '2체제'는 그 상위체제의 변화로 직접적인 영향을 받을 것이 자명하다. 그러므로 남북 각기의 '내부 변화'를 위한 노력도 항상 통일운동과의 유기적인 관계 속에 진행되어야 하거니와, 고세현 씨가 제의한 2체제 개념의 유연한 해석과 병행하여 1국가 개념도 기존의 틀을 벗고 생각해봄직하다. 다시 말해 분단극복을 가능케 하는 1국가 2체제가 현존하는 2체제 그대로일 수 없듯이, 1국가 역시 기존의 1국가는 아니리라는 것이다. (『창작과비평』 75호 고은 씨 글에 거론된 '다(多)연방제' 구상도 이러한 새로운 국가형태 모색의 하나로 흥미를 끈다. 다만 도 단위 정부를 독립시키는 그 연방국가가 가령 독일연방공화국이 서독 시절부터 채택하고 있던 국가체제와 어떻게 대비되며, "국가원수도 권력동기가 아닌 배분동기로 추대"한다는 구상이 지금은 와해된 유고슬라비아연방에서 티토(J. B. Tito)가 죽은 뒤 시행하던 제도보다 얼마나 더 현실성이 있을지 등등의 구체적인 문제를 좀더 따져볼 숙제가 남아 있다.)

국민국가와 민족구성원 사이의 관계가 지금도 결코 단순한 것이 아님은 한반도 주민 누구나가 동일 민족 소속이면서 남 아니면 북 한쪽 국적의 소유자라는 사실 말고도, 중국·미국·일본·유럽·구소련 등 세계 각국에 살고 있는 '해외동포'들의 존재가 웅변해준다. '한민족공동체'는 현재 이미 다국적 공동체이며 통일 이후에도 그럴 것이다. 통일과정에서 해외동포의 역할에 대해 북한측은 일찍부터 남달리 강조해왔고 남한 당국 역시 최근에는 한결 적극적인 자세를 보이게 되었는데, 통일되면 다 귀국해서 살라거나 통일할 때까지만 열심히 도와주고 그다음에는 각자 자기식으로 살자는 것이 아니고 통일을 손잡고 이룩한 만큼이나 통일 후에도 더욱 보람 있고 풍성한 민족공동체 생활을 하자는 것이라면, 현존하는 국민국가 형태보다는 좀더 그에 걸맞은 국가체제가 고안되어야 할 것이다. 물론 이것이 순조로우려면 해외동포들이 체류 내지 소속하는 국가들 쪽에도 달라져야 할 바가 많다. 그 사정은 나라마다 다른데, 예컨대 재일조선인의 귀화 아니면 이등인간화를 강요하는 일본의 국가체제와 이념은 대표적인 장애요인이며, 일본보다는 소수민족(특히 흑인이 아닌 동양인)에 개방적인 편이지만 역시 인종주의와 대국주의가 팽배하고 반공주의의 총본산인 미국 사회 또한 당연히 바뀌어야 할 대상이다. 그런데 이런 것들이 단순히 한반도 주민과 해외동포의 원만한 공생에 장애가 되는 것이 아니라 한반도 분단체제의 해소를 가로막는 최대 외부 요인들의 다른 일면이라는 점에서, 한반도 안팎에 걸친 국가형태의 변화와 이에 따른 국가기구의 민중장악력 약화는 통일운동이 떠맡은 핵심과제의 하나라 할 것이다.

이 점에서도 우리는 통일운동이 민중운동이 될 수밖에 없음을 다시 한번 확인하게 된다. 남한에서의 그러한 민중운동은 실재하는 국민국가의 상대적 무게에 걸맞게 일차적으로 남한 민중 위주의 조직과 강령을 가질 터이나, 동시에 그것은 분단체제를 공유하는 남북한 민중의 연대와, 세계체제의 현단계를 함께 사는 세계 각국의 민중, 그중에서도 공통의 지역적 이해와 문명유산을 지닌 동아시아 민중의 연대를 수용할 수 있는 성격이어야 할 것이다. 이러한 운동이 분단체제라는 당면현실에 대한 정확한 인식을 통해서만 가능할 것은 물론이다. 가령 7·4남북공동성명에 발표되고 1991년 12월의 남북기본합의서에 의해 재확인된 통일 3원칙 중 '민족대단결' 개념에 대한 최근의 토의가 분단체제 개념의 결여로 인해 미흡한 성과에 그쳤음은 앞서 지적했다. 하지만 이들 기본 원칙에 대해 민중적 관점의 토론이 전개된다는 사실은 중요하다.

그뿐만 아니라 훨씬 명료해 보이는 '자주'와 '평화'의 원칙에 대해서도 민중운동의 구체적 과제와 관련해서 민족대단결론 못지않은 논의가 있어야 하며, 정부 당국자들 스스로 합의해놓은 이들 3원칙 외에 민중운동만이 제시할 수 있는 어떤 것이 또 있을지도 좀더 활발히 의논해서 운동의 강령으로 채택할 일이다. 조국통일범민족연합(범민련)을 비롯한 기존의 재야 통일운동가들이 제시한 '자주교류'의 원칙도 물론 그중 하나이다. 그러나 이제까지는 남쪽 당국의 '창구 단일화' 방침에 따라 물리적으로 배척당했을 뿐 아니라, 그 추진 방식이나 결과에 있어 실질적인 '창구 단일화'가 확보된 북측의 일방적인 찬동을 받음으로써 남한 민중의 운동으로서는 호소력이 줄어들게 마련이었다.

한편 한국기독교교회협의회(KNCC)는 1988년 '민족의 통일과 평화에 대한 한국기독교회 선언'에서 7·4남북공동성명의 3원칙에다 '인도주의'와 '민중 주도'의 원칙을 추가했고, 1992년 8월에는 이 5개 원칙에 새로 5개 항목을 더해 '통일희년을 향한 그리스도인의 신앙고백과 실천과제' 10개항을 발표했다. 이는 민간운동의 독자적 강령 제정의 한 본보기인데, 다만 민중적 통일운동의 강령으로서는 더 많은 논의와 정리가 필요한 상태다. 예컨대 제5항의 '민중 주도' 원칙은 민중운동의 경우에는 다른 모든 항목과는 차원을 달리하는 기본 원칙이어야 하며, 9항 '교회 일치' 및 10항 '남북 교회 공동 선교'는 교회 내부의 문제로서 또다른 차원에 속하는 셈이다. 반면에 6~8항 '남녀평등' '경제정의' '환경보전' 원칙들은 모두 중요한 실질적 내용을 담고 있다. 물론 양쪽 정부도 이들 원칙 자체를 부정할 리는 없지만, 민중운동의 강력한 문제제기와 철저한 감시 없이 당국 스스로가 적극성을 보이기 힘든 영역인 만큼 남북교류 과정에서부터 시작하여 통일정부의 헌법과 정책에 반영되도록 통일운동 강령으로 못박음직하다. 그런데 KNCC의 '신앙고백과 실천과제'[24]에서 아쉬운 점은 정작 이 원칙들이 어떻게 통일운동의 과제로 구체화될지에 대해서는 거의 말해주는 바가 없다는 것이다. 그 점에서 88년에 먼저 선포된 '인도주의' 원칙의 실천과제는 조금 더 구체적이다. 국가보안법 철폐 등 '민족대단결'이나 '평화' 조항에 들어갈 수 있는 항목도 있지만, "남북의 양심수들의 인권보장"이라든가 "해외 1천만 동포들의 인권" 등 정권측에서는 형식적인 지지 이상을 보내기 어려운 조항도 포함되어 민간통일운동으로서의 독자성을 살리고 있다.

이상은 한두가지 예를 든 것뿐인데, 요는 통일을 갈망하고 민중이 자기 삶의 주인 되기를 목표 삼는 모든 개인과 단체들이 분단체제의 극복과 통일 후의 더 나은 삶에 필수적이라 믿는 원칙들을 제시하여 토론하고 합의에 도달하는 과정이 긴요하다. 처음부터 너무 꽉 짜인 민중통일운동의 조직이 바람직하지도 않고 가능하지도 않듯이, 강령 또한 지금 단계에 너무 명세화할 일은 아니다. 하지만 적어도 남북 당국간에 이미 합의되고 민족성원 대다수의 지지를 얻은 통일 3원칙에 대해 민중적 관점의 해석이 있어야 하고, 아울러 7·4남북공동성명에는 없고 남한측의 '한민족공동체' 제안에만 있는 '민주'의 원칙에 대해서도 민중의 통일운동에 걸맞은 자세로 수용하는 것이 민주화를 일차적 당면과제로 삼고 있는 남한 민중운동으로서는 당연한 일이겠다. 민중의 통일운동에 걸맞은 수용이라 함은, '민주' 또는 '인권'을 들먹이며 북한 현실 중 외부 세계의 공인된 기준에 미달하는 점만을 들춤으로써 긴장을 고조시켜 오히려 분단체제의 남북 기득권층을 골고루 거들어주는 어리석음을 저지르는 대신, 형식민주주의의 제반 조건과 더불어 민중의 생존권·평등권을 '인권' 개념에 포함시켜 시시비비를 가림으로써 남북 어느 쪽의 당국도 쉽사리 외면하지 못하고 그렇다고 이용하지도 못하는 독자성을 확보한다는 뜻이다. 그리하여 핵사찰만 하잘 것이 아니라 어느 시점엔가는 앞에 말한 넓은 의미의 '인권상황'에 관해, 또는 여성 권익과 환경보전, 해외동포들에 대한 우애의 실현 등등에 관해서도 남북 민중운동단체의 '상호사찰'이나 그들이 지목하는 국제기구에 의한 현장조사를 요구함직하다. 물론 이는 지금으로서는 막연한 희망 이상은 아니다. 하지만 독자적인 민중운동이 실세를 지닐 때 비로소 독일식도 베트남식도 예멘식도 아닌 한반도식 통일이 가능할 것은 명백하며, 이를 위해서는 무엇보다도 민중이 처한 현실의 핵심에 놓인 분단체제에 대한 인식이 필요하다는 믿음에서, 『창작과비평』 77호의 특집에 대한 논평에 곁들여 이런저런 생각들을 늘어놓아보았다.

보론: 분단체제 논의의 진전을 위해

앞의 졸고는 본문 중에 밝혀지듯이, 필자가 편집인으로 있는 『창작과비평』 1992년 가을호에서 통일문제 특집을 꾸민 직후 그에 대한 논평의 형태로 바로 다음 호에 발표되었다. 분단체제에 관해 내가 써낸 글로는 가장 긴 것이지만, 남의 발언에 대한 논평의 형식을 띤 만큼 오히려 다른 어느 글보다 체계적인 논문과 거리가 먼 성격이었다고도 볼 수 있다. 동시에 앞선 일련의 단편적 발언들을 어느정도 전제하지 않을 수 없었으니, 일반 독자들에게는 더러 난해한 대목이 있었다 해도 무리가 아니다.

그러나 전문적인 학도로서 분단문제와 실천운동에 남다른 관심을 가졌다고 자부하는 독자라면 조금 경우가 다를 터이다. 여기저기 흩어져 있는 졸고를 모두 찾아 읽어주기를 요구하는 것은 억지겠지만, 눈앞의 글과 쉽게 기억 또는 참조 가능한 두어편의 선행작업만을 토대로 적절한 판단에 도달하든가, 아니면 필요한 만큼의 자료를 조사해서 책임 있는 결론을 내리든가 하는 것이 무릇 전문 학인의 자세일 것이다. 그러나 이는 물론 나의 문제제기가 일고의 가치나마 있었을 때의 이야기다.

이유가 어찌 되었건 우리 학계와 논단은 「분단체제의 인식을 위하여」가 발표된 후에도 분단체제에 관한 논의가 별로 활성화되지 못했다. 졸고에서 명시적인 비판의 대상이 된 논자들도 활자를 통한 반박이나 해명은 없었으며, 다만 『창작과비평』 측의 청탁에 의해 이종오, 정대화 두분 사회과학도가 졸고를 직접 거론하는 글을 기고해주었다. 편집실무자의 강권을 못 이겼는지 어쨌는지 몰라도 나로서는 여간 고맙지가 않다. 실은, 이런 종류의 글이 두어편쯤 더 나온다든가 단 한편이라도 좀더 욕심에 부합되는 논평과 문제제기를 해준다면 '비판에 대한 답변'의 형식으로 분단체제 논의를 내 나름으로 새롭게 전진시킬 기회가 되려니 하고 기다려온 터이다. 하지만 그러한 기회를 아직 못 만난 상태에서 이 책(『분단체제 변혁의 공부길』)을 간행하게 되매, 논의의 진전을 위한 몇가지 단상을 앞의 졸고에 대한 짤막한 보론의 형태로라도 제시할 필요를 느낀다. 여기서 이종오, 정대화 두분의 비판을 언급하는 것은 상세한 논평과 재반론으로서라기보다, 비판해준 성의에 묵살로 대응하는 결례를 피하면서 나 자신의 토막진 생각을 개진할 구실을 거기서 찾았기 때문이다.

이종오 교수의 「분단과 통일을 다시 생각해보며」(『창작과비평』 1993년 여름호. 이하 면수만 밝힌다)에 대한 나의 전체적인 소감은, '백낙청의 분단체제론을 중심으로'라는 그 부제에도 불구하고 글의 대부분이 나 자신도 비판했던 기존의 '연방제론'이나 민족주의관에 대한 비판이라는 사실에서 오는 아쉬움과 약간의 어리둥절함이었다. 하지만 나의 분단체제론을 명시적으로 지목한 경우와 그렇지 않은 경우 모두 장래 우리 논의에서 간과해서는 안될 문제제기가 들어 있었다. 다른 한편 정대화 씨의 「통일체제를 지향하는 '분단체제'의 탐구」(『창작과비평』 1993년 가을호. 이하 면수만 밝힌다)는, 그 자신의 선행작업에 대해 내가 두차례나 명시적 비판을 가했는데도[25] 이에 대한 언급은 생략한 채 '백낙청의 '분단체제론'에 대한 하나의 답론'을 시도했다는 점에서 역시 아쉬움과 어리둥절함을 안겨주었다. 그런데 이것은 의도적 묵살이라기보다, (잠시 후에 살펴보겠지만) 남한 사회의 '민주변혁'을 중심으로 분단극복을 위한 공통의 실천 및 이론적 통합을 주장하던 그의 종전 입장이, 아주 바뀐 것은 아니라도 그 자신감에서 적잖이 흔들린 탓이 아닌가 하는 생각도 든다. 어쨌든 정대화 씨 글의 문제제기를 검토하는 것도 분단체제 논의의 진전뿐 아니라 우리 학계의 공부길 잡기에 도움이 될 것은 물론이다.

발표시기로는 역순이 되겠지만 서술의 편의상 정대화 씨의 글을 먼저 언급할까 한다. 그의 문제제기가 한편으로는 주로 사회과학적 원론 내지 방법론(그가 말하는 '개념적 검토')에 해당하는 것들이고, 다른 한편 실천과 관련된 대목은 이교수의 문제제기와 함께 거론하는 쪽이 편리하겠기 때문이다. 분단체제론에 대한 정대화 씨의 문제제기 중 "사회구성체에서 세계체제론으로의 관점 이동"(298면)은, 1980년대 사회구성체 논쟁에 대한 나의 개입이 처음부터 세계체제론과 가까운 문제제기였으므로 '이동'도 아니려니와 이동 여부가 이론적 결격사항인지도 불분명하다. "분단모순론과의 연관성 단절"(같은 곳) 역시 나로서는 '단절' 자체를 수긍하기 힘들고, 정대화 씨의 비판(295~96면 등)도 '단절'보다 분단모순론 및 분단체제론이 '과학적 엄밀성'을 결했다는 주장으로 이루어져 있다. 따라서 문제의 핵심은 세번째 검토사항인 "'분단체제' 자체의 가변적 성격"(298면), 그리고 평자 자신이 '체제' 및 '과학성'에 관해 제시한 개념의 타당성 여부일 것이다.

정대화 씨는 '체제'의 개념 설정을 일차적인 쟁점이라 보고 다음과 같은 정리를 시도한다.

> 이것〔체제라는 개념〕은 통상적인 정치학에서 사용하는 것으로서 일정한 권력을 정점으로 구성되고 이에 부합되는 지배집단을 포함하는 regime의 개념일 수도 있고, 체계이론(system theory)에서 사용하는 것으로서 그 자체 일정한 구성요소를 가지고 대외적으로 폐쇄적이고 대내적으로 수평적인 system일 수도 있다. 그러나 백교수의 애초의 문제제기에서 나타난 '체제'는 이 두가지 중의 어느 것도 아닌 독특한 것이다. (294면)

나의 체제 개념이 "두가지 중 어느 것도 아닌" 것만은 어김없는 사실이다. 하지만 그게 과연 "독특한" 것인지는 의문이다. 세계체제는 물론이고 일국사회 위주로 자본주의체제 또는 사회주의체제 운운할 때도 영어로 regime보다는 system을 말하는 것이 보통이지만 그렇다고 '체계이론'을 따르는 경우는 오히려 예외적이다. 아니, 체계이론 신봉자라 해도 "대외적으로 폐쇄적이고 대내적으로 수평적인" 체제는 어디까지나 하나의 '이념형'이요 사회현실이 실제로 그럴 수 없음을 인정한다. (실은 자연과학에서도 그런 현실은 없는데, 가령 태양계solar system만 해도 엄밀히 따지면 그런 불변의 폐쇄적

체계는 아닌 것이다.) 그렇다면 "지역적 차이와 시간적 간극을 초월한"(301~02면) 체제론을 제시하지 않은 것이야말로 분단체제론의 미덕이 아닐까. 또한 분단체제론이 "사회과학적 인식에 역사인식을 곁들인 설명방식이라는 평가"(297~98면)야말로 (그것이 정확한 평가라면) 분단체제론의 과학성을 부각하는 지적이고, 도리어 역사인식이 배제된 '사회과학적 인식'—그리고 역사가 배제된 '체제' 개념—이야말로 (분단체제론에 관한 시비를 떠나서) 사회과학계가 시급히 극복해야 할 미망이 아닐까.

이종오 교수의 문제제기는 원론적 차원보다, "선민주—선통일을 지양한 분단체제론이란 논리적인 범주에 불과한 것이고 현실적으론 실현 불가능한 사안이 아닌가"(294면)라는 점에 치중한다. 이를 부연하여 그는 "선통일—선민주는 과거의 논쟁이며 현실에서는 이 논쟁의 대상 자체가 이미 소멸하였거나 급격히 사라지고 있다. 이 문제는 남한의 현실에서는 선민주·후통일로, 한반도 전체에서는 선통일·후변혁으로 이미 진행되고 있다"(같은 곳)라고 말하는데, 이는 용어를 이해하기에 따라서는 분단체제론과 그대로 통하는 이야기이다. 왜냐하면 분단체제론은 "분단상태하에서 민주화도 사회개혁도 불가능하다는 논지"가 아니며 "한국 사회의 모든 모순과 문제는 **궁극적으로**(인용자 강조) 분단상황에서 유래한다는 논리"(같은 곳)도 아니기 때문이다.

그러나 뒤이어 "통일의 형태는 결국 남한 주도하의 흡수통일이 될 수밖에 없다"라거나 "흡수통일이 피할 수 없는 객관적 추세"(같은 곳)라는 주장을 보면 분단체제론과는 상당히 다른 현실인식 및 접근방법임을 알 수 있다. 물론 수많은 실천가와 연구자들이 흡수통일이 바람직하지 못하다는 이유로 그 실현 가능성 자체를 검토하지 않으려는 데 비해, "결정적인 사실은 흡수통일이 바람직한가가 아니라 흡수통일이 피할 수 없는 객관적 추세라는 것이다"(같은 곳)라고 한 그의 문제제기는 정녕 값진 바 있다. 또한 오늘의 시점에서라면 "진보진영은 연방제나 국가연합이나 혹은 흡수통합 중 어느 것이 입에 맞는 떡이냐를 선택할 수 있는 입장에 있지 못하다"(같은 곳)라는 지적도 정확하다. 그러나 여기서 한걸음 더 나아가, "90년대의 상황에서 이러한 체제 선택이 이루어질 때 그것은 남한체제로의 선택이 될 수밖에 없다고 여겨진다. 그리고 이 문제는 남한 정부가 흡수통일의 의사를 가지고 있느냐 없느냐와도 사실은 상당히 무관한 것이다"(297면)라고 말할 때는, 과연 이것이 일부 진보진영의 흡수통일배제론보다 얼마나 더 사회과학적 분석에 근거한 주장인지 의심스럽다. 진보진영의 바람뿐 아니라 남한 정부의 정책의지와도 무관한 '객관적 구조'는—적어도 그러한 것이 실증되지 않은 글에서는—80년대에 익히 듣던 '역사의 합법칙성' 또는 '철의 법칙'을 연상시킨다. "90년대의 상황에서 이러한 체제 선택이 이루어질 때"라는 발언도 그러한 체제 선택이 90년대에, 그것도 대충 어느 시점에서 이루어질 수밖에 없는가의 현실을 제시함으로써만 '과학'의 권위가 붙을 터인데, 현명한 과학도라면 혹시 그러한 선택의 시기가 90년대 말엽 또는 2천년대로까지 미루어질 가능성이라든가 시기의 지연이 선택의 내용에 미칠 가능성 따위도 당연히 함께 검토할 것이다. 정대화 씨는 "이종오 교수가 현실분석의 치밀함에도 불구하고"(301면)라는 말로 그 점에는 불만이 없음을 표시했지만, 나로서는 현실분석의 필요성을 강조한 그의 문제제기가 값진 만큼이나 그 자신의 분석은 차라리 주관적 단정에 가까운 면이 많다고 느낀다. 이런 기준이라면 앞의 졸고에서 독일식 통일뿐 아니라 예멘식 통일, 게다가 이도저도 아닌 흡수통일과 흡수통합의 개연성 문제를 그 소망스러움 여부와 함께 따져본 극히 개략적인 검토도 제법 '치밀'했다는 소리를 들을 날이 있지 않겠는가!

그러나 정직하게 말해서 분단체제—또는 '체제'가 아닌 그냥 '분단현실'이라도 좋다—에 관해 치밀한 현실분석을 해낸 이는 (특정분야에 국한된 미시적 연구를 빼면) 아무도 없다고 보며, 굳이 따지자면 이는 문학도보다 사회과학도의 일차적 숙제이다. 그러므로 동독이 망한 뒤 5년째 버티고 있는 북한 정권이 쓰러진다면 언제 쓰러질지, 또 쓰러질 경우 그 결과가 남한 주도의 새 체제일지는 그야말로 이제부터 치밀하게 분석해볼 일이다. 이 시점에서 내가 특히 강조하고 싶은 점은, 설혹 현실이 이교수가 전망하는 방향으로 간다손 치더라도, 그것이 바람직하지 않은 전망이라고 할 때는 더 나은 길을 찾으려는 이론적·실천적 모색의 책임이 인간생활에서는—특히 지식인의 삶에서는—면제되지 않는다는 사실이다. 바람직하지 않지만 거의 불가피한 장래에 어떻게 대비하느냐의 모색을, 조금이라도 더 바람직한 어떤 길이 있을까라는 모색과 함께 수행할 책임이 중첩

될 뿐이다.

좀더 정확하게 규정한다면 그 두가지 모색이 사실은 하나의 과업인 것이 바로 인생이요 역사다. 우리 민족의 가까운 과거만 돌아보더라도, 식민지시대의 민족사적 과제는 일제식민지 체제를 주체적으로 극복하는 일이었지만 당시에도 세계정세에 밝고 민족역량의 한계에 냉엄한 분석가라면 이러한 과제의 달성 불가능성, 연합국 주도에 의한 식민지시대 종식의 불가피성을 예언했기 쉽다. 그러나 이것이 식민지체제의 가장 바람직한 극복을 위한 이론적·실천적 모색의 현실적 무용론을 정당화할 수 있을 것인가? 연합국 주도의 '해방'이 분단시대로 이어지고 식민지 유제의 온존으로 이어진 것이 바로 그러한 노력의 부족 탓이 아니었는가? 반면에, 그런 시도가 부족하나마 엄연히 있었기에 오늘날 우리가 분단시대를 분단시대로 의식하며 분단 이후의 시대가 분단체제의 유제를 최대한으로 청산한 시대가 되도록 공부하고 연마하는 일도 가능한 것이 아니겠는가?

물론 허황된 설계와 일방적 주장으로부터는 이런 장기적 효과가 나오지 않는다. 그렇기 때문에 나는 이른바 NL의 선통일론과 PD의 선민주변혁론을 줄곧 비판해왔고, 단순히 그 둘만의 변증법적 종합이 아니라 남한 기성체제의 근본적 변혁을 겨냥하는 이들 두 급진운동권 노선과 자유주의적 내지 점진적 개혁노선까지도 아우르는 분단체제 극복사업을 제창해왔다. 이 사업이 기존의 각 노선에서 마음에 드는 점을 골라 기계적으로 수합하는 식으로 이뤄질 수 없음은 분명하다. 최소한 분단현실에 대한 총체적이고 체계적인 인식이 요구된다는 점에서 어떤 의미로든—'분단체제'가 정확히 어느 정도의 체계성을 띤 현실이고 어떤 구체적인 사실들로 구성되었는가에 대한 판단에 반드시 합의하지 않더라도—'분단체제론'이라 일컬음직한 어떤 논리가 필요하다. 그리고 이는 단지 이론상의 문제만이 아니고, 남한의 폭넓은 민주세력이 한때 공유했고 지금도 누구나 딱히 반대할 이유는 없는 '자주·민주·통일'이라는 목표를 분단극복 과정의 단기·중기·장기 과제에 대한 구체적인 검토를 통해 재정립함으로써 민주화 및 통일 운동을 개편하는 문제이다.[26)]

북한식 자주노선을 강조하는 '민족해방'이나 남한의 독자적 '민중혁명'이 모두 현실적으로 가망이 없는 주장임은 오늘날 너무나 뚜렷해졌다. 한걸음 더 나아가, 설령 그러한 구상이 한반도에서 일단 실현된다 해도 그것이 현존 세계체제를 변혁한다기보다 조만간에 자본주의 세계시장으로의 재통합과 심지어 그 강화로 귀결되리라는 점도 오늘의 세계정세로 보아 명백하다 하겠다. 바로 그런 대세가 엄연하기 때문에, 이제는 흡수통일에 대비하여 남한 내부의 개혁에 몰두하고 나아가 한국 경제의 '국제경쟁력'을 높여놓고 보자는 논리가 매력을 지니기도 한다. 그러나 정작 남한 경제를 주도하고 그 경쟁력의 계산에 가장 유능한 지배층 엘리트들은 급속한 흡수통일이 독일보다 약간 못한 정도가 아니라 남한의 '국가경쟁력'에 거의 치명적인 재난일 수 있다는 현실인식을 점차 굳혀가는 중이라는 것이 나의 짐작이다.

결국 현재로서 그들이 생각하는 가장 유력한 대안은, 분단체제의 안정과 점진적 개량을 통해 북한 지역을 자본주의 세계시장 속에—미·일 등 외국 자본보다 한국 자본에 되도록 유리한 조건으로—통합해가는 길이 아닐까 한다. 그리고 그들은 진보진영을 자처하는 흡수통일론자들처럼 '자신의 의지와 무관한' 통일을 내다보면서 남한 내부의 '개혁'에나 열중하는 길밖에 없는 사람들이 아니라, 국외의 기득권층과도 협조하여 분단체제를 운영하는 그들 나름의 경륜과 실력을 갖춘 세력이기도 하다. 게다가 분단체제의 개량은 전쟁 재발이나 체제의 개악—즉 남북간 긴장 고조와 그로 인한 양쪽 사회의 경직화—보다는 나은 것이 분명하다. 그런데도 어쨌든 분단체제의 극복이 아니라는 점에서 끝내 받아들일 수 없다는 것이 분단체제론의 변혁론적 특색이요 고집이다. 아니, 통일을 전제한 '민족해방' '민주변혁' '흡수통일' 등의 구상에 대해서도 현실적인 개연성 문제를 떠나, 그러한 분단극복이 분단체제의 극복이 못된다는 이유로 반대하는 것이 분단체제론의 원칙인 것이다. "통일 한국이 대한민국의 확대판일 수는 없을 것"이라는 말은 이종오 교수의 글(307면)에도 나오지만, 흡수통일은 일차적으로 대한민국의 (아마도 개악된) 확대판으로 귀결될 것이라는 바로 그 점에서, 그리고 '민족해방'은 분단체제의 다른 일방인 북한체제의 확대판이며 '민주변혁'은 자본주의 세계체제에서 지금은 무너진 하위체제인 동구식 사회구성의 재생산일 것이라는 점에서, 모두가 분단체제변혁론 및 그것이 전제하는 더욱 장기적인 세계체제변혁론에 본질적으로 배치되는 것이다.

이렇게 설명하다보면 그토록 원대하고 복잡한 변혁론은 못 따라

오겠다고 물러앉는 이들을 곧잘 만난다. 복잡한 것이 내 탓이 아니라 복잡한 현실에 '더럽게 걸린' 셈이니 어쩌겠느냐고 답해주면, 차라리 손에 잡히는 구체적인 개혁에나 치중하자거나 아니면 진정한 변혁론은 원래 단순한 것이라고 맞서는 사람도 내 경험으로는 많이 보았다. '변혁' 대 '개량'이라는 구호 사이의 양자택일 등 이런저런 단순논리들의 소모적 대립이라는 악순환이 또다시 시작되는 것이다. 이럴 때 내게 주로 떠오르는 것은 현실분석의 치밀성이라거나 '다원방정식'의 설정 등 지적 능력의 차원 이전에, "사람들의 공통된 약점은 희망함이 적다는 것이다"라던 전태일의 '낙서' 한 대목이다.[27] 사실 흡수통일이 바람직하지 않지만 불가피하다고 너무 쉽게 단정한 이종오 씨에 대해서뿐 아니라, 이를 비판하면서도 정대화 씨가 "만일 남북한과 해외의 모든 민중이 공통인식하에서 연대망을 구축해서 공동목표를 가지고 통일을 추진한다고 가정하더라도 각각의 위치에서 제기되는 복잡하고도 상이한 문제로 인해 구체적인 실천양상은 다르게 나타날 수밖에 없다. 하물며 전혀 공통의 상황을 설정하지 못한 오늘의 분단상황에서 공통의 실천을 전제한 이론적 통합을 상정하는 것은 지난한 과제일 수밖에 없다"(302면)라는 너무나 쉬운 하소연으로 결론을 대신할 때, 역시 우리 모두의 희망함이 더 커져야겠다는 생각이 앞선다. 분단체제 논의가 좀더 활발해지면서 '희망하기' 공부에도 진전이 있기를 바란다.

변혁과 중도를 다시 생각할 때

'한국사회 미래 논쟁'에 부쳐

백낙청

1987년 6월 민주항쟁은 한마디로 남한 사회의 성공한 시민혁명이었다. 물론 그 성과에 한계가 있고 이에 대한 진지한 검토가 필요하겠지만, 6월항쟁은 4·19에서 비롯하여 부마항쟁, 광주민중항쟁으로 이어진 남한의 독재타도운동이 드디어 확실한 열매를 맺은 획기적 사건이었다. 전국적 민중참여의 규모에서도 4·19를 능가했으며, 무엇보다도 5·16이나 5·17 같은 군사독재로의 반전이 없는 '민주화 20년'의 새 역사를 출범시켰다.

6월항쟁 또는 그 결과로 성립된 이른바 87년체제의 한계가 무엇이건 이 기본적인 사실에 대한 인식과 자부심 그리고 이에 따르는 사명감을 저버려서는 안된다. 그런데 6월항쟁을 폄하하는 태도는 진보를 자처하는 인사들 사이에 오히려 흔한 것 같다. 절차적 민주주의와 실질적 민주주의를 기계적으로 구분하여 87년 이후 전자가 달성됐을 뿐 후자는 차라리 후퇴했다거나, 6·29선언이라는 기만적 술책 때문에 다 잡은 민중 승리를 놓치고 말았다는 식의 주장이 그렇다.

다른 한편 6월항쟁에 좀더 적극적인 의미를 부여하는 경우라도, 87년체제의 진보성은 1997년 국제통화기금(IMF) 구제금융 사태로 소진되었으며 지금은 신자유주의에 의한 민중 탄압이 주조를 이루는 '97년체제'에 해당한다는 해석도 있다.

이런 주장들이 각기 일면의 진실을 담았을 만큼 87년체제의 한계는 엄연하다. 더구나 이 체제가 20년이 지난 오늘에도 순탄하게 돌아가고 있다고 믿는 사람은 거의 없다. 무언가 또 한번의 돌파를 통해 다음 단계로 도약해야 할 필요성을 많은 사람들이 절실히 느끼고 있는 것이다.

요는 87년체제의 성취와 실패를 좀더 정확하고 종합적으로 파악하는 길을 찾는 일이다. 이 글 첫머리에 나는 6월항쟁을 남한 사회의 성공적인 시민혁명으로 규정했는데, 이때 '남한 사회'가 분단국가임으로 해서 갖는 특성과 한계에 대한 인식이 따라야 한다고 본다. 이 점은 문자 그대로 전국적인 항쟁이었던 3·1운동과 비교하면 금세 실감할 수 있다.

따라서 6월항쟁이 1953년 휴전협정 이후 본격화된 한반도 분단체제를 흔들기 시작한 것은 사실이나, 87년체제는 53년체제를 대체했다기보다 그 큰 테두리 안에서의 새 단계를 열었을 따름이라는 한계를 직시해야 한다. 이 사실을 지적하는 것은 매사를 분단 탓으로 돌리는 '분단환원론'도 아니고, 통일만 되면 모든 문제가 해결된다는 '통일지상주의'도 아니다. 자본주의 세계체제의 신자유주의적 국면이라는 전지구적 차원의 현실을 감안함은 물론, 통일이라는 한반도적 과제가 남녘에서 6월항쟁과 87년체제가 이룩한 성취를 굳건히 딛고 그 문제점들은 문제점대로 차근차근 풀어나가는 과정과 결합됨으로써만 가능해지고 분단체제의 극복이라는 내용을 갖출 수 있음을 강조하는 것일 따름이다.

이런 의미의 한반도적 시각은 한국사회 분석에서 필수적인 조건일 텐데도, 우리 학계의 논의에서는 의외로 만나보기 힘들다. 그러다 보니 '선진화'를 강조하는 쪽에서는 남북대결이 지속되는 상황에서도 남한만의 선진화가 가능하다는 환상에 젖어 남북의 화해·협력을 부질없는 친북행위로 매도하는가 하면, '평화'나 '평등'을 앞세우는 진보세력 일각에서는 남북의 재통합과정을 슬기롭게 추진하며 관리하지 않고도 한반도에 평화가 가능하고 양극화 해소가 가능한 듯이 온갖 비현실적인 주장과 단순논리를 쏟아내기 일쑤다. 심지어 마치 분단한국에 정상적인 정당정치가 이미 확립이라도 된 것처럼 여당이 잘못했으니 야당이 집권하는 게 당연하다는 '원칙론'이 나오기도 한다.

정작 중요한 것은 선진화, 평화, 민주주의와 평등 같은 하나같이 소중한 가치를 분단된 한반도의 현실 속에 구현하는 일이 아니겠는가. 이를 위해서는 남북을 막론하고 이들 목표의 실현에 결정적 제약이 되는 분단체제를 '변혁'한다는 목적의식을 갖고, 분단체제의 실상과 동떨어진 단순논리로 인해 분열되어 있는 여러 세력이 새롭게 힘을 합쳐 참된 '중도'를 찾을 때이다. 이런 의미의 '변혁적 중도주의'가 득표전략에 치중한 정치권의 '중도통합'론과 구별됨은 물론이다. 동시에 진보노선으로서도 분단체제의 변혁작업을 건너뛴 채 곧바로 세계체제를 바꾸거나 시장논리를 극복하기를 꿈꾸는 급진노선과 다르고, 남북 각기의 내부적 변화와 개혁을 소홀히 한 채 단번에 통일국가를 건설하려는 입장과도 다르다.

그런데 2007년 한국의 정치현실은 급진세력이나 온건개혁세력보다 그동안 53년체제에 안주해왔으면서도 유독 87년체제에 불만을 품고 올해(2012) 대선을 통해 '선진화'체제를 새로 출범시키겠다는 세력이 우세한 실정이다. 나는 이들이 선거에 이기더라도 (일부 강경론자들이 호언하듯이) 지난 10년의 개혁성과를 완전히 뒤엎거나 6·15공동선언을 폐기할 거라고 걱정하지는 않는다. 그보다는 87년체제를 극복하기는커녕 그 남은 목숨을 연장하여 소모적인 남남갈등과 남북대결을 더욱 부추길 위험이 크다고 본다.

진정한 '진보 논쟁'이라면 마땅히 이런 현실적 위험에서 출발하여 그 원인을 캐고 대응책을 궁리해야 할 터인데, 처음부터 정권의 실패냐 개혁세력의 실패냐를 따지는 식으로 출발하는 것은 누구 좋으라고 하는 논쟁인지 모를 일이다.

끝으로, '변혁'과 '중도주의'라는 얼핏 상충되는 개념들의 결합이 가능한 것은 우리가 한반도식 통일이라는 특유의 역사 한복판에 자리하고 있기 때문임을 상기하고자 한다. 남북은 6·15공동선언을 통해 기왕의 어떤 분단국가도 못 가본 평화적일뿐더러 점진적이고 단계적인 통합의 길에 합의해놓은 상태니만큼, 이 합의를 실천하는 데 양 극단이 배제된 광범위한 세력이 동참할 때 전쟁이나 혁명이 아니면서도 점진적인 개혁의 누적이 참된 변혁으로 이어지는 일이 가능할 것이다. 6월항쟁 20주년을 맞은 한국 사회가 이러한 개혁과 변혁을 위한 대통합을 이룩할 수 있기 바란다.

2013년체제와 변혁적 중도주의

백낙청

1. 『2013년체제 만들기』 출간 후

졸저 『2013년체제 만들기』(창비 2012, 이하 『만들기』)가 세상에 나온 지 반년이 넘었다. 역동성을 자랑하는 한국 사회는 그간에도 많은 변화를 겪었고 특히 정치 분야에서 그랬다. 2012년 4·11총선에서는 필자를 포함한 여러 사람의 예상을 깨고 여당인 새누리당이 승리했다. 총선 직후 세인의 주목을 끌기 시작한 통합진보당 사태는 수많은 곡절을 거친 끝에, 현재 앞길이 잘 안 보이는 형국이 되었다. 대선국면도 이제 본격화되어 새누리·민주 양당의 당내 경선이 한창이고 안철수 교수의 출마가 거의 확실시됨에 따라 정국이 새롭게 요동치고 있다.

나로서는 먼저 총선 결과를 잘못 예측한 채 '2013년체제 만들기'

를 논했던 자신에 대한 반성으로 출발하는 것이 순서일 듯하다. 미래 예측에 실패하는 것 자체는 얼마든지 있을 수 있다. 문제는 그 실패가 2013년체제론을 통해 경계했던 목전의 승리에 대한 지나친 집착과 그에 따른 안이한 낙관에 연유했고, 그러다보니 나 스스로 반성했듯이 "총선에서 패배했을 경우에 2013년체제 건설이 어떻게 되느냐에 대한 그림이 없었다"[1)]는 점이다. 다시 말해 2013년체제를 위해 총선 승리가 필수적이라는 논의를 깊은 생각 없이 펼쳤던 것인데, 여기에는 19대 국회를 야권이 장악하지 않고서는 정권교체를 이루더라도 다음 대통령의 국정 운영이 수월치 않으리라는 판단과 함께, 총선을 통해 박근혜 후보의 예봉을 꺾음으로써 대선 승리가 확보되리라는 기대도 작용했다. 그중 입법부 장악의 중요성에 관한 대목은 지금도 유효한 판단인데, 우리 사회에 실재하는 세력균형에 비추어 다음 대통령과 그의 지지세력이 감당하고 어떤 의미로는 활용해야 할 현실이지 2013년체제 자체를 불가능하게 만들 요인은 아니다. 반면에 손쉬운 대선 승리에 대한 기대는 실제로 정권교체를 이루려면 시급히 바로잡아야 할 안일한 자세였다.

그러한 안일함은 야권연대와 관련해서도 드러났다. 총선 승리의 필요조건인 선거연대가 힘겹게 달성되었을 때, 그것이 충분조건과 얼마나 거리가 먼 것인지를 냉정하게 평가하지 못했던 것이다. 특히 야권의 두 정당이 모두 얼마나 부실하고 2013년체제 건설의 준비가 얼마나 안되어 있는지를 선거 패배를 겪고서야 실감하게 되었다. 그렇다고 그런 식의 선거연대라면 아예 안하느니만 못했다는 판단에는 동의하지 않는다. 그것마저 없었다면 새누리당은 18대 총선 때의 한나라당에 버금가는 압승을 거뒀기 쉬우며, 그런 입법부는 2013년체제에 결정적인 장애가 되었을 것이다.

어쨌든 총선에서의 야권 패배에도 불구하고 2013년 이후 한바탕 크게 바뀐 세상, '2013년체제'라고도 부름직한 새 시대를 열망하는 국민은 여전히 많다. 2013년체제론이라는 담론으로 말하더라도, 새 시대를 향한 원(願)을 크게 세우고 그 준비를 착실히 진행함으로써만 2012년의 선거 승리도 내다볼 수 있다는 기본 논지를 총선 패배 이후 더욱 확고히 견지할 필요가 실감된다.

그러므로 2013년체제론도 새로운 상황 전개와 그에 따른 성찰을 토대로 더 진전시켜볼 일이다. 본고에서는 『만들기』에서 처음부터 강조했던 '마음공부'(제1장 42면 참조)에서 출발하여, 『만들기』에서는 거의 잠복했던 '변혁적 중도주의'를 다시 주목해볼까 한다. 『만들기』를 쓰면서는 총선을 앞두고 되도록 많은 독자들께 접근하기 위해 어려운 개념용어를 최소한으로 줄이자는 생각이었지만, 이후의 교훈을 되새기고 새 출발을 다짐하는 마당에 한층 근본적인 성찰이 불가피해진다. 결국 '희망 2013'을 실현하고 '승리 2012'를 확보하려면 개념작업상의 수고가 좀 따르더라도 변혁적 중도주의의 본뜻과 현실적 용도를 짚어보는 일을 생략할 수 없을 것 같다.

2. 분단체제 속의 마음공부·중도공부[2)]

마음공부 이야기를 다시 하는 것은 정치문제를 윤리문제로 환원하려는 것이 아니라, “개혁을 하려면 (…) 개혁되고 혁신된 사람이 있어야” 하는데 “이런 준비가 되지 않고 개혁만 하려 하면 시끄럽고 무질서만 초래할 뿐”(大山 金大擧)[3)]이라는 점이 새삼 실감되는 현실이기 때문이다. 이는 2013년체제를 만들고자 할 때 각자가 명심할 점이며, “분단체제가 괴물이라면 분단체제 속에서 오랫동안 살아온 우리 모두가 마음속에 괴물 하나씩을 갖고 있다는 점”[4)] 또한 잊지 말아야 한다.

변혁적 중도주의에 나오는 ‘중도’는 원래 불교 용어다. 유교에서도 중용지도(中庸之道)의 줄임말로 쓰기는 하고, ‘중용’의 개념도 크게 다른 것은 아니라 본다. 어쨌든 유(有)와 무(無)의 두 극단을 아울러 넘어선 공(空)의 경지가 중도인데, 물론 공 자체에도 집착하지 말아야 참된 중도가 된다. 공을 깨쳤답시고 아무 데나 ‘공’을 들이대는 태도는 ‘공’에 대한 또 하나의 집착이며 진정한 중도가 못 되는 것이다. 이런 태도를 유식불교(唯識佛敎)에서는 ‘악취공(惡取空)’이라 규정하고, 그런 부류를 ‘악취공자(惡取空者)’라 부른다고 한다.[5)] 다시 말해 중도는 진리가 텅 비었음을 설파하면서도 자기에 대한 집착은 그대로 안고 있는 것(我有法空)이 아니라 나와 법이 다 빈(我法兩空) 자리로서, 일상생활에서 탐(貪)·진(瞋)·치(癡)를 여의는 수행 및 현실 속의 보살행을 떠난 ‘공 타령’과는 무관한 것이다.

'공'이 아닌 탐·진·치 여의기를 말하더라도 구체적인 정치·사회 현실과 동떨어진 초역사적 과제를 설정한다는 혐의는 여전하다. 사실 욕심내는 마음과 성내고 미워하는 마음 그리고 어리석은 마음 등 삼독심(三毒心)은 모든 인간, 아니 모든 중생이 안고 있는 문제로서 이를 제거하는 공부는 어느 시대에나 어렵다. 그 점을 인정하면서도, 우리가 속한 자본주의 세계체제에서는 그것들이 체제 운영의 원리가 되어 있다는 사실을 통찰하는 것이 중요하다. 이에 대해서는 「통일시대·마음공부·삼동윤리」에서도 언급한 바 있지만(『어디가 중도며 어째서 변혁인가』 294~96면), 여기서 잠시 부연하고자 한다.

탐심(貪心)으로 말하면, 자본주의가 인간의 탐욕을 긍정하고 이를 사회발전의 동력으로 삼고 있음은 누구나 인정한다. 이때 개인적 차원에서는 탐욕스럽다고 보기 힘든 기업가도 얼마든지 있으나 '이윤의 무한추구'라는 체제원리를 경시하고 성공하는 경우는 소수의 예외에 머물기 마련이라는 점이 중요하다. 아니, 개인 차원의 금욕과 자기희생마저 '성공'의 도구, 곧 탐심에 의한 체제 운영에 복무하는 방편이 되는 체제인 것이다.

진심(瞋心) 곧 성내고 미워하는 마음으로 말하더라도, 끊임없이 경쟁자들을 도태시켜야 자기가 살아남는 것이 자본주의의 작동원리다. 물론 살벌한 경쟁이 발전을 자극하기는 하고 실제로 자본주의의 엄청난 성취가 그에 기인하기도 한다. 그러나 이는 놀이나 운동경기 또는 학문과 예술에서와 같은 ― 물론 이들 활동도 자본주의의 발달과 더불어 승자독식의 경향이 강화되게 마련이지만 ― '선의의 경쟁'과는 본질적으로 다르다. 심지어 아무런 개인적 증오심 없이도 남을 꺾어야 하고 내게 돌아오는 이익이 없으면 꺾인 이들을 거들떠보지 말아야 하는 것이 체제의 원리인지라, 용서와 나눔, 보살핌 같은 마음작용은 그 자체가 경쟁에서 승리의 도구가 되지 않는 한 예외적으로만 살아남는다.

치심(癡心)과 관련해서는 자본주의 이외의 '대안이 없다'(TINA, There Is No Alternative)라는 명제야말로 어리석음의 극치에 해당한다고 같은 글에서 말했지만(『어디가 중도며 어째서 변혁인가』 295~96면), 이데올로기의 지배가 이렇게 전면화되는 것이 자본주의시대 어리석음의 핵심이다. 하기는 인류역사의 사회치고 그 나름의 이데올로기에 지배되지 않은 예가 없었고, 적어도 과학의 발달과 지식의 보급 면에서 자본주의 근대가 역사상 가장 계몽된 시대라는 반론도 가능하다. 하지만 문제는 개개인이 얼마나 똑똑해졌느냐가 아니라, 바로 '계몽'과 '과학'의 이름으로 과학적 지식이 아닌 참 깨달음의 가능성 자체가 부인되는 것이 근대적 지식구조의 특징이라는 점이다. 불교에서는 지혜의 광명에서 소외된 중생의 경지를 '무명(無明)'이라고 하는데, 이런 '무명의 구조화'가 과학적 진실마저 이데올로기로 만드는 것이 자본주의시대이다.

자본주의 일반의 이런 현상은 분단체제의 매개를 거칠 때 더욱 심각하고 저열한 형태로 나타난다. 가장 눈에 띄는 것이 아마도 성냄과 미워함의 위력이지 싶다. 분단된 상대방에 대한 증오가 오히려 사상적 건전성의 담보가 되고, 사회적 약자와 소수자에 대한 배려마저 배척의 대상이 되기 일쑤다. 툭하면 나오는 '친북좌파' 타령이 그런 것이다. 게다가 불우한 이웃에게 남는 양식을 퍼담아주는 일은 우리 민족 전래의 아름다운 풍속이건만, 북녘의 굶주리는 어린이와 동포들에 대한 인도적 지원조차 '퍼주기'라는 딱지를 붙여 가차없는 공격의 대상으로 삼곤 한다.

이런 상황에서 탐심의 작동은 거칠 것이 없어진다. 자본주의의 구조화된 탐심에 대한 민주적 견제장치로서 선진국에서는 상식화된 것들조차 사회주의 또는 공산주의로 매도되기 일쑤고, 개인적 탐욕의 적나라한 발동은 '자유민주주의'와 '시장경제'의 이름으로 옹호된다. 오늘의 한국이 세계적인 경제대국의 반열에 오르고도 천민자본주의의 딱지를 떼지 못하는 이유이기도 하다.

동시에, 자본주의 세계체제보다 역사가 훨씬 짧고 성격이 특수한 분단체제마저 그것 외에는 대안이 없는, 마치 자연스럽게 주어진 생활환경인 듯 여기는 치심이 만연해 있다. 한편으로 분단체제가 그 나름의 지구력이 있고 자칫 폭발할 위험이 상존하는 현실인데도 남쪽 사회의 집단적 탐욕과 증오심을 발동하여 휴전선을 멋대로 폐기할 수 있는 것처럼 생각하는 것 또한 '무명'의 위력을 보여준다.

이러한 독심들의 위세는 북녘에서 또 그곳 특유의 탐·진·치가 기승을 부리고 있기 때문에 더욱 이겨내기 힘들다. 분단된 쌍방의 상호의존적 적대관계와 이에 따른 분단체제의 자기재생산 능력이 바로 그런 데서 나오는 것이다. 예컨대 북측 당국의 적대적·호전적 발언과 때때로 이루어지는 도발적 행위는 남쪽 사회에서 증오심의 위세를 끊임없이 북돋는다. 심지어 이른바 도발행위의 증거가 박약한 경우에도 '북의 체제는 나쁘다, 따라서 모든 나쁜 행동은 북의 소행이다'라는 논리 아닌 논리의 도움으로 쉽게 넘어간다. 이것이 '미 제국주의와 남조선의 친미사대주의자들은 나쁘다, 따라서 우리의 모든 불행은 그들 탓이다'라는 북녘 특유의 치심과 상보관계에 있음은 더 말할 나위 없다.

그러므로 마음공부가 순조롭기 위해서도 탐·진·치의 위세를 보장하고 키워주는 분단체제부터 타파해야 한다. '변혁적 중도주의'의 변혁대상이 분단체제인 것도 그 때문이다.

여기서 불필요한 혼란을 막기 위해 '중도' '중도주의' '변혁적 중도주의' 등 개념들의 상호관계를 잠시 정리해보는 것이 좋을지 모르겠다. 정치노선으로 흔히 표방되는 중도주의 내지 중도노선·중간노선은 불교적 중도와 전혀 다른 차원의 개념이고 내용상으로도 거리가 멀다. 다만 그것이 '변혁적 중도주의'가 될 때에는, 현실정치의 노선임에도 불구하고 원래의 중도에 다시 가까워지는 것이다. 중도의 '공'이 '악취공'이 되지 않으려면 지금 이곳에서의 탐·진·치 극복작업과 결합해야 하는데, 오늘날 한반도의 경우 그러한 마음공부는 분단체제의 변혁을 지향하는 정치적 실천을 수반할 수밖에 없기 때문이다.

3. 변혁적 중도주의 논의의 진전

그러면 변혁적 중도주의의 구체적 내용은 무엇인가? 이 질문에 대한 답을 찾는 방식도 『중론』에서 빌려옴직하다. 곧, 무엇이 '공'이며 '중도'인지 그 내용을 직접 일러주려 하기보다 무엇이 아닌지를 깨우쳐나감으로써 중도에 이르는 방법이다. 변혁적 중도주의 역시 우리 주변에서 흔히 만나는 이념과 어떻게 다른지를 밝혀가다보면 저절로 그 길이 보이지 않을까 한다.

1) '변혁적' 중도주의기에 '변혁'이 빠진 개혁노선 내지 중도노선과 다르다. 변혁이라도 그 대상은 분단체제이므로 국내정치에서의 개혁노선과 얼마든 양립 가능하다. 다만 분단체제의 근본적 변화에 무관심한 개혁주의로는 변혁적 중도주의라는 '중도'에 이르지 못한다.

2) 변혁이되 전쟁에 의존하는 변혁은 배제된다. '변혁'이라는 낱말 자체는 전쟁, 혁명 등 온갖 방식에 의한 근본적 변화를 포괄하지만, 오늘날 한반도의 현실에서 그런 극단적 방법은 불가능하다. 그래서 변혁적 '중도주의'인 것이다.

3) 변혁을 목표로 하되 북한만의 변혁을 요구하는 것도 변혁적 중도주의가 아니다. 남한도 변하고 한반도 전체가 같이 변하지 않으면서 북측만 변하기를 기대하는 것은 비현실적일뿐더러, 남한 사회 소수층의 기득권 수호에 치우친 노선이지 중도주의가 아닌 것이다.

4) 북한은 어차피 기대할 게 없으니 남한만의 독자적 혁명이나 변혁에 치중하자는 노선도 변혁적 중도주의가 아니다. 이는 분단체제

의 존재를 무시한 비현실적 급진노선이며, 때로는 수구보수세력의 반북주의에 실질적으로 동조하는 결과가 되기도 한다.

5) 그렇다고 변혁을 '민족해방'으로 단순화하는 노선도 분단체제 극복론과는 다르다. 이 또한 분단체제와 세계체제의 실상을 무시한 비현실적 급진노선으로서, 수구세력의 입지를 강화해주기 일쑤다.

6) 세계평화, 생태친화적 사회로의 전환 등 전지구적 의제를 추구하며 일상적인 실행 또한 게을리하지 않더라도, 전지구적 기획과 국지적 실천을 매개하는 분단체제 극복운동에 대한 인식이 결여되었다면 변혁적 중도주의와는 거리가 있으며,[6] 현실적으로도 소수파의 한계를 넘어서기 힘들다.

앞서 말했듯이 변혁적 중도주의 개념은 『만들기』에서 거의 모습을 감추었다. 하지만 나 자신의 담론에서는 오랫동안 중요한 위치를 차지하고 있었다. 우리 시대의 참 진보가 곧 변혁적 중도주의라고 못 박기는 2006년이 처음이지만,[7] 기본적인 발상은 6월항쟁으로 '민족문학의 새 단계'가 열리는 상황에서 '6월 이후'를 보는 당시의 세가지 중요한 시각들을 비판할 필요성을 제기하는 형태로 발표되었다.[8] 곧, 앞에 열거한 '변혁적 중도주의가 아닌 것' 중 1)에 해당하는 중산층의 온건개혁노선과 4) 5)에 해당하는 급진운동권의 이른바 PD, NL 노선들을 넘어서면서 이들 모두를 슬기롭게 결합하자는 것이었다. 이는 물론 87년체제 내내 하나의 주장으로만 남았고, 이제 그 실현을 2013년체제에 걸게 된 형국이다.

물론 호응하는 논의도 적지 않았다. 『창작과비평』 2008년 봄호 지면에서는 이남주의 「전지구적 자본주의와 한반도 변혁」 등이 그 주제를 다루었고,[9] 김기원의 최근 저서 『한국의 진보를 비판한다』(창비 2012)는 '변혁적 중도주의'라는 개념을 채용하지는 않았지만 "NL과 PD의 진보적 사상에는 발전적으로 계승할 부분도 있다. 민족문제와 계급·계층문제에 대한 비판의식이다. 그것을 현실에 맞게 응용하되 낡은 사고틀은 과감히 버려야 한다"(179면)라든가 분단국가인 한국사회에서는 '진보·개혁·평화'의 상호보완적인 삼중과제가 존재한다는 인식(214~22면) 같은 것들은 변혁적 중도주의에 친화적인 발상이다.[10]

『만들기』에서 '변혁적 중도주의'라는 표현을 일부러 자제했다면, 4·11총선 이후의 상황은 논의를 기본부터 다시 시작할 필요성을 일깨워주었다. 통합진보당 사태만 하더라도 어떤 것이 참 진보인가를 철저하게 토론할 필요성을 상기시켰고, 나 자신 총선 직후 한국진보연대, 통합진보당, 민주노총, 범민련남측본부 및 한국여성연대 공동주최의 초청강연(2012.4.25 영등포역사 3층 강당)에서 진보당과 진보단체의 조직문화 쇄신을 주문하면서 변혁적 중도주의 주장을 다시 내놓았다.[11]

통합진보당의 운명이 어찌 될지는 현재로서 예측할 길이 없다. 그러나 다가오는 대선도 그렇지만 2013년체제 건설의 긴 과정에서 이른바 진보개혁세력의 폭넓은 연합정치는 여전히 필요할 터이며, 이는 지난 총선에서 민주통합당·통합진보당 양당이 이룩한 정책연대보다 훨씬 탄탄한 가치연합이면서 실천적으로는 훨씬 신축성 있는 역할 분담을 허용하는 성격이어야 한다. 아니, 기본적인 가치와 비전을 공유하는 연대만이 전략적 유연성을 지닐 수 있는 법이다. 그에 반해 4·11총선에서의 정책연대는 후보단일화라는 선거연대를 위한 한갓 구실에 머물기 일쑤였고, 아니면 선거연대의 댓가로 상대방이 수용하기 힘든 정책을 받아내어 '발목을 잡는' 수단으로 작용했다. 물론 '가치연대' 또는 '가치연합'이라는 표현이 등장하기는 했다. 그러나 그 말은 '정책연대'를 그냥 멋있게 포장하는 데 불과하거나 더러는 선거연대 자체를 거부하는 명분으로 이용되었다. 사실 'MB심판'이라는 낮은 수준의 목표 또는 추상적인 미사여구가 아닌 '공동의 가치'는 각 당 내부에서조차 공유되지 않았고 진지하게 논의된 바도 없었다.

다행히 총선 이후로 기존 정책연대의 부실함과 미흡함에 대한 반성과 더불어, 특히 통합진보당의 당내 갈등과정에서 본격적인 노선논쟁이 벌어졌다. 현재의 정치지형을 일별한다면, 민주통합당은 위의 '아닌 것' 중 1)에 치우친 면이 있으나 전통적으로 남북관계 발전에 적극적이고 2)~5)에 대한 반대입장이 확고한 편이므로 한층 진보적인 세력과의 연합정치를 도모하는 과정에서 변혁적 중도주의에 접근할 가능성이 있다. 통합진보당의 경우는 말하자면 '변혁적 중도주의 좌파'로서 자리매김이 가능한 정파와 5)의 입장을 고수하는 정파—물론 이때도 노선 자체의 문제와 온갖 비민주적 방식으로 조직을 장악해서 그 입장을 관철하려는 작풍의 문제는 구별해야 하지만—의 대립으로 당장의 대선국면에서 의미있는 역할을 못할지도

모를 형국이다. 하지만 그러한 견해 차이가 공론화된 것 자체는 하나의 진전이다. 다른 한편 박근혜 후보와 새누리당은 이명박정부 아래 기승을 부리던 2)와 3)의 전쟁불사론과 흡수통일론에 해당하는 세력을 견제하고 1)의 온건개혁주의에 가까운 노선을 표방하고 있는데, 그 집단의 체질화된 수구성과 지도자의 역시 체질화된 권위주의 및 퇴행적 역사인식을 탈피하고 변혁적 중도주의에 근접할 수 있으리라고는 기대하기 어렵다. 12월의 대통령선거가 변혁적 중도주의를 위해서도 관건적 승부가 될 수밖에 없는 까닭이기도 하다.

4. 대선국면에서 검증기준으로서의 변혁적 중도주의

그렇더라도 대선국면의 구호가 '변혁적 중도주의'일 수는 없다. 변혁주의와 중도주의라는 흔히 상반되는 두 낱말의 결합이 한반도 특유의 현실을 반영한 이 개념의 강점이고[12] 바로 그 애매함이 화두(話頭)다운 매력을 지닌다고도 말할 수 있다. 그러나 난해한 개념은 선거전에서 무용지물이다. '승리 2012'에 동원될 법한 구호는 역시 '희망 2013'이요, 개념으로서는 '2013년체제'가 거의 상한선이 아닐까 한다. 그렇더라도 2013체제의 내용을 변혁적 중도주의의 기준으로 검증하는 것은 가능하고 또 필요한 일이다.

예컨대 '경제민주화'의 경우를 보자. 이는 여야 모두 핵심 정책목표로 내세움으로써 2013년 이후 정부의 우선과제로 떠올랐다. 그런

데 재벌 규제, 불공정거래 근절, 중소기업 육성, 노동권 보호 등 경제적 민주주의를 실현하는 각 당과 후보들의 구체적 정책구상을 점검하기에 변혁적 중도주의는 너무 추상수준이 높은 개념이다. 이런 점검은 전문성을 갖춘 별도의 작업에 당연히 맡겨야 한다. 그렇더라도 정책구상과 구상자의 기본 자세에 대한 검증을 변혁적 중도주의의 관점에서 해보는 일은 그것대로 필요하다.

먼저, 변혁적 중도주의는 분단체제의 변혁을 목표로 삼기 때문에 분단체제가 제공하는 온갖 이권과 반칙면허권을 고수하는 세력, 또는 그런 세력이 유난히 많이 모인 정당이 경제민주화 실현의 적격자인지는 일단 의심해봐야 한다. 거듭 말하지만 분단체제 극복이란 한반도 남북의 점진적·단계적 재통합과정인 동시에 남북 각기의 내부개혁을 통해 반민주적 기득권세력을 약화 또는 제압해가는 과정이다. 그러므로 경제민주화를 표방한 이런저런 정책들이 그러한 역사적 과업의 다른 의제들과 얼마나 긴밀히 결합되어 있는지가 경제민주화 자체의 성패를 가르게 되어 있다.

특히 정치적 민주주의와 경제적 민주주의가 서로 떼어놓을 수 없는 관계임을 숙지할 필요가 있다. 이는 소위 진보진영에서 흔히 듣는, 한국 사회가 87년체제를 통해 정치적 민주주의는 달성했으나 경제적 민주주의는 이룩하지 못했다는 언설이 오히려 흐려놓기도 하는 진실이다. 6월항쟁 이후 민주정치에 필수적인 절차들을 상당부분 쟁취한 것은 사실이지만, 87년체제의 성취로 말하면 그에 더해 경제면에서 노조활동의 자유를 확대하고 기업에 대한 국가의 자의적 통제를 약화하는 '경제적 민주주의'의 성과도 적지 않았다. 다만 이렇게 자율권이 증가한 대기업들이 사회통합을 파괴하고 국가권력마저 위협할 정도로 비대해진 것이 87년체제 말기의 현실인데, 이렇게 된 데에는 87년체제 아래 한국의 정치적 민주주의 또한 엄연한 한계 속에 머물렀다는 사실도 작용한 것이다.

물론 정치민주화의 험난한 도정 자체가 경제민주화가 안된 탓이기도 하다. 여기서 우리는 닭이 먼저냐 달걀이 먼저냐를 따지기보다 각종 경제개혁 정책이 민주주의라는 변혁적 중도주의의 핵심과제에 얼마나 충실한 가운데 나오고 있는지를 물어야 한다. 어떤 의미로 시장경제—시장 자체보다도 거대 기업법인들이 지배하는 오늘날의 자본주의 경제—는 민주주의와 본질적으로 상충하는 면이 있다. 이른바 '1인 1표' 대 '1원 1표'의 원리상 차이가 그것이다. 물론 경제를 1인 1표제로 운영할 수는 없다. 그러나 이른바 시장경제가 나라 전체를 민주주의가 아닌 '전주(錢主)주의' 사회로 만드는 것을 방지하기 위해 경제의 민주화, 곧 경제 영역에 대한 민주정치의 개입이 필요해지는 것이다. 따라서 공정언론, 검찰 개혁, 반민주적 과거사와의 정직한 대면, 선거제도 개선 등 '정치민주화' 의제에 무관심한 채 경제민주화를 달성할 수는 없게 마련이다.

한반도 평화는 변혁적 중도주의에 의한 검증과정에서 또 하나의 핵심사안이다. 경제민주화와 달리 평화문제가 대선정국에서 큰 쟁점이 될 확률은 높지 않다. 그러나 정치민주화와 경제민주화가 긴밀히 맞물려 있듯이 국내의 민주주의 문제 전체가 남북관계와 맞물려 있는 것이 분단체제 특유의 현실이다. 따라서 2013년 이후의 한국을 이끌어나갈 대통령과 정당이 이러한 현실을 얼마나 투철하게 인식하고 있으며 그것을 타개하기 위한 어떤 복안을 가졌는지는 나라의 앞날을 좌우할 사항이다.

아니, 이는 남북관계에 한정된 문제도 아니다. 대한민국은 이미 세계 10위권을 넘나드는 경제강국이요, 동북아 평화체제뿐 아니라 동아시아 또는 아시아 전역에 걸친 지역유대를 강화해가는 과정에서도 미·중·일·러와는 또다른 중추적 위치를 차지하고 있다. 세계를 위해서도 한국에 어떤 대통령이 나오느냐가 그만큼 중요한 것이다. 단순히 '누가 해도 남북관계를 MB처럼 엉망으로 만들기야 하겠느냐'고 간단히 생각할 일이 아니다. 그렇기 때문에 남북관계와 국제관계에서 한국이 지닌 잠재력을 십분 발휘할 담대한 비전을 제시하는 후보가 나타난다면 선거과정에서도 폭발적 지지를 얻을 가능성이 없지 않다.

많은 사람들이 2013년체제의 과제로 꼽는 또 한가지가 사회통합·국민통합이다. 변혁적 중도주의의 관점에서는 남북관계 발전과 한반도의 점진적 재통합과정을 도외시한 **남쪽 국민만의** 통합은 난망이고, 더구나 2012년에 당장에라도 통합이 가능한 것처럼 생각하는 것은 착각이거나 기만술이기 쉽다. 사회통합을 원천적으로 저해하는 수구세력과의 일전은 피할 수 없는 상황인 것이다.[13] 그러나 이 분야에서도 2013년 이후에 대한 구상과 준비는 지금부터 진행해야 한다.

이 문제 역시 변혁적 중도주의라는 검증 잣대에 국한해서 살펴보기로 한다. 앞서 변혁적 중도주의가 '아닌 것'을 열거했는데, 그것들이 '아닌' 이유 중에는 그 어느 것도 진정한 사회통합의 이념이 될 수 없다는 점이 포함된다. 현상적으로는 1)의 변혁 없는 개혁노선이 그나마 많은 대중을 확보한 편이지만, 분단시대에 분단체제에 관한 경륜이 결여된 산발적 개혁은 큰 성공을 거두기 힘들고 온건한 개혁마저 거부하는 수구세력을 제압하지 못한다. 다만 남한 사회의 개혁작업에 진지하게 임하다보면 근시안적인 개혁주의를 넘어 변혁적 중도주의에 합류할 가능성이 열리기 쉽다.

앞의 2) 무력통일 또는 3) 전쟁 없는 흡수통일에서 보듯이 수구세력 나름의 변혁노선이 없는 것은 아니다. 그런데 실현 가능성이 거의 전무한 이런 구상이 일정한 위세를 유지하는 것은 그런 식으로 남북대결을 부추기는 일이 남한 내에서의 기득권을 수호하는 데 도움이 되기 때문이다. 다시 말해 북의 변혁은 명분일 뿐, 실질적으로는 분단체제의 변혁과 그에 필요한 남한 내의 개혁을 막는 데 이바지하고 있는 것이다.

다른 한편 4)나 5)에 해당하는 이들—흔히 PD와 NL로 지칭되기도 하는 급진세력—은 모두 소수집단에 머물러 있고, 기존 노선을 고집하는 한은 다수세력으로 자라기 힘들 것이다. 아니, 점점 더 세가 줄어들기 십상이다. 그에 비해 6)의 녹색주의, 평화주의 등은 세계적 시민운동의 뒷받침이 한층 든든한 편이지만, 국내정치의 현실 속에서는 역시 고립을 면하기 어렵다. 물론 녹색당 운동의 경우 독일에서처럼 현실정치에 뿌리내릴 가능성도 있다. 다만 그러기 위해서는 변혁적 중도주의로 합류 또는 적어도 그것과 제휴하는 일이 불가피할 것이다. 아무튼 4) 5) 6) 모두 중도 공부와 분단체제 공부를 통해 각자가 내장한 합리적 문제의식을 새롭게 정립함으로써 변혁적 중도주의를 더욱 풍성하게 만들었으면 한다.

이렇게 이루어지는 2013년체제의 통합된 사회가 획일화와는 무관한, 다양성과 창조적 갈등이 넘치는 사회가 될 것임을 강조하고 싶다. 정당정치의 영역에서도 변혁적 중도주의 노선에 입각한 거대정당 따위를 꿈꾸지 않는다. 변혁적 중도주의의 이념을 공유하면서도 변혁과 개혁에 상대적으로 소극적인 보수정당, 그보다는 조금 더 적극적인 중도개혁정당, 그리고 변혁적 중도주의 노선을 공유하지만 평등, 자주, 녹색 등의 가치에 남다른 열정을 지닌 한층 급진적인 정당(들)이 서로 경쟁하는 것이 바람직하며, 이들의 병존과 선택적 제휴를 수월케 하는 비례대표제의 대폭 확대 같은 선거제도의 개혁도 생각해볼 일이다. 다른 한편, 체질적으로 분단체제의 변혁을 수용할 수 없는 수구세력도 그들 나름의 극우정당을 가질 수 있을 것이며, 평등주의, 반제국주의 또는 녹색주의의 이념적 순결성을 고수하는 세력의 경우도 마찬가지다. 다만 지금처럼 강력한 수구세력이 상당수의 합리적 보수주의자들마저 포섭하여 최대 정당으로 군림하는 구도는 깨져야 한다는 것이다.

덧글

본장은 『창작과비평』 2012년 가을호에 발표된 「2013년체제와 변혁적 중도」에서 마지막 절을 생략한 나머지이다. 원래 글의 5절 '『안철수의 생각』에 대한 몇가지 생각—마무리를 대신하여'는 당시 안철수 교수의 출마 여부가 초미의 관심사이던 때의 시의성에 맞춰 본론에 추가한 일종의 여담이었기에 이 책에서 생략해도 무방한 성격이다. 다른 한편, 당시 이미 '2013년체제 만들기' 기획이 19대 총선에서의 야당 패배로 일격을 당했음에도 2012년의 대선 승리를 통해 기사회생을 바라며 씌어진 본문에 대해서는 지금 시점에서 한마디 덧붙일 필요가 있겠다.

박근혜 후보의 당선과 대통령 취임으로 최종 확인된 '2013년체제 만들기'의 실패에 따른 자기반성은 『백낙청이 대전환의 길을 묻다—큰 적공을 위한 전문가 7인 인터뷰』(창비 2015)의 서장 「큰 적공, 큰 전환을 위하여」(첫 발표는 『창작과비평』 2014년 겨울호)에서 비교적 상세히 피력했고, 그에 앞서 『2013년체제 만들기』의 중국어판 『打造二〇一三年體制』(台北: 行人文化實驗室 2014) 서문에도 간략히 담았다. 총선 패배 직후 본고에 밝힌 이런저런 반성을 한층 더 진전시킨 셈인데, 그러면서도 나는 "비유컨대 임금에게 올린 상소가 가납(嘉納)되지 않았다 해서 상소문의 가치가 완전히 사라지지는 않는 것처럼 주권자 국민에게 제출한 『2013년체제 만들기』라는 상소문 또한 계속 참고할 여지가 남는다고 믿고 싶다"(같은 책 8~9면)는 희망을 거두지 않았다.

2013년체제 만들기 실패의 참담한 후과는 지금쯤 많은 사람들이 실감하고 있다. 최근 20대 총선의 결과도 그 점을 보여주었다. 국민대중이 딱히 2013년체제라든가 변혁적 중도주의 같은 개념을 사용하지는 않지만, 유권자들은 대통령과 여당의 일차적 책임을 준열하게 물으면서 무기력하고 무책임한 제1야당에 경고를 보내는 수준 높은 정치행위를 수행한 것이다. 비록 '2013년체제'라는 용어는 과거지사가 되었다 해도, 시민 각자가 적공을 거듭하여 정치인들로부터 총선에 드러난 민의에 부응하는 행동을 이끌어내고 2017년 대선에서 또다시 집단적 지혜를 발휘하며 2018년 이후에도 분단체제 변혁의 공부길을 놓지 않는다면, 이제야말로 우리네 삶이 크게 바뀌는 보람과 기쁨을 맛볼 수 있으리라 믿는다. 그 지점에서 '2013년체제와 변혁적 중도주의'에 관한 나의 묵은 성찰이 여전히 읽을 값어치가 있는 문건으로 남는다면 필자의 보람과 기쁨이야 더 말할 나위 없을 것이다.

제
2
부

분단체제론의 지평

한반도 분단체제의 독특성과 6·15시대

유재건

1. 머리말

2000년 6·15남북공동선언에는 으레 '역사적' '획기적'이라는 수식어가 붙지만 그것이 별로 이상하게 들리지 않는다. 분단 후 최초로 남북 정상이 만나 화해와 교류를 통한 평화적 통일에 합의했다는 사실만으로도 충분히 그럴 만하고, 여기엔 폭넓은 공감대가 형성되어 있는 것으로 보인다. 하지만 7년이 지난 지금, 그 선언을 '6·15시대'라는 시대구분의 한 기점으로 삼는 것은 합당한 것일까? 물론 6·15공동선언은 우여곡절 가운데서도 알게 모르게 한반도의 안전지대화에 일조하면서 양측 사회에 어느정도의 변화를 가져오기도 했다. 하지만 아직껏 그 변화가 양측 사회 전반의 일대 쇄신에 이르렀다고 보기는 어렵고, 게다가 지난 2월 13일 북미간 극적 합의로 북핵 문제 해결의 가닥이 잡히기는 했지만[1) 항구적 평화 정착에는 앞으로도 숱한 어려움이 가로놓여 있는 것이 사실이다.

이런 상황에서 한반도를 단위로 한 '6·15시대'론은 통일운동가들이 각오를 새롭게 하는 다짐의 표현은 될지언정 적어도 우리 사회과학계에서 큰 호응을 받을 것 같지는 않다. 대체로 자기가 살고 있는 당대를 규정하는 일은 오늘의 역사적 좌표를 설정하고 그에 걸맞은 과제를 자각하는 방편이라 할 수 있다. 그렇다면 '6·15시대'론은 '분단시대'론과 마찬가지로 남북을 아우르는 하나의 시대를 설정함으로써 남북관계 및 통일에 결정적 중요성을 부여하는 의미를 가진다. 그러나 현재 우리 사회과학계는 분단과 통일 문제를 남북한관계라는 일종의 외적 관계에서 바라볼 뿐, 남과 북을 아우르는 하나의 틀 혹은 하나의 체제가 있다고 보지는 않는다.

가령 작년(2006)에 『한겨레』에서 개최한 '선진대안포럼' 대토론회는 오늘의 한국 사회의 과제를 모색하는 진보적 지식인들의 첫 모임이었지만, 그 구상 전반을 게재한 신문 지면 4면 전체를 보더라도 한반도 단위의 사고는 물론이고 남북관계가 아예 시야에 없는 것을 확인하게 된다.[2) 그렇다고 여기에 참여한 진보적 지식인들이 분단과 통일의 문제, 한반도 평화 문제에 관심이 없는 것은 아닐 것이다. 이 문제는 절박한 사회과학적 문제로서 이를 주제로 한 그간의 연구성과는 엄청난 양에 이르고 지금도 매년 수백편의 논문이 쏟아져나오는 실정이다. 이렇듯 진보적 지식인들이 분단과 통일 문제에 관심이

지대함에도 불구하고 한국 사회의 핵심과제를 다룰 때 그 문제를 일단 사회과학적 시야에서 배제하는 것은 왜일까? 여기엔 적어도 세가지 이유가 있는 것으로 보인다.

첫째로, 그것은 우선 남과 북이라는 이질적인 두 사회의 동시대성을 인정하기 어렵기 때문일 것이다. 분단문제는 대체로 사회를 다음과 같이 파악하는 것이 상식인 우리 사회과학계에서는 곤혹스러운 난점으로 남기 마련이다.

> 사회 혹은 사회구성체의 단위는 국가주권의 경계선을 넘어서지 못한다. 비록 개별 사회구성체는 세계적 차원에서의 모순구조의 영향력을 내재화하기도 하고 식민지 종주국의 재생산관계의 직접적인 규정을 받기는 하지만, 정치적 경계선 내의 경제단위를 기초로 하여 재생산된다.[3)]

이렇게 사회를 "정치적 경계선 내의 경제단위"로 생각하는 관점에서 남과 북을 하나의 틀로 바라보는 시각은 들어설 자리가 없다. 그런데, 분단시대든 6·15시대든 그것을 한반도 단위의 의미있는 시대구분으로 본다는 것에는 이질적인 두 사회를 포괄하는 공통의 틀, 혹은 두 사회의 주민이 동일한 체제에 살고 있다는 인식이 전제되어 있다. 우리의 진보담론이 분단과 통일의 중요성을 무시하지는 않지만 한국 사회를 설명하는 사회과학적 시야에서 이 문제를 제쳐놓는 것은 과학적 근거가 없어 보이는 이런 전제를 받아들이기 어렵기 때문이 아닐까 싶다.

둘째로, 통일의 문제가 진보적 사회과학이 지향하는 세계사적 보편성과 직결된 문제는 아니라는 점 때문일 것이다. 권혁범이 잘 지적했듯이, 남북이 하나의 단위가 된다는 의미의 통일은 그 자체가 한반도 주민의 보편적 목표나 기본적 전제가 되기에는 너무 편협하며 인류가 근대사의 우여곡절을 통해서 합의한 기본적 가치의 하위수준에 머물러 있는 것이다.[4] 특히 민족주의가 철 지난 조류가 된 지구화 시대에 통일이라는 민족주의적 목표에 과도한 시대사적 의미를 부여하는 것이 아닌가 하는 비판도 이제는 광범위하게 퍼져 있다.

셋째로, 통일문제가 민중성이라는 차원에서 본질적인 것은 아니라는 것, 즉 전지구적 자본주의 시대에 통일과정은 한반도 전체에 대한 자본주의 시장논리의 확대로 나타날 수밖에 없다는 것이다. 그래서 좌파 지식인들 사이에서는 현재의 통일과정 자체가 신자유주의 물결에 대항하는 민중적 대응전략에 오히려 방해가 된다는 견해도 종종 나오는 실정이다. 가령 남북화해를 북한에 대한 신자유주의적 흡수통합 노선으로 비판하는 김세균은 “가장 중요한 기준은 신자유주의를 지지할 것인가, 아니면 반대할 것인가이며, 자본지배체제가 한반도 전체로 확산되는 것을 받아들일 것인가, 아니면 남북한의 노동자—민중의 이익에 진정으로 합치하는 새로운 사회체제의 건설을 지향해나갈 것인가”[5]라는 논리하에 통일과정을 경계하고 있다.

이 글은 이같은 의문의 근거들이 과연 타당한가를 따져보는 가운데 ‘분단시대’와 ‘6·15시대’라는 시대인식이 실천적으로나 사회과학적으로 어느 정도 의미가 있는지 살펴보려는 시도이다. 여기서 필자는 한반도 분단체제가 세계사적으로 유례가 없는 독특한 성격을 지니며, 이 성격은 20세기 후반기 냉전구조의 독특성과 연결되어 있음을 강조할 것이다. 그리하여 한반도 분단체제의 극복이 비록 그 자체로 자본주의 세계체제로부터의 이탈일 수는 없지만, 그 체제에 대한 일대 타격이 될 수 있다는 의미에서 '민중적'이며 '세계사적 보편성'을 가질 가능성은 없는지를 탐색하고자 한다.

2. 냉전구조의 본질과 한반도 분단체제

한반도의 분단은 흔히 동서냉전의 산물이라고 이야기된다. 외세에 의한 한반도 분단이 동서 이념갈등으로 고착되고 한국전쟁으로 강화되었다는 것이 통상적 상식일 것이다. 그리고 이런 상식은 남북한 대립체제가 자본주의 대 공산주의 양대 진영의 적대, 즉 냉전구조를 고스란히 구현한 것이라는 점에서 당연한 것처럼 보이기도 한다. 하지만 현대 세계사에서 냉전구조의 성격이 과연 무엇인지에 대해서는 논란의 여지가 있다.

한때 탈냉전으로 전쟁의 시대가 가고 평화의 시대가 오리라는 기대가 있긴 했지만 이제 탈냉전 시대의 세계가 불안한 혼란기에 접어들었다는 것은 두루 실감되고 있는 편이다. 오히려 냉전시대가 이데올로기적 적대와 군사적 대치에도 불구하고 상대적으로 평화롭고 안정된 시대였다는 인식이 폭넓은 공감을 얻는다. 냉전시대의 양극화된 국제정치구조는 개별 국가에 강제된 만큼이나 기본적으로 불안한 안정을 보장한 것이고, 이런 의미에서 냉전(Cold War)의 시대는 사실상 홉스봄(E. Hobsbawm)의 말대로 '냉평화'(Cold Peace)'의 시대였다.[6] 오늘날 세계에 불안정과 동요가 만연하고 국지전이 빈번한 것은 냉전기에 안정적으로 고착된 모종의 지배체제에 균열이 나타나고 있기 때문이라 할 수 있다.

이런 정황은 공산주의 대 자본주의의 대결이 냉전구조의 핵심적 갈등이라는 시각 자체를 수정할 필요를 제기한다. 냉전에서 미소 대결을 핵심으로 보는 인식에는 미국과 소련의 힘이 대략 비슷하다는 잘못된 전제가 깔려 있다. 그러나 미소의 힘의 격차는 실제로 상당히 컸으며, 바로 이 격차 때문에 냉전은 묘하게도 미소간의 묵계가 쉽게 이루어질 수 있는 그런 체제였다. 그렇다 해서 미소간의 실제적 적대, 요란한(듯 보였던) 대립이 없었다는 뜻은 아니다. 그런 양상은 분명 있었다. 그러나 냉전구도는 그 심층에서는 미국이 소련과의 공존을 전제로 세계적 패권을 수립하기 위해 선택한 일종의 전략적 장치로 보는 것이 마땅하다. 이것은 2차대전 후 경제회복이 절실했던 소련에도 이익이 되는 것으로서, 미국은 소련으로 하여금 공산진영의 패권을 유지하도록 허용했다. 미국의 공산권 봉쇄정책 자체가 미국 패권주의 기획의 일부였으며, 그런 한에서 그것은 사실상 적국과 동맹국 모두에 대한 봉쇄, 즉 이중봉쇄였다. 커밍스(B. Cummings)는 이 점을 다음과 같이 간명하게 요약한 바 있다.

냉전은 두개의 체제로 이루어져 있었기 때문이다. 첫째는 적성국과 동맹국 모두에 대항해서 안보를 제공하는 봉쇄정책이다. 둘째는 미국의 경쟁공업국의 필수자원에 대한 칼자루를 미국이 쥘 수 있도록 하는 패권 프로젝트이다. 패권 프로젝트와 동맹국 봉쇄체제는 지금도 살아 있다.[7]

이런 의미에서 냉전의 적대적인 지정학적 긴장은 다중적인 효과를 가지는 전략적 장치로 기능하기에 안성맞춤이었다.[8] 그 효과는 첫째, 세계시장의 확대에 별 도움이 안되는 공산권의 봉쇄를 통해 미국은 부담을 줄이면서 자본주의 세계경제의 팽창을 주도했고 동맹국들을 하위에 둔 패권체제를 확립할 수 있었다. 둘째, 이데올로기적으로 냉전은 미소가 동서 양 진영 내부를 통제함으로써 기존 세계질서의 위협세력을 억압하고 세계 전역에서 안보국가체제를 이룰 수 있도록 하였다. 이로써 냉전은 범세계적으로 모든 국가의 국내 억압체제를 정당화했다. 셋째, 냉전은 자본주의 세계체제에 대한 제3세계의 저항을 봉쇄하는 것, 다시 말해 남북갈등의 통제에 기여했다. 이것이 미국으로서는 가장 통제하기 어려운 차원이었고, 1950년대 이래 미국은 제3세계에서 탈식민지화와 발전주의 국가 형성을 그 방책으로 삼았다. 마지막으로, 냉전은 미국 국내 지배체제의 강화를 가져왔고 미국 내적으로 자본·노동갈등과 인종갈등을 통제함으로써 자본축적의 가속화를 도왔다. 월러스틴은 그런 갈등으로 점철된

1930년대 미국을 볼 때 이후의 국내 냉전체제가 없었다면, 다시 말해 "만약 미국이 1930년대에 그랬던 것처럼 분열된 채로 있었다면 패권국가가 되기는 어려웠을 것"[9]이라고까지 주장한다.

요컨대, 냉전은 동서 적대를 통한 각 진영 내부의 통제와 더불어 북에 의한 남의 통제, 그리고 미국의 체제 안정이라는 의미를 두루 갖추고 있었고, 결국 이런 의미에서 미국 패권하의 자본주의 세계체제를 공고히 하는 방식이었다. 만약 자본주의와 공산주의의 대결이 냉전구조의 핵심이라면 미국은 냉전을 승리로 이끌었다고 할 수 있을 것이다. 하지만 미국 패권의 자본주의 세계체제의 공고화가 냉전구조의 본질이라면 미국은 냉전에서 승리한 것이 아니라 패배했다는 역설적인 주장도 성립한다. "왜냐하면 냉전은 이겨야 할 게임이 아니라 계속 추어야 할 미뉴에트 춤"[10]이기 때문이다. 계속 덩달아 추어야 할 춤을 상대방이 아프다고 주저앉아 진짜 게임으로 바꾸어 버렸으니, 소련 제국의 붕괴야말로 미국 패권이 결정적으로 타격을 받은 계기가 되었다는 것이다.

한국의 분단은 이런 의미의 동서냉전의 일부였고, 특히 한국전쟁은 동아시아 지역뿐 아니라 세계적 차원에서 냉전체제를 굳히는 데 큰 역할을 한 세계사적 사건이었다. 바로 이 한국전쟁과 그 교착상태로 굳어진 한반도 분단체제는 앞의 네가지 면모를 한층 강화하면서 미국 패권하 자본주의 세계체제의 안정화에 다음의 측면에서 결정적으로 도움을 주었다.

첫째, 한국전쟁은 세계경제의 팽창기간 중 엄청난 군사비 지출로 팽창을 직접 자극했고 일본 경제의 비약적 성장을 가능케 했다. 둘째, 한국전쟁은 미일방위조약, 일본의 자위대 창설, 유럽 냉전의 공고화에 두루 영향을 미치면서 범세계적으로 억압적인 안보국가 구축에 기여했다. 셋째, 한국전쟁은 미국 패권주의에 대한 제3세계의 저항의 측면도 갖고 있었으나 장기간의 정전체제는 한반도를 기득권세력의 억압이 용이한 준(準)전시상태로 상존시켰다. 한반도에서도 물론 미국의 본질적 정책은 남북한 모두를 봉쇄하는 이중봉쇄, 즉 분단체제를 유지하는 것이었다. 넷째, 요즘 이라크와 북한의 '체제전환'(regime change)이 자주 거론되지만, 다른 의미에서 미국의 '체제 전환'에 결정적인 기여를 한 것이 바로 한국전쟁이었다. 그래서 커밍스는 한국전쟁이 세계사적으로 베트남전쟁보다 더 중요한 사건이자 미국사의 한 분수령이었다고 강조하는 것이다.[11] 미국사에서 유례없는 상황이 전개되어, 국방예산이 엄청나게 늘어났고 군산복합체에 막대한 재원이 투여되었다. 한국전쟁은 미국 패권주의의 성립과 유지에 불가결한 미국 내 체제를 완성해주었던 것이다.

냉전을 공산주의와 자본주의의 대결로 본다면, 한반도는 이미 승부가 끝난 싸움의 끝자락에 북한 공산주의의 시대착오 때문에 남들은 다 버린 냉전의 유물을 껴안고 있는 장소라 할 수 있다. 이렇게 보면 유럽이 이미 해결한 과제를 해결하지 못한 한반도의 후진성이 두드러져 보인다. 이것이 오늘날 거의 모든 사회과학자들이 공유하고 있는 한반도상(像)이기도 하다. 하지만 냉전의 본질이 미국 패권하 자본주의 세계체제의 공고화에 있다면, 한반도 분단체제는 냉전의 낡은 유물이 아니라 그 본질적 면모를 고스란히 구현하고 있는 체제인 셈이다. 한반도 분단체제는 후진성의 징표가 아니라 오히려 유럽 냉전의 해체로 그 존재이유가 더 뚜렷해진 것일 수도 있다. 한소·한중 수교, 남한과 북한의 유엔 동시가입으로 냉전이 해소되는 듯 보이던 때 북미·북일의 냉전 대립이 해소되지 못한 것 또한 미국의 세계전략과 관련되어 있다. 이런 문제의식하에 백낙청은 한반도의 분단현실이 세계 어느 곳에도 유례가 없는 특이한 구조를 지닌 것은 바로 한반도 분단체제가 동서대립+제3세계 통제라는 본질적 면모를 갖고 있기 때문이고, 이 때문에 통일과정에서 유례없는 독특한 방식의 창안이 요구된다고 주장한다.[12)]

냉전의 본질을 이렇게 이해할 경우 오늘날 미국 부시정부의 매파집단이 9·11 테러 이후 현재의 세계적 혼란기를 2차대전 후 미국 패권이 확고한 지위를 굳혀갔던 냉전시대 초반기와 견주고 싶어 하는 이유를 알 수 있다. 네오콘의 세계사 전망에서 탈냉전 이후의 지금 시기는 세계가 1945년 직후의 냉전 초기로 돌아갈 것인가, 아니면 19세기 말 열강들이 패권을 다투던 혼란기로 돌아갈 것인가 — 대표적 네오콘인 폴 울포위츠가 이 경우 19세기 말의 독일 위치에 오늘의 중국을 배치하는 것은 시사적이다 — 의 결정적 기로에 있는 시기이다.[13)] 네오콘의 일원은 아니지만 이들과 손발을 맞춰온 콘돌리자 라이스 당시 국가안보보좌관이 9·11을 국제정치 지각변동의 계기로 받아들이면서 한 말도 시사적이다.

국제체제는 소련의 붕괴 이후 유동적인 상황이 지속되어왔다. 이제 이행기에 종언을 고하는 것이 가능하고, 정말이지 그렇게 될 것이다. (…) 그렇다면 지금은 미국의 지도력이 자유를 지지하는 새로운 세력균형을 창출하기 위해 자유민주주의 국가(열강 중에는 독일과 일본)의 수를 확대시켰던 1945~47년과 비슷한 시기이다.[14)]

라이스는 이후 미 국무장관 인준 청문회에서도 대테러전을 과거 냉전시대 공산주의 국가들과의 투쟁에 견주었다. 미국은 2차대전 이후 공산주의를 물리친 승리의 노력을 지금 테러에 대해 쏟아야 한다는 것이다. 그렇다면 현재 미국의 패권주의 기획과 동맹국 통제, 그리고 국내 억압체제 유지의 시도는 냉전전략의 연장선상에 있다고 할 수 있다.

사실상 미국의 매파집단은 공산권 봉쇄 대신 테러와의 전쟁을 통해 미국의 세계적 패권을 유지하는 것이 가능하다고 생각한다. 이라크전쟁도 미국의 압도적인 군사적 우위를 증명함으로써 성격이 다른 다양한 상대, 즉 강력한 경쟁자로 부상하고 있는 유럽과 동아시아, 핵보유국 및 잠재적 보유국, 그리고 이스라엘과 대치 중인 중동 국가들에 대한 협박의 측면을 가지고 있다. 또한 패권주의 기획은 세계를 항구적인 잠재적 전시상태로 유지해 안보국가체제를 확고히 하고 미국 국내 억압체제를 강화하는 전략을 포함한다. 9·11 이후 '애국자법'을 비롯한 반민주적인 법률과 제도가 활개를 치고 있는 것도 그렇지만, 심지어 테러리스트 혐의가 있다면 온갖 고문을 해서라도 수많은 인명을 구해야 한다는 논리에서 보듯 안보국가가 전통적 자유주의의 가치까지 훼손할 수 있게 되었다. 매파집단이 테러와의 전쟁에 유혹을 느낄 만한 결정적인 이유는 또 있다. 앞의 비유를 원용하면, 테러와의 전쟁은 냉전과 달리 아예 궁극적 승리의 개념이 있을 수 없는 게임이기에 아프간이든 이라크든 북한이든 아무나 골라잡아 '계속 춤을 출 수' 있는 것이다.

그러나 냉전 초반기의 미국과 21세기의 미국은 정치적·이데올로기적·경제적 차원 그 어느 것을 보더라도 극명하게 대조된다.[15] 2차대전 후의 미국은 군사적 우위 외에도 가장 높은 경제력과 생산적 효율성, 동맹국들의 정치적 지지, 패권 유지를 위한 이데올로기를 갖추고 있었다. 미국의 경제력은 원조를 통해 전쟁으로 피폐해진 독일과 일본의 경제를 부흥시켜 라이스가 말한 "자유를 지지하는 세력균형"을 이루는 데 결정적인 역할을 했다. 또한 냉전시대에 미국은 자유주의 이데올로기를 통해 공산주의 세력의 존재를 패권 유지에 적극 활용할 수 있었다.

그런데 미국이 처한 현재의 정황은 군사력을 제외한다면 경제적·이데올로기적 차원 그 어느 것을 보더라도 쇠락의 조짐이 뚜렷하다. 한편으로 유럽과 동아시아가 경쟁자로 부상하고 있고, 다른 한편 미국 경제에 끼치는 군국주의의 부정적인 영향 또한 점차 증가하고 있다. 미국 패권이 처한 현재의 위기는 다른 패권국가의 등장에서가 아니라 권력의 자원들이 극히 불균등한 데에서 기인한다. 마이클 맨

(Michael Mann)이 '모순의 제국'이라 지칭한 것이 바로 이것인데, 미국의 세계패권에 대한 궁극적 위협은 군사력에서 압도적 우위를 점함에도 불구하고 경제와 이데올로기적 정당화에서는 그렇지 못하다는 점에 있고, 이것이야말로 악순환의 모순을 그대로 노정하고 있다는 것이다.[16)]

그렇기 때문에 현재 미국의 위상을 볼 때 9·11 이후의 시대와 2차대전 직후의 시대가 유사하다고 할 수 있는 점은 막강한 군사력을 제외한다면 딱 한가지, 적(敵)이 있다는 것뿐이다. 하지만 냉전이 사실상 '냉평화'로 관리되었던 데 반해, 이제껏 미국 패권에 눌려 있던 지역들의 '역습'(blowback)이 본격화되는 현재의 혼란기 정황은 맥락이 전혀 다르다.[17)] 오히려 미국은 국내에서도 자유주의와 민주주의를 파괴하고 있거니와 2차대전 이후 자국이 주도적으로 만든 국제기구·국제조약·국제법도 무시하고 있다. 2003년 2월의 반전시위를 두고 『뉴욕타임스』의 한 기고문이 "지구상에 두개의 슈퍼파워, 미국과 세계여론이 있다"[18)]고 표현했듯이, 그 결과는 미국의 이데올로기적 고립일 뿐인 것이다.

이것은 말을 바꾸면, 어쩌면 한국전쟁 당시에 확립된 바로 그 체제를 계속 유지하려는 노력이 미국 패권의 쇠퇴를 재촉하고 있다고도 할 수 있다.[19)] 이렇게 보면 분단된 한반도는 세계 차원의 패권적 지배체제의 중요한 지역현장이라 할 수 있다. 남한과 북한이 동일한 지배체제의 일부라는 분단체제론이—남북 주민들이 아주 다른 사회 속에 살면서도 동일한 체제에 살고 있다는 논리가 일상적 차원에서 납득이 되지 않을 수 있고 그래서 사회과학계에서도 호응을 못 받고 있긴 하지만—전혀 무리한 이야기가 아닌 것은 이 때문이다. 한반도의 통일은 한반도라는 국지적 지역에서 치열한 전쟁의 교착상태로 굳어진 남북한 억압체제의 해체 혹은 전복이고, 그것이 세계 전체의 억압적인 구조와 연관이 깊은 한에선 현 세계체제 일각의 타파인 셈이다. 통일은 흔히 생각되듯이 1945년으로의 복귀, 혹은 당시 미완된 국민국가 건설이라는 과제의 뒤늦은 실현이 아닌 것이다. 그렇게 보는 것은 시대의 맥락이 이미 바뀌어버린 세계사적 정황에 대한 몰이해를 보여줄 뿐이다. 그 과제는 또한 일부 통일세력이 주장하듯이 남한이 미국의 제국주의적 지배하에 들어가 있기 때문에 민족해방이 요구된다는 식의 반미자주화의 과제도 아니다. 북한에서도 체제 내 민중에 대한 억압적 힘을 약화시킬 수 있다는 전망을 가지는 것은 당연하며, 심지어 미국의 뻬레스뜨로이까라 할 또 한번의 '체제 전환'에도 일조할 수 있으리라는 희망을 가질 수도 있는 일이다. 분단체제의 극복으로 이해된 통일은 세계적 차원의 억압체제에 대한 일대 타격이자 자본주의 세계체제의 지배세력과의 싸움의 일환일 수 있는 것이다.

3. 동북아시아의 지정학과 한반도 통일

한반도 분단체제의 극복이 세계적 차원의 억압체제와의 싸움의 일환이라면 그것은 '민중적'이고 '세계사적'인 작업이라 할 만하다. 하지만 원론적으로는 그렇게 거창해 보여도 실제적인 구체화 과정은 그 반대일 가능성이 크다. 이미 전개되고 있는 현실을 보더라도 실제로 통일과정은 한반도 전체에 자본주의적 시장논리가 확대되는 양상으로 전개될 것으로 예상된다. 또한 적절한 수준의 민족공조를 바탕으로 한 민족주의가 동력으로 작용할 수밖에 없을 것이기 때문에 그것은 민족주의의 퇴행성이 점점 두드러져가는 세계사의 보편적 흐름을 거슬러가는 것으로 보이기도 한다. 2000년 6·15공동선언 뒤에 일부 진보진영이 보인 반응도 바로 이 점에 대한 경계였는데, 한편으로는 그것이 신자유주의적 자본주의의 확대일 뿐이라는 것, 다른 한편으로는 그것이 민족주의 정서를 강화해 억압적 성격의 동원체제를 가져오리라는 것이었다.[20]

물론 통일이 된다 해서 한반도가 자본주의 세계체제에서 벗어난다든가, 또 아무리 국가연합 등 복합적 정치공동체라 하더라도 국민(민족)국가의 시대에서 벗어난다든가 하는 것은 불가능한 일이다. 한반도든 다른 어느 사회든 자본주의 세계체제로부터의 탈출이 불가능하다면 남는 과제는 그 안에서 어떤 길이 좀더 나은 사회를 만드는 길인지, 또 그 길이 세계체제를 한층 민주적이고 평등한 체제로 변화시키는 데 기여할 수 있는지 묻는 일일 수밖에 없다. 그것은 주어진 세계체제에 제대로 적응하면서 그 극복에 일역을 담당하겠다는 모순적인 작업일 수밖에 없지만, 특히 한반도가 패권주의가 작동하는 핵심지역 가운데 하나라면, 또 현 세계체제가 혼란스런 위기국면에 들어가 있다면, 한반도와 그것을 둘러싼 동아시아가 그러한 저항의 중요한 거점이 될 가능성이 없다고 단정짓는 것은 무책임한 일이 아닐 수 없다.

그렇지만 탈냉전 시대, 신자유주의 시대라는 현 세계사 국면에서 지역단위의 대처가 어느 정도 효율적일지에 대해서는 논란의 여지가 있다. 대체로 지역단위의 구상에 회의적인 시각들은 냉전기의 동서분열 해소 이후 전지구적 자본주의가 국가와 지역을 넘어 관철되고 있기 때문에 국지적 대응은 무의미할 뿐 아니라, 심지어 위험하거나 반동적이라는 발상을 갖고 있다. 그런데 묘하게도 이 점에서는 반신자유주의 진영이 국경 없는 세계를 주장하는 신자유주의 진영과 일치하고 있고, 탈민족주의 진영 역시 마찬가지다.

예컨대, 송주명은 "세계경제는 상호의존성의 진전이라는 측면에서 이미 전세계적 규모로 확대되고 있으며 **분할 불가능하다**"[21]고 주장한다. 그는 지구화로 인해 삶의 양식이나 문화양식까지도 지역을 넘어서 전개되고 있기 때문에 지역을 분할해 정체성을 부여하는 지역주의적 대응은 지역간 경쟁을 초래해 세계체제에 적대적 분열을 야기할 뿐이라고 본다. 다른 한편, 탈민족주의 시각에 선 임지현은 더 나아가 국민적·지역적 집단들의 정체성에 기초하여 저항의 거점을 만들고자 하는 노력이 반동적이라는 입장을 취한다.[22] 따라서 송주명은 "그보다 민중적 관점에 입각한 근본적인 국제질서 재편의 상을 꾸준히 모색"해 민중의 이익에 맞게 개입하는 것이 더 진보적이라고 제안하며, 임지현은 대안으로 "개별 주체들이 고유성을 견지하면서 소통적 사회성을 구성해나가는 '다중'(multitude), 자본주의의 식민화에 대항한 소통적 사회성, 전지구적 시민권, 탈근대적 공화주의, 자율주의 운동 등"을 떠올려볼 수 있다고 진단한다.[23)]

이들의 이런 현실관은 서구 국제주의 좌파, 혹은 네그리(A. Negri) 등의 '제국'론에서 빌려온 것이기도 하다. 가령 캘리니코스(A. Callinicos)는 자본주의 지구화의 대항지점으로 국가나 지역을 설정하고 세계를 경쟁하는 국가들의 체제로 이해하는 것은 잘못이라는 견해를 견지한다. 그래서 그는 미국의 우위에 대한 유럽연합의 지역주의적 도전조차 현 상황을 근본적으로 개선하기는커녕 "많은 자원들을 군대로 돌리고 새로운 군비경쟁을 풀어놓아 세계를 지금보다 한층 더 부정의하고 위험스럽게 만들 것"[24)]이라고 주장한다. 다른 한편, 네그리와 하트(M. Hardt)는 20세기 말의 지구화로 국가간 관계의 제국주의 시대가 종언을 고하고 탈영토적 네트워크상의 지구 '제국'이 도래했다고 믿는다. 그들이 이미 도래했다고 믿는 탈근대적 '제국'에서는 지리적 차원과 국가간 차원은 결코 독자적인 갈등지점이 될 수 없다. 그들은 지구화로 인해 생산의 탈중심화·탈영토화가 이루어져서 국민국가간, 빈곤한 남과 부유한 북 간의 지리적 구분으로는 오늘날 지구적인 차원의 분열을 파악할 수 없다고 주장한다. 따라서 자본주의적 지구화에 대해 국지적인 차원에서 방어하려는 민족주의나 지역주의는 반동적이라는 것이다.[25)]

이같은 발상들의 밑바탕에는 현재의 세계가 유일 초강대국의 일극체제거나 국가·지역이 무의미해진 '제국'의 시대에 들어섰다는 인식이 깔려 있다. 하지만 필자는 오늘날 세계경제가 분열을 통해 통합적으로 작동한다고 보는 세계체제론의 현실인식이 훨씬 현실적이라고 생각한다. "오늘날 우리에게 존재하는 것은 하나로 통합된 세계경제가 아니라"는 것, "세계는 서로 영향을 주고받지만 독자적인 동력을 지니는 세가지의 서로 다른 지정학적 분열에 시달리게 될"[26] 것이라는 주장이다. 오늘의 세계는 경제적으로 미국 주도의 일극체제가 아니라 주요 자본축적 지역이 미국·유럽·동아시아로 분열된 체제이며, 빈곤한 남의 지역과 부유한 북의 지역이 분열된 체제이며, 또 범세계적으로 존재하는 두 집단·운동·계층으로 분열된 체제라는 것이다. 국가·지역에 기반을 둔 두가지 분열과 범세계적인 계층분열이 결합해 작동하는 세계경제는 어쩔 수 없이 복잡하지만, 전지구·계급·지역·국가의 차원을 고려해야 하기 때문에, 세계체제 변화의 동력과 주체를 단순화시키는 사고방식에 대해서는 근본적인 재검토가 요구된다.

일체의 지역단위 구상을 무의미하거나 반동적으로 보는 관점에서는 사실상 한반도와 동아시아의 대안적 발전모델의 구상이나 모색이 있을 수 없고, 삶의 현장에서 현실적으로 작동하는 권력관계에 대한 분석이나 모순을 해결하는 대안적 체제 구상 또한 나오기가 어렵다. 탈민족주의 같은 근본주의적 발상들은 어떤 감수성을 일깨우는 데에는 무척 효과적이지만, 한편으로 세계사 현실의 연관성을 간과하고 다른 한편으론 일반 대중의 감정과 욕구를 도외시하는 이상주의적 경향을 갖고 있다. 한반도 분단에 대한 대안적 구상 역시 마찬가지다. 가령 개성공단을 비롯한 남북경협에 대해, 남쪽 자본의 북쪽 노동자 착취이기 때문에 남북한 민중이 각기 새로운 사회의 주체로 서는 관점이 요구된다는 식의 논리에 머무르게 마련이다. 또는 남한의 진보세력이 북한의 개혁·개방에 관여한다는 발상은 북의 권력—남의 민중, 북의 권력—남의 자본이라는 동맹구도를 가져올 뿐이기 때문에 평화공존 안에서 북과 남이 각각 민주적 변혁의 길을 걸어야 한다는 전망을 내놓는 데 그친다.[27] 양자 모두 논리가 단조로운 편인데, 전반적으로 민중주체를 근거로 신자유주의를 비판하거나 민족·국민이라는 코드에 내장된 권력의 지배 메커니즘을 고발하는 데 머무르고 있다.

그러나 세계의 지정학적 분열에 대한 인식은 한반도 분단체제 극복의 문제를 동(북)아시아 차원에서 사고할 필요를 제기한다. 세계사의 전환 국면에서 가장 활력적인 지역에 속하는 동아시아가 일본을 필두로 세계체제의 주요한 자본축적 장소로 부상해 있기 때문이다. 또한 미국이 세계 제1위의 채무국임에도 불구하고 경제위기가 미국에 닥치지 않는 것은 바로 기축통화로서 달러의 힘 때문인데, 이를 떠받치고 있는 중국·일본·한국 등이 계속 미국의 채권을 사들여준 덕분에 미국 경제가 전반적인 재앙에는 이르지 않는 상황임은 잘 알려진 사실이다.[28] 그렇다면 현재 미국의 일방적 패권주의가 동아시아에서 심대한 타격을 받을 가능성이 없는지, 이 과정에서 다른 패권주의가 대두하거나 민족주의적 충돌이 일어날 가능성은 없는지, 거기서 한반도의 평화와 통일이 어떤 역할을 할 수 있을지 실사구시적으로 점검하는 것은 반드시 필요한 일이다.

앞에서 보았듯이, 오늘의 세계 상황은 미국 패권의 쇠락이 다른 패권국가의 등장으로 이어질 가능성이 보이지 않는 가운데 미국 패권의 안정기에 고착된 정치적·경제적·이데올로기적 지배구조에 균열이 나타나고 있는 시점이라 할 수 있다. 따라서 최근 동아시아 지역주의의 구축 같은 지역단위의 창조적 대응을 모색할 필요가 자주 제기되는 것은 결코 우연이 아닌 것이다. 여기엔 새로운 지역협력의 모델이 없이는 동북아에서 냉전체제보다도 더욱 위험한 상황이 출현할 수 있고 동서냉전 해체 이후 전지구적 자본주의가 야기하는 혼란에 대처하기 어렵다는 문제의식이 깔려 있다. 역내 국가들의 상호의존과 평화공존에 대한 필요성이 한층 커져 협력과 통합의 구상이 계속 주요 의제로 오르고 있다면, 백영서의 말대로 미국이 패권을 장악했던 동아시아질서의 균열은 불안정하긴 해도 이미 새로운 질서의 가능성을 낳았다고 말할 수 있다. 그래서 그는 동아시아질서의 미래가 당분간 미국의 일극적 주도권과 동아시아의 다극적 지역통합 노력이 타협, 경쟁하는 과정에서 결정될 것으로 전망한다.[29)]

원론적으로 보자면 다극적 세계를 향한 지역통합 노력은 한편으로 시장통합을 진전시키면서, 다른 한편 환경파괴와 사회 양극화를 비롯한 숱한 난제를 함께 해결하려는 과정에서 세계체제의 진보적 변화에 기여할 수 있을 것이다. 하지만 식민지시대의 유산을 청산 못한 채 한·중·일 국가간 갈등이 상존하는 가운데 미국의 패권주의가 개입되어 있는 동아시아의 불안정한 현실을 볼 때 그러한 지역주의의 전망은 그다지 밝지 않다. 서유럽이 미국 패권에 대해 어느정도 자율성을 모색하면서 미국의 지구단위 전략의 종속적 위치에서 벗어날 공동체구조를 형성해가고 있는 것과는 대조적이다. 이 점에서는 유럽연합에 대한 동아시아 지역의 후진성이 두드러져 보이는데, 반면에 아직 유동적인 상태의 동아시아가 모종의 대안적 공동체를 제대로 형성할 때 갖게 될 세계체제 변화의 잠재력은 상상외로 클 수도 있다. 나아가 동아시아를 지금까지의 개발주의 패러다임을 넘어서는 대안적 패러다임이 가능할 수도 있는 거대한 실험장으로 전망하는 경우도 있다.

가령 백낙청은 위기국면에 들어간 세계체제에 대한 동아시아의 창조적 대응을 모색하면서, 첫째 동아시아가 가장 활발한 자본축적 지역인데다 둘째, 지역 내에 합의된 모델이 없어 유동적이며 셋째, 종전의 개발 패러다임으로는 생태계 재앙의 위험이 크고 넷째, 문명의 유산까지 풍부하다는 점 등을 두루 감안한다면 세계의 위기에 대한 대안적 패러다임의 모색에 드물게 유리한 조건을 갖추었다고 진단한다.[30] 또 월러스틴은 동북아 3국이 반목을 극복하고 모종의 공동체를 구성할 경우, 앞으로 수십년에 걸쳐 현존 자본주의 세계체제가 새로운 다른 체제로 이행할 때 이 동아시아 공동체가 중심적 역할을 할 것이고 그것은 주로 동아시아인들에 달렸다는 전망을 제시하기도 한다.[31]

그런데 동아시아 지역협력 모델은 우선 미국 패권주의를 약화시킴으로써 동아시아가 미국의 지정학적 전략의 종속적 부분이 되지 않도록 하는 동시에 다른 한편 새로운 역내 패권주의가 대두해 긴장을 조성하지 않을 조건에서 제대로 작동할 수 있다. 이런 새로운 질서 형성에서 한반도의 평화와 통일은 결정적일 것이다. 6·15공동선언으로 인한 한반도의 화해가 이미 동북아 지역협력의 시작이라는 와다 하루끼의 말은 한반도 평화 구축과 변혁의 중요성을 새삼 되새기게 한다.[32] 불안한 긴장의 한반도가 동북아 지역의 불안정 요인인데, 한반도에서 화해의 기운이 커지면서 단절된 동북아를 연결시키는 구상이 현실성을 갖게 되었다는 것이다.

중국의 급부상으로 있을 수 있는 중국과 미일동맹 간의 역내 패권경쟁이 어떻게 귀결될지 역시 한반도 문제와 긴밀히 연계되어 있음은 쉽게 짐작할 수 있다. 그렇기 때문에 어떻게 분단체제를 허물고 한반도에 어떤 체제를 만들어내는가 하는 문제가 동아시아의 반패권주의 연대를 이끌어내는 데 관건이며, 한반도가 통일되더라도 민족주의를 강화하는 방식, 그간 해온 개발주의 패러다임이 지속되는 방식일 경우 중·일 민족주의를 강화해 군사력 경쟁을 야기하고 갈등을 유발하기 십상일 것이다. 한반도가 더 나은 사회로 변혁되는 통일과정에서 가능해질 반패권주의는 중국과 일본 사이에서 원만한 중재를 위한 자산이 될 수도 있다. 결국, 한반도의 변혁이 순조로울 경우 동북아의 평화와 통합에 기여할 뿐 아니라 그 자체가 세계체제 전체의 행로에 지대한 영향을 미치리라 예상할 수 있다. 하지만 통일이 민족주의의 부정적 측면을 약화시키는 것이 아니라 개별 국민국가의 완성에 대한 욕망을 확대한 것이 되고 그 연장선에서 지역통합이 이루어진다면 그 폐해는 자못 심각할 것이다. 이 점에서 분단체제를 허물어가는 과정이 어떤 성격이냐가 관건이라 할 텐데, 어쩌면 통일보다 통일과정이 더 중요하다는 자각이 이제 절실히 필요한 것이 아닌가 싶다. 바로 여기에 이른바 '6·15시대' 개념의 적실성 여부가 놓여 있을 것이다.

4. 분단시대 속의 6·15시대

'6·15시대'라는 시대인식은 앞으로 한반도 통일의 과정이 어떤 방식으로 전개되느냐 하는 것이 한반도뿐 아니라 동아시아와 세계의 장래에도 결정적으로 중요하다는 자각의 표현이라 할 수 있을 것이다. 통일을 조급하게 내세우기보다 평화와 상호교류를 실질적으로 진전시키는 가운데 각기 내부개혁에 힘써야 할 이유가 여기에 있다. 한반도의 통일은 단순히 분단 이전 상태의 회복이나 미완의 국민국가 건설이라는 과제의 실현이 아니라 한편으로 반패권주의의 세계사적 과업인 동시에 다른 한편 양 체제 내의 문제점을 해결해 새로운 사회를 건설하는 과정으로 이해할 필요가 있다. 6·15공동선언이 함축하는바 한반도의 통일이 베트남식 무력통일도, 독일식 흡수통일도 아닌 평화적이고 점진적인 과정이어야 한다는 합의는 그 자체가 유례없는 역사적 실험을 예고한 셈이고, 그렇다면 통일이 일회적 사건이라기보다 평화와 화해, 교류 과정의 연장선상에 있으리라는 전망이 가능하다.

그렇기 때문에 이 시대의 중심과제가 평화냐 통일이냐 식으로 양자택일을 요구하는 논의는 이 시대의 독특성을 제대로 감안하지 않은 것이 된다. 가령, 민경우는 「6·15 선언과 조국통일의 경로」라는 글에서 6·15시대의 중심문제를 평화·화해세력과 통일세력 사이의 각축으로 전망하고 통일세력의 헤게모니를 강조하는 논지를 제시하였는데, 그런 전망에는 동의하기 어렵다. 그는 6·15시대의 각축지점이 북미협상을 보는 태도, 반미자주화투쟁에 대한 태도, 민간교류의 성격 등에 있으리라 전망하면서, "민간교류는 평화공존, 교류협력을 확대하는 통로인가 아니면 전민족적인 통일운동인가" 하는 양자택일의 질문을 던지고 있다.[33] 이같은 발상은 통일을 교류·협력과 체제 혁신을 통해 남북을 아우른 한반도 지배체제를 해체해가는 과정으로 보지 못하고 있는 것이다. 어쩌면 '조국통일'이라는 용어 자체, 그것이 함축하는 민족주의적 목표 자체가 세계사적 흐름과도 맞지 않는 낡은 것이 아닐까 싶다.

반면에 최장집은 평화가 통일보다 더 중요한 가치라는, 양자를 분리할 경우엔 누구라도 동의할 주장에 근거해 일체의 통일 주장을 변화된 현실에 맞지 않는 민족주의라고 비판한 바 있다.[34] 평화와 통일을 분리하는 관점에 대해서도 동의하기 어렵지만, 그 주장의 결정적인 문제점은 통일을 1945년으로의 복귀, 혹은 1948년 단정체제에 대한 안티테제로 인식하면서 분단시대론을 "통일이라는 역사적 복원의 관점"으로 규정하는 데 있다.

민경우, 최장집 양자가 서로 비판하면서 보완하는 묘한 형국을 연출하는 셈인데, 양자 모두 분단체제의 억압성을 세계 자본주의체제 내 지역 지배체제의 문제로 보지 않는다는 점에서 일치한다. 잘 알려진 최장집의 '민주화 이후의 민주주의 위기'의 문제제기는 현재 우리 사회의 문제점을 날카롭게 진단한 면이 있는 한편, 남한 민주주의의 현 상황을 이러한 지배체제가 무너져가는 과정으로 이해하지 않음으로써 치명적 한계를 드러내고 있다. '분단시대'를 고려하지 않고 서구의 이론적 틀에 근거해 설명하는 것만으로는 남한 사회 민주화의 성취와 한계에 대해 균형 잡힌 평가를 하기가 어렵지 않을까 싶다. 실질적 민주화와 정당체제의 구조개혁을 강조하는 그의 입론 자체가 나름대로 중요하다는 것은 분명하다. 하지만 유럽의 정당체제 및 사민주의 모델과 비교해 정당체제의 저발전에서 문제의 핵심을 찾는 정형화된 틀로는 남한의 복합적 현실을 설명하기 어렵다.

냉전시대 한반도의 지배체제는 준전시상태하에서 견고할 수밖에 없었고, 일각이나마 그것을 뚫은 남한 민주화의 현 상황을 복합적으로 판단해보면 그보다는 좀더 높은 평가가 가능하다. 정당체제가 잘 발전되어 있다고 하는 서구에서 사회주의 정당과 보수주의 정당 간의 정권교체는 상시적으로 이루어지지만 그 교체가 사회 지배체제의 변화로는 잘 이어지지 않는 것과 달리, 남한의 현실에서는 보수·중도정당 간의 정권교체만으로도 강고했던 지배체제의 균열에 따르는 사회적 파장이 더 컸다고 할 수 있다. 이로 인한 치열한 갈등과 분열이 정당체제로 수용되지 못하는 현실은 그것대로 비판하더라도,

이런 독특한 점을 같이 감안할 필요가 있다는 것이다. 현재의 한국 정치를 후진단계에서 서구의 정상단계로 들어서는 초입으로만 보기 어려운 것은, 한국 정치가 진보정당 및 정당체제 자체의 저발전 등 후진적 면모를 가지면서도 민중적 활력을 담아내는 선진적인 면도 상당히 갖고 있기 때문이다. 앞에서 유럽과 달리 한반도의 냉전이 아직 청산되지 못한 것이나 유럽과 비교해 동아시아 지역이 아직 자율적 통합을 못 이룬 것을 오직 후진성으로만 치부해서는 현실에서 주어진 독특한 창조적 가능성을 간과하기 쉽다고 했는데, 이제 남한 사회를 볼 때도 같은 이야기를 할 수 있겠다.

그러한 창조적 가능성을 현실화하기 위해서는 무엇보다 그간 분단시대에 익숙했던 낡은 패러다임을 바꾸고 새로운 대안적 발전모델을 구상할 필요가 있다. 남북 화해와 교류가 진전될수록 분단체제하에서 고착된 패러다임의 한계와 폐해가 더 두드러질 가능성이 크기 때문에 이는 불가피한 것이기도 하다. 이제 6·15시대에는 그 구상을 남북을 포괄한 한반도까지 확대할 필요가 있을 것이다. 남한의 여러 정치적·사회적·경제적 과제를 한반도 차원의 변화와 연결시켜 고려할 때 한층 창의적이면서 현실적인 개혁의 전망을 가질 수 있기 때문이다. 그리고 남한에서 이루어지는 개혁의 파장은 남북한을 넘어서 동아시아와 세계에까지 미치리라 예상할 수 있다.

어느 모로 보나 6·15시대는 유동적인 변화와 동요의 시대가 될 것이다. 한편으로 분단시대에 적응해 유지되어온 많은 관행과 제도가 바뀌지 않으면 안되는 상황이고 이를 둘러싼 갈등과 동요도 만만치 않을 것이다. 또 앞으로 남북간 실질적인 교류가 진전되어 양자관계가 긴밀해질수록 일반인들 사이에서도 분단시대에 살고 있다는 의식이 더 커지고 그에 따라 분단사회가 갖는 불안정성에 대한 실감도 더해질 것으로 예상된다. 이에 따라 어느 시점에 대중적 차원에서 통일이 당면과제로 제시되는 것도 충분히 전망해볼 수 있다. 그때까지 6·15시대는 개혁과정을 통일의 과정으로 삼는 유례없는 실험장이라 할 수 있으니, 점진적인 평화적 통일과 당면한 개혁과제들을 결합하는 의제 통합의 노력이 절실한 시대이다.

분단체제와 87년체제의 교차로에서

김종엽

1. 루빈의 꽃병

게슈탈트(Gestalt) 심리학에서 자주 예로 제시되는 '루빈의 꽃병'이라는 그림은 우리가 배경을 무엇으로 생각하느냐에 따라서 형태가 달리 지각됨을 보여준다. 흰색을 배경으로 여기면 화병을 보게 되고, 검은색을 배경으로 생각하면 마주한 두 얼굴을 보게 된다. 이명박정부와 박근혜정부를 어떻게 지각하는가, 또는 김대중정부와 노무현정부를 어떻게 인지하는가도 이런 게슈탈트 심리학의 통찰에 비추어볼 필요가 있다.

우리 사회의 민주파는 87년체제를 배경으로 이명박정부를 파악했다. 어떤 이들은 그의 집권을 민주주의가 잘 작동하고 있음을 보여주는 정상적인 과정으로, 어떤 이들은 우려가 없지 않지만 그리 심각하지 않은 일탈로 인지했다. 하지만 많은 이들이 이명박정부의 집권 후 행태 속에서 민주적 법치국가의 파괴를 지각했다. 그래서 총선과 대선에서 진보개혁진영이 승리함으로써 우리 사회를 서둘러 정상궤도로 돌려놓아야 한다고 생각하게 되었다. 그런 식으로 사태를 파악하게 된 경위는 납득할 만하다. 노태우정부로부터 노무현정부에 이르는 과정은 불만족스럽고 우여곡절이 많긴 해도 민주화가 꾸준히 진전된 과정으로 볼 수 있었다. 같은 견지에서 김대중정부 이래의 경과도 간명하게 조명된다. 그런데 김대중·노무현정부 시기에 사회적·경제적 민주화에 실패한 것이 보수의 집권을 불렀다. 이제 사회적·경제적 민주화를 제대로 실천할 수 있다면, 그리고 그것을 수행할 수 있는 정부를 수립할 수 있다면, 댓가는 작지 않았어도 이명박정부를 '이보 전진을 위한 일보 후퇴기'로 정리하고 갈 수 있다. 2010년 지방선거부터 2012년 총선과 대선에 이르는 과정에서 나타난 민주적 대중의 열띤 참여는 이런 인식과 연계된 것이었다.

그러나 총선 패배, 그리고 이어진 대선 패배는 많은 이들의 인지적 배경을 87년체제로부터 분단체제로 옮겨놓았다. 사람들은 해방 후 우리 사회에서 보수가 집권하지 않은 기간은 고작 민주정부 10년뿐이었다는 것, 우리 사회가 여전히 '기울어진 운동장'이라는 사실을 새삼 깨달았던 것이다. 이런 관점은 2012년 선거 패배의 '멘붕'에서 벗어나려는 방어기제의 측면도 있고 선거 패배의 책임이 있는 당시 민주당(또는 당시 민주당 지도부)의 변명으로도 보일 수 있겠지만,

심리적 동인이나 정치적 아전인수를 떠나 설득력이 있다. 분명 분단체제는 줄곧 민주주의의 심화와 전개에 강력한 방해요소로 작동해왔다. 그리고 이제는 사회혁신의 방향 모색에도 커다란 장애요인으로 작동하고 있다.

그런데 '루빈의 꽃병' 체험과 유사한 정신적 당혹감은 민주파 이전에 김대중정부와 노무현정부를 거치며 보수파가 먼저 경험했던 것 같다.[1] 분단체제의 수호자인 보수파의 관점에서 보면, 김대중정부의 수립은 외환위기라는 자신들이 자초한 엄청난 위기상황 속에서 한번쯤은 눈감아줄 수 있는 것이었다. 김대중의 급진성은 오랜 탄압과정에서 어느정도 순치되었다고 여겨졌고, 그를 박해한 것에 대한 얕은 죄의식, 그리고 광주와 호남 전체에 대한 부채감도 있었을 것이다.

하지만 노무현은 용인할 수 없었다. 김대중의 당선 같은 일탈은 체제의 탄력성을 위해 한번쯤 수용할 수 있었으나 노무현의 당선은 일탈을 구조로 전환시킬 가능성을 가진 위협적인 사건이었다. 민주파에 박근혜의 당선이 그렇듯 노무현의 당선은 보수파에는 '멘붕'을 유발한 사건이었다. 노무현 전 대통령에 대한 보수파의 기이할 정도로 강렬한 적개심은 자신들이 겪었던 '멘붕', 즉 분단체제라는 안정적인 배경이 붕괴할 수 있다는 위기감과 무관하지 않다. 그들은 민주화를 원했다 하더라도 분단체제와 양립 가능한 민주화를 원했을 뿐, 그것을 해체하는 민주화를 원한 게 아니다. 그렇기 때문에 87년체제가 분단체제를 내파하는 수준에 이르도록 발전하는 것을 허용할 수 없었다.

이처럼 민주화 이행과 더불어 분단체제가 다시는 이전의 안정상태로 돌아갈 수 없다는 것을 받아들이지 못하고 그것을 재안정화하려고 하는 보수파, 그리고 분단체제와 87년체제를 함께 고려하지 않고 인지적·실천적 혼동을 겪는 민주파 모두 균형감을 잃은 것이다. 우리가 처한 상황, 좀더 구체적으로는 지난 2012년 총선·대선이나 현재 우리가 직면하고 있는 박근혜정부의 여러 양태를 제대로 파악하기 위해서는 분단체제와 87년체제라는 이중의 틀을 통해 사태를 파악할 필요가 있다. 즉 분단체제가 87년체제 속에서 관철되는 방식과 87년체제가 야기한 분단체제의 구조적 변화를 내적으로 연계해서 사고해야 한다. 이런 조망은 '흔들리는 분단체제'라는 평이한 표현 속에 이미 깃들어 있다. 요점은 그 통찰을 활성화하고 상황 속에 더 철저히 적용해보는 것이다.

2. 흔들리는 분단체제의 귀결들

해방 후 남한 사회의 변동을 분단체제론의 관점에서 살핀다면 네단계로 나눌 수 있겠다. 첫째는 8·15해방에서 한국전쟁을 거쳐 1953년 정전에 이르는 분단체제 형성기다. 둘째는 정전협정 이후부터 제2공화국이 5·16쿠데타에 의해 붕괴할 때까지로, 분단체제가 구체적으로 어떤 형태의 사회구조와 발전 패턴을 남한 사회 안에 형성하고 관철할지 불확실했던 이행기라 할 수 있다. 이승만 독재 아래서 4·19혁명과 5·16쿠데타라는 두가지 대안이 경쟁했던 시기다. 셋째는 박정희의 집권에서부터 1987년 민주화 이행 이전까지의 기간으로, 전두환 집권기를 포함해 '긴 박정희체제'로 명명할 수 있는 권위주의적 발전국가체제 시기다. 분단체제론의 관점에서 본다면 이 시기는 분단체제와 '긴 박정희체제'가 상호안정화 관계에 있던 분단체제 안정기라 할 수 있다.[2] 이 시기에 분단체제는 박정희체제에 의해 지지되고, 박정희체제는 분단체제로부터 엄청난 지배 정당성과 통치자원을 획득했다. 그리고 마지막은 민주화 이행부터 현재에 이르는 87년체제다. 87년체제는 박정희체제와 달리 분단체제를 침식하고 불안정화하는 동시에 그것의 발전방향이 분단체제에 의해서 심각하게 제약되는 관계에 있다. 백낙청은 이런 상황을 '흔들리는 분단체제'라고 명명했는데,[3] 우리의 관심은 앞서 지적했듯이 그런 동요의 귀결들을 좀더 깊이 살펴보는 것이다.

1) 적대적 상호의존성의 새로운 변형

분단체제의 핵심적 특징 가운데 하나는 남북한 기득권집단 사이의 적대적 상호의존이다. 이런 적대적 상호의존성은 분단체제가 존속하는 한 유지되지만 그 분단체제가 흔들리고 있기에 점차 약화되는 중이다. 하지만 그것이 적대성의 약화로만 나타나진 않는다. 비적대적 또는 호혜적 상호의존과 상호의존 없는 적대라는 두 방향으로의 변화가 모두 가능하며, 87년 민주화 이후의 경험은 두 가능성 모두가 실제로 구현될 수 있음을 보여준다.

적대를 약화시키고 평화로운 상호의존 관계를 만들어가는 흐름은 1991년 남북기본합의서 채택 이후 남북한 교류·협력의 증대, 김대중·노무현 대통령 시기의 햇볕정책과 두차례의 남북정상회담에서 찾을 수 있다. 이의 반대 흐름은 이명박정부 이후 뚜렷하게 감지된다. 분단체제가 안정적이던 시기에 남과 북은 상대방의 위협을 자기 체제 유지를 위한 자원으로 활용했고, 그렇기 때문에 오히려 진짜 위기로 나아가지 않았다. 하지만 분단체제가 흔들리면서 오히려 높은 수준의 적대가 지속되는 것도 가능해진다. 이명박정부 시기의 5·24조치와 연평도 포격 같은 사건들, 그리고 2013년 2월 북한의 3차 핵실험과 일련의 군사적 긴장이 그런 예다. 주지하다시피 한국과 미국은 북한의 3차 핵실험에 대응해서 '독수리 연습'을 실행했고, 그 과정에서 B-52 전략폭격기에 이어 B-2 전폭기가 남한 상공을 비행했다. 당연히 북한은 그런 군사훈련에 강력하게 반발했고, 그로 인해 심각한 위기상황이 조성되었다.[4] 그리고 그런 과정의 연장선상에서 개성공단 운영이 전면 중단되었는데, 이 글을 쓰는 2013년 여름 현재까지 개성공단 재가동을 둘러싼 협상에서 남북한 당국은 호혜적 상호의존의 가장 대표적 사례인 개성공단마저 상호의존 없는 적대의 맷돌 속에 갈아버릴 듯한 태도를 보였다.[5]

전체적으로 보아 분단체제의 동요가 만들어낸 '진자운동'의 진폭은 커지고 있다. 분단체제를 재안정화하려는 보수파의 시도에도 불구하고 분단체제는 전보다 더 크게 흔들리고 있다. 이렇게 분단체제의 동요가 심화되면, 사회성원들에게 단순화된 인지적 틀을 강요하던 분단체제 안정기와는 달리 훨씬 어려운 인지적, 그리고 실천적 과제가 부과된다. 왜냐하면 분단체제 동요기에는 평화의 가능성 및 사례와 긴장의 가능성 및 사례가 동시에 증대되고 양자가 복잡하게 얽혀들어가기 때문이다.

그런데 이런 인지적 과제를 제대로 감당하기 어렵게 하고 그럼으로써 실천적 난관을 낳는 요인들이 작동하는 듯하다. 우선 현 국면에서는 보수파의 주요 언론 장악이 중요한 요인의 하나다. 대중매체의 편향은 위기의 사회적 체험을 상당 정도 그리고 일정 기간 차단하고 전치(轉置)할 수 있다. 이는 사소한 일이 아니다. 오늘날에는 대중매체를 통하지 않고서 세계를 관찰하거나 이해하기가 어려워졌다. 『햄릿』의 호레이쇼가 그랬듯이 사람들은 "그렇게 들었고, 그것을 어느 정도 믿을 수밖에 없다"(So have I heard and do in part believe it).

다음으로 인지의 문턱이 높아지는 경향을 들 수 있다. 분단체제를 살아가는 과정은 장기적인 예외상태 속에서 예외의 상례화를 경험하는 일이었다. 분단체제하에서 이루어진 사회적 근대화 과정 또한 매우 급속하고 돌진적인 것이어서 숱한 사고와 갈등들로 점철되었다. 그런 모든 사건에 대해 민감성을 유지하는 것은 일상생활의 영위를 방해할 정도로 피로한 일이다. 그래서 우리 사회성원들은 자라에 물린 다음 솥뚜껑에도 놀라기는커녕 다시는 자라에도 놀라지 않는 모습을 보인다.

마지막으로 분단체제와 더불어 형성된 세계사적 현상유지 상태

(status quo)가 여전히 한반도에서는 독특한 방식으로 관철되고 있다는 희미한 통찰이 대중의 수준에서 작동하고 있는 것 같다. 동서냉전은 해체되었지만 중국의 경제적 부상으로 형성된 'G2체제'는 오히려 분단체제를 낳은 한국전쟁에서의 미중간 군사적 세력균형에 대한 기시감을 형성한다. 북한은 미국에 의한 세계 최장의 봉쇄를 견딜 수 없기 때문에 핵문제를 일으켜서라도 현상 타파를 꾀하고 있다. 하지만 대중은 분단체제의 동요가 미중관계라는 제약 안에 있고 그 선을 넘는 변동이 일어나기란 매우 어려우며 아직 그런 징후는 없다고 판단한 것으로 보인다. 이런 판단은 위기에 대한 인지적 문턱을 높이는 심리, 그리고 대중매체에 의한 정보 선별 및 통제와 결합해서 작동하고 있는 듯하다.

2) 반북·친북 도식의 형성과 강화

87년체제의 수립과 더불어 근대적 정치발전과 민주화에 따른 사회와 이데올로기의 분화가 정치체제 안에 수용되었다. 이로써 정치적 반대파 전반을 '빨갱이'로 명명해 숙청하거나 '간첩'으로 몰아 사형에 처하는 것은 쉽게 활용할 수 없는 방법이 된다. 그렇게 하기엔 정치적 분화가 너무 깊게 진행되어 보수파가 보기에도 '좌파'에 속한 사람이 너무 많아지는 것이다. 따라서 보수파의 입장에서는 그런 정치적 분화를 분단체제의 틀 안에 묶어둘 수 있는 새로운 의미론이 필요해진다. 그런 필요를 충족하는 것이 반북·친북의 구별도식이다. 이 도식은 정치적 타자를 '빨갱이' 혹은 '간첩'으로 정의하고 숙청하는 것이 사회적 신빙성을 상실할 때, 북한에 대한 태도 표명을 강요하는 형태로 분단체제 고유의 적대의 정치를 이어갈 수 있게 해준다.

반북·친북 구별도식이 반복적으로 활용됨으로써 매우 폭넓게 퍼져나갔다는 사실은 최근 '일베' 현상에서 보듯이 청소년층에까지 이런 구별도식이 파고들어 공격적 언어유희의 자원이 된 것에서 엿볼 수 있다. 이런 확산 못지않게, 아니 그보다 더 주목해서 보아야 할 것은 반북·친북의 구별도식이 강화된 형태로 적용되고 그로 인해 남남갈등이 남북갈등 못지않게 혹은 그 이상으로 심화하는 현상인데, 이 점을 두가지 예를 통해서 살펴보고자 한다.

하나는 '종북'이라는 단어의 출현이다. 타자의 정신적 노예성을 직접 문제 삼고 있는 이 말은 '친일' 같은 말을 훨씬 상회하는 모욕적 함의를 지닌다.[6] 그렇기 때문인지 감히 보수파조차 사용하지 못한 이런 말이 민주노동당의 분열 속에서 진보진영 내부에서 출현했는데, 그것은 세가지 정도의 의미를 갖는 것 같다. 첫째, 반북·친북이라는 적대적 구별이 보수파뿐 아니라 민주파 속으로도 관류하며, 더 격렬한 형태로 관철될 수 있게 되었다. 둘째, 이런 단어가 진보정당 내부로부터 발원했기 때문에 보수진영이 그것을 '즐겁게' 전유했으며, 그로 인해 그것이 쉽게 헤게모니적 힘을 보유하게 되었다. 마지막으로, 종북이라는 표현이 가진 강한 모욕성 때문에 자주파가 북한과 관련해서 드러낸 심각한 과오를 정치적 성찰의 대상으로 삼는 것이 오히려 가로막힌 면이 있다는 것이다. 그로 인한 분열의 그림자는 2008년 민주노동당의 분열에 이어 2012년 통합진보당의 분열에도

드리워졌다.[7)]

특히 마지막 측면은 적지 않은 정치적 후과를 낳았다. 통합진보당의 내분은 눈 위에 내린 서리처럼, 민주당 중심의 '혁신 없는 통합'에 대한 대중의 실망을 야권 전체에 대한 환멸로까지 이끌었다. 그로 인해 야권의 총선 패배 수습과 노선 및 조직 정비는 더 힘겨워졌다. 그리고 이런 일련의 과정은 2012년 대선을 향한 야권정치 전반이 안철수라는 개인에게 과도하게 몰입하게 하는 계기가 되기도 했다.

종북문제가 진보진영 내부까지 반북·친북 도식이 깊게 가로지른 양상을 보여준다면, 보수파에 의한 이 도식의 적용은 마땅히 지켜져야 할 한계를 넘어 폭주하는 양상을 보이고 있다. 그것을 여실히 보여주는 것이 우리 사회를 혼란으로 몰아넣은 '노무현 전 대통령의 NLL 포기 발언' 논란이다.

국정원 선거개입 사건과 그것이 함축하는 박근혜정부의 정당성 위기를 덮기 위해서 여권은 2013년 6월 20일 10·4남북정상회담 대화 발췌록을 공개했다. 이어 6월 24일 국정원장이 직접 국정원판 대화록 원본을 공개했다. 국정원장의 이런 '쿠데타적' 행동이 불러온 심각한 정치적 갈등의 종식을 명분으로 7월 2일 국가기록원 원본 열람이 국회 본회의에서 표결에 부쳐졌다. 그리고 의원수 3분의 2 이상의 찬성으로 통과되었다. 하지만 열람을 위해 여러차례 검색을 시도했음에도 원본을 찾지 못했으며, 결국 여야 합의로 국가기록원에 10·4정상회담 대화록 원본이 없다는 결과가 7월 22일 발표됐다.

이렇게 전개된 사태에는 그 불법성과 경중을 논하기 이전에 발생

자체만으로 경악스러운 일이 너무나 많다. 국정원의 수장이 직접 비밀을 '까발리는' 작태는 해외 언론들마저 놀라움을 표한 대표적인 예이다. 하지만 필자에게는 두가지가 더 인상적이다. 첫째는 국정원판 대화록 '원본'에서 노무현 전 대통령의 NLL 포기를 읽어낸 박근혜정부와 새누리당의 이데올로기적 난독증인데, 이는 반북·친북 도식을 상대편에게 적용하려는 강박이 스스로에게 야기한 맹목성이 어느 정도인가를 보여준다. 둘째는 자기진정성 입증에 매몰된 탓인지 국가기록원 소장 원본 열람 및 공개를 주장하고 나선 민주당의 행동이다. 박근혜정부와 새누리당의 선동 그리고 보수 신문과 방송의 호도에도 불구하고 이미 국민 다수가 국정원판 원본에서 노무현 전 대통령의 NLL 포기를 읽어낼 수 없다고 현명하게 판단한 상황에서 민주당이 그런 입장을 취한 것은 그들의 정치적 판단능력이 매우 우려스러운 수준임을 보여준다.

하지만 이 둘보다 훨씬 더 놀라운 것은 이런 모든 과정을 떠받치고 있는 사실, 즉 반북·친북 도식을 합법적으로 선출된 대통령의 통치행위에도 직접 적용할 수 있으며 그렇게 했다는 사실이다. 분단체제하에서 이제껏 갖은 정치공작, 그것도 유력한 정치인을 향한 공작들이 있어왔다. 민주화 이후에도 김대중 당시 야당 총재를 겨냥한 1989년 '서경원 의원 밀입북 사건'이나 1992년 '이선실 간첩단 사건' 등이 있었다. 하지만 그런 경우에도 그 정치인을 간첩사건 등에 엮어 넣으려 했지 그들의 정치행위를 직접 친북행위 또는 이적행위로 몰지는 않았다. 그러나 이번에는 노무현 전 대통령이 재임시절 대통령으로서 한 행위, 그것도 대통령에게 맡겨진 평화통일 노력이라는 헌법적 소임에 기초한 최고 수준의 통치행위마저 반북·친북의 구별도식에 종속시키고 있는 것이다.

이 과정을 통해 두가지가 전보다 더욱 선명해졌다. 하나는 보수파가 집요하게 반북·친북 도식의 적용을 시도하는 근본 목적은 오로지 남한 사회 내에서 보수파의 기득권 유지뿐이라는 점이다. 만일 그렇지 않다면, 설령 노무현 전 대통령이 NLL을 포기하는 발언을 했더라도 그것을 어떻게든 숨기려 하는 것이 정상이며, 그것이 비밀로 분류되어 있다면 꺼내어 흔들 이유는 더더욱 없다. 다른 하나는 분단체제의 동요가 보수파를 좀더 유연한 집단으로 만들 가능성이 별로 없다는 것이다. 그 이유는 보수파의 핵심이익이 분단체제의 유지 없이는 지켜지기 대단히 어렵기 때문이다.[8] 그들은 지금까지 성공했던 지배 및 정적숙청 방식에 집착하며, 그런 시도가 적합성을 잃어가는 상황에서도 그런 방식의 성공 가능성을 마지막 한방울까지 쥐어짜려 할 것이다. 그런 성향에 비춰볼 때만 앞서 지적한 이데올로기적 난독증이 이해 가능하다.

3. 박정희체제와 87년체제

앞서 분단체제의 가장 편안한 안식처가 박정희체제였음을 지적했다. 87년체제는 분단체제를 흔들었지만 여전히 존속하는 분단체제에 의해서 제약된다고 할 때, 그 제약은 앞서 지적한 적대적 상호의존의 새로운 변형과 반북·친북 구별도식의 강화 못지않게 87년체제가 탈피하지 못한 박정희체제로부터도 온다고 할 수 있다. 그러므로 87년체제와 분단체제라는 이중 틀을 통해 우리의 현실을 조명한다는 것은 87년체제 내부에 구조적으로 관철되는 박정희체제를 살피는 것과 접맥된다. 생각해보면 분단체제를 재안정화하고 87년체제의 행로를 분단체제의 테두리 안에 묶어두고자 하는 보수파의 시도는 박정희체제에 대한 향수를 경유함으로써 성공할 수 있었으며, 박정희의 경제적 아들 이명박과 그의 친딸 박근혜의 집권은 그것의 분명한 예증이다. 그러므로 87년체제를 더 나은 체제로 지양하려는 시도는 탈피하지 못한 박정희체제와의 대결을 요청한다.

박정희체제는 권위주의적 발전주의체제라고 할 수 있다. 민주화로의 이행은 사회의 다양한 세력들이 권위주의적 국가로부터의 해방을 추구할 수 있게 해주었다. 국가—은행—대자본의 삼자동맹에서 권위주의적 국가의 하위파트너였던 대자본 분파는 자유화 프로젝트를 통해 탈권위주의를 추구했고, 삼자동맹 아래 배제되었던 민중 부문은 민주화 또는 민주주의의 심화라는 프로젝트로 그것을 추구했다. 이 두가지 프로젝트의 경합이 87년체제를 특징짓는다.

그런데 박정희체제로부터 탈피하려는 이 두 프로젝트는 모두 그 체제의 한 축인 권위주의에 대해서는 각각 다른 방식으로 도전했지만, 다른 한 축인 발전주의(또는 성장주의)에는 도전하지 않았다. 그 이유는 민주파도 보수파도 발전주의의 헤게모니 아래 있었기 때문이라고 할 수 있다. 따라서 발전주의가 그런 힘을 가질 수 있었던 이유에 대해서 생각해볼 필요가 있다.

1) 발전주의와 사회통합

근대 사회는 일반적으로 체제 운영에 사회성원 모두가 참여할 수 있으며 그 성과를 배분받을 수 있다고 내세운다. 따라서 사람들은 모두 정치적 과정에 참여할 수 있다고 믿으며 그러기를 요구한다. 근로의욕을 표명하고 경제활동에 참여할 수 있으며 그렇게 참여하면 생계비가 보장되는 것이 정상적인 사회라고 믿는다. 학습능력이 있으면 의무교육을 이수할 수 있으며 최소한의 의료서비스가 가능해야 하고 특정 종교적 신념을 택할 수 있거나 혹은 종교를 선택하지 않을 수 있다. 그렇게 사회에 포함되어 있는 상태가 제공하는 기회를 개인이 활용하지 않을 수는 있지만, 그런 기회를 처음부터 개인에게서 박탈하고 그를 사회적으로 배제하는 것은 정당화될 수 없다.

하지만 실제 체제 운영은 사회적 정당화 원리를 충분히 실현하지 못할 때가 많다. 즉 영양상태가 나쁘거나 문맹이거나 직업이 없거나 수입이 없거나 신분증이 없거나 사법기관의 보호를 받을 수 없거나 주거불안에 시달리거나 하는 일이 때로는 소규모로 때로는 대규모로 발생한다. 그리고 그런 사태는 체제에 대한 불만을 축적하고 때로는 체제의 위기를 불러온다.

따라서 이런 불만을 진정시키기 위한 두가지 의미론이 발전한다. 하나는 체제 성과를 분배할 수 없는 특정 집단을 적시하고 그 이유를 규범적으로 혹은 이데올로기적으로 주조하는 것이다. '배제의 정당화'(justification of exclusion)라 명명할 수 있는 이런 방식은 성차별주의나 인종주의를 생각하면 쉽게 이해할 수 있다. 다른 하나는 현재의 배제상태를 '아직 포함되지 않은 상태'로 규정하고 다가올 미래에 포함이 실현되기를 약속하는 것으로, '포함의 시간화'(temporalization of inclusion)라고 명명할 수 있다. 이런 포함의 시간화가 사회적 설득력을 얻으면 현재 겪는 배제에서 생겨나는 불만이 체제에 도전하는 힘으로 발전하기 힘들어진다.

체제능력의 한계를 보완하는 이 두가지 방식은 2차대전 이후 수립된 미국 헤게모니하의 세계체제 아래서도 확인된다. 월러스틴에 따르면 미국은 전후 복구를 위해 세계적 규모의 복지국가 기획을 갖고 있었다. 하지만 이런 기획은 체제능력의 한계로 인해 트루먼(H. S. Truman)정부 시기부터 철회된다. 냉전은 세계적 규모의 복지국가 프로젝트의 일차적 배제대상을 이데올로기적으로 정당화하고 배제된 지역을 군사적으로 봉쇄하는 장치였다. 다른 한편 사회주의 진영이 아닌 미국 헤게모니 아래 놓인 지역에 대해서는 포함의 시간화가 제시되었다. 그것이 그 시대 지구문화의 형태로 제시되고 자리 잡은 발전주의다. 그에 따르면 모든 국가들은 미국이 형성한 정치적·경제적·문화적 표준을 향한 추격발전의 선상에 놓이는 것이다.[9] 박정희체제가 내건 "우리도 한번 잘살아보세"라는 슬로건은 미국 헤게모니 아래서 제시된 지구 차원의 추격발전 모델의 국내판이었던 셈이다.

하지만 박정희체제의 시도는 분단체제하 남한의 발전주의였기 때문에 두가지 특징이 부가된다. 하나는 미국이 한국전쟁을 통해 냉전의 첨단에 서 있던 남한 사회에서의 발전주의 성공에 대해 깊은 관심을 가졌다는 점이다. 한국에 대한 미국의 지원은 실제로 제3세계의 다른 여러 나라들에 비하면 상당히 높은 수준이었다. 다른 하나는 분단체제하에서 남한과 북한의 통치집단이 각기 자기 체제의 정당성을 높이기 위해서 발전주의에 깊이 헌신했다는 점이다. 세계적인 차원과 한반도 차원 모두에서 남한의 발전주의는 체제경쟁의 형태로 수행된 것이다. 이런 이유로 남한의 경제성장은 큰 성공을 거두었다.

발전주의가 높은 성과를 내면 그 체제 안의 개인들은 현재를 과거보다 나은 것으로 경험하게 된다. 그리고 그런 경험의 계속되는 축적은 미래가 개선되리라는 기대를 형성한다. 박정희체제의 경제발전 성과는 매우 높았기 때문에 발전주의에 기초한 기대도 안정화되었다. 이렇게 한편으로 기대가 뚜렷한 경험적 근거를 가지고, 다른 한편으로 경험이 기대에 비추어 해석됨에 따라 발전주의는 체계통합을 넘어서 사회통합 수준으로 침투하게 된다.[10] 이런 사회통합은 두가지 특징을 띤다. 한편으로 그것은 애초에 발전주의가 목표로 한, 현재의 배제 또는 불평등을 머지않아 이룩될 포함으로 정당화하는 데 기여한다. 다른 한편으로 그것은 개인의 경험과 기대를 결속하는 통합, 즉 시간적인 동시에 개인화된 통합이기 때문에 발전주의의 진행과 더불어 심화되는 사회적 불평등을 은폐하거나 그것이 중심의제로 부상하는 것을 억제하는 역할을 한다. 그로 인해 '낙수효과' 같은 이데올로기적 개념이 쉽게 사회적 신빙성을 얻게 된다.

2) 발전주의의 실추와 복지 프로젝트

체제 운영의 성공에 의해서만 사회통합이 성취되는 사회는 전자가 충족될 경우 강한 통합력을 갖지만, 역으로 체제 운영의 실패는 고사하고 성과 하락만으로도 곧장 사회적·문화적 위기로 치닫는 취약성을 보인다. 그럴 경우 경험과 기대의 결속이 풀려버리고 그 벌어진 공간으로 불안이 밀물처럼 쏟아져들어오게 된다.

성공할 경우에조차 바로 그 때문에 성장률 하락을 겪을 수밖에 없는 발전주의도 그럴 가능성을 구조적으로 내장한다. 일정 수준 이상의 성장률만이 개인과 가족에게 과거보다 나은 현재를 보증할 수 있기 때문이다. 1960년대 중반 이래 고도성장을 거듭하던 우리 사회도 90년대 들어서면서부터 성장률이 둔화되기 시작했으며, 그로 인해 발전주의에 대한 회의가 커지게 되었다.

그런 회의를 부추기는 것은 발전의 성과로 환영받던 근대화의 파괴적 결과가 가시화되었다는 사실이다. 환경, 주택, 교육, 의료, 노년 등 고도성장에 의해서만 해결되던 사회적 재생산 영역의 여러 문제들이 해결방법을 잃고 허우적거리기 시작한다. 그런 파괴적 결과의 축적으로 출산율 세계 최저, 자살률 세계 최고 등의 지표에 직면하게 되는데, 적어도 부정적인 결과의 면에서 우리 사회는 더이상 추격할 대상이 없음을 깨닫게 된다. 그렇기 때문에 국민소득 2만 달러, OECD 가입, 선진화 등 추격발전의 새로운 상징들이 제시되어도 예전 같은 사회적 열정을 끌어낼 수 없었다.

발전주의가 애초에 결합하고 있던 집합적 프로젝트와 개인적 프로젝트도 분열된다. 외환위기는 이 점에서 결정적인 영향을 미쳤다. 사회의 기간 부문에서 유지되던 '평생직장'의 붕괴는 발전의 성과를 개인사로 실어나르는 핵심 전도벨트가 끊어지는 것을 의미했기 때문이다. 이렇게 개인·가족과 사회를 묶어주던 가느다란 끈이 끊어지고 전체 사회가 저성장 사회로 진입함에 따라 발전주의에 의해서 은폐되거나 전치되었던 갈등이 표면화된다. 모든 가계가 지위 상승의 전망보다 지위 하락의 전망에 직면하면서 낙수효과의 허구성이 폭로되는 동시에 가계들 사이의 분배갈등도 격심해진다. 우리 사회에서 각도를 달리하며 의제화된 여러 문제들, 예컨대 극심한 교육경쟁, 상속에의 열정, 경제적 양극화와 갑을관계, 청년실업과 연애·출산·결혼을 포기했다는 '3포 세대'의 출현 등은 격심해진 분배투쟁에서 기원하는 현상이라고 할 수 있다.[11)]

그렇다고 해서 즉각적으로 발전주의가 신빙성을 상실하고 그것에 근거한 신뢰가 철회되는 것은 아니다. 발전주의가 성공적이던 시절의 좋았던 추억은 끊임없이 향수를 불러일으키며, 이와 함께 발전주의의 환상을 유지하는 두가지 보완적 방법들이 작동된다. 하나는 미래를 착취하는 것이다. 과거보다 나아지기 힘든 현재를 그렇지 않게 느끼기 위해서, 즉 (경제적으로 간결하게 표현하면) 소득과 지출의 간극을 메우기 위해서 신용카드 사용과 대출을 늘리는 것이다. 다른 하나는 사회적 기획이었던 발전주의를 개인의 수준에서 더 체계적으로 적용하고 관철하는 것이다. 나에게 투자하고 나를 관리하고 나를 혁신하는 것인데, 2000년대 우리 사회를 휩쓸었던 자기계발서 열풍은 바로 이런 경향을 대변한다.

발전주의에 대한 향수나 발전주의를 보완하는 기법에 힘입어 등장한 것이 이명박정부였다. 하지만 이명박정부 기간에 발전주의는 사회적 신빙성을 거의 모두 상실한다. 발전주의에 깊이 연계되었던 토건(土建)은 과거의 기능적 맥락을 완전히 상실하고 4대강사업에서 보듯이 엄청난 예산의 매몰 그리고 거대한 자연파괴로 나타났다. 미래 착취의 경우 우리 사회를 광범위한 대출사회로 진입시켰을 뿐이며,[12] 각기 1,000조원 수준으로 상승한 가계대출과 정부 및 공기업 채무에서 보듯이 빠르게 지속 불가능성에 직면하고 있다. 발전주의의 개인화도 마찬가지다. 자기계발 같은 금욕적 실천이 사회적 보상과 연결될 개연성은 매우 낮고 그저 강도 높은 자기착취에 머무를 가능성이 훨씬 크다는 것, 자기계발의 보상을 가장 확실하게 받은 이는 자기계발서를 팔아 부자가 된 저자뿐이라는 사실이 널리 인지되기 시작했다.[13] 더불어 미국발 금융위기는 미국의 헤게모니 위기를 더욱 분명하게 부각시킨 동시에 발전주의(그리고 신자유주의)에 대한 지구문화적 합의를 붕괴로 이끌었다.[14]

이런 과정에 대한 반응이 이명박정부하에서 빠른 속도로 부상한 복지담론이다. 복지도 근본 이념은 발전주의와 마찬가지로 '모두의 포함'이다. 하지만 복지는 발전주의와 두가지 면에서 다르다. 우선 복지는 그 과제를 발전주의처럼 시간 속에 투영하기보다는 수평적인 사회적 연대로 이전한다. 그런 의미에서 복지는 '포함의 사회화'라고 할 수 있으며, 그렇기 때문에 발전주의와 달리 개인화된 프로젝트가 될 수 없다. 다음으로 발전주의가 체계통합의 성과를 사회통합으로 확산하는 경향이 있다면, 복지는 사회통합의 성과를 체계의 재설계로 구성해간다고 할 수 있다.

물론 복지 프로젝트로의 전환에 요구되는 도덕적 통찰과 사회적 연대감의 축적은 우리 사회에서 아주 미약하다. 하지만 우리 사회는 높은 수준의 역동성과 속도를 가지고 있으며, 그렇기 때문에 복지담론 또한 매우 빠르고 폭넓게 확산되었다. 이 점은 노무현정부 시기만 해도 진보정당의 테두리 안에 갇혀 있던 복지담론이 민주당을 넘어서 새누리당으로까지 파고들어 적어도 외관상으로는 모든 정당에 전면적으로 수용된 점에서 잘 드러난다. 그런 의미에서 2012년은 발전주의가 붕괴하는 동시에 대안적 담론이 확장되는 국면이었으며, 그런 만큼 새로운 체제로의 전환을 모색해볼 만한 상황이었던 셈이다.[15)]

하지만 야권은 그런 가능성을 실현할 기본적 토대인 정치적 다수 형성이라는 문턱을 넘지 못했다. 정당 운영능력과 리더십을 비롯한 여러면에서 야권은 열세를 보였다. 특히 대통령선거는 리더십 문제를 전면화했는데, 모두가 기억하다시피 민주당의 대선후보 경선은 물론이고 문재인-안철수 후보단일화 과정, 그리고 공식 선거운동에 이르기까지 모두 대중의 눈높이와 기대에 부합하지 못했다.

이런 과정 전반에 스며 있는 더 기본적인 문제는 분단체제의 제약을 정확히 가늠하여 87년체제에서 열리는 가능성을 실현하고 분단체제의 내파로 이끌어가는 지적 일관성과 조직적 응집력의 부족이라고 할 수 있다. 분명 보수파가 동원하는 적대의 정치를 꿰뚫어보는 안목이나 중·단기적 정책과 장기적 비전을 결합함으로써 대중의 신뢰를 얻는 능력은, 분단체제의 동요가 부과하는 더 복잡한 인지적 과제를 감당할 만한 통합적 사유와 노선을 필요로 한다. 이를 성취하기 위해서는 민주파 내에서 논의와 논쟁을 더욱 활성화할 필요가 있거니와, 그것을 위한 실마리 마련을 위해 마지막 절에서는 백낙청이 제기한 변혁적 중도주의를 다시 검토해보고자 한다.

4. 변혁적 중도주의

민주화 이행 이후 민주주의를 향한 사회적 압력에 발전주의와 신자유주의의 결합으로 대응했던 보수파는, 지금 87년체제로부터 생성되는 사회적 위기에 대해서는 발전주의, 신자유주의 그리고 잔여적 복지, 즉 보편적 권리로서의 복지가 아니라 취약계층에 대한 구호적(救護的) 복지의 결합으로 대응하고 있다. 그리고 그것의 목표는 민주화와 복지 프로젝트를 분단체제와 양립 가능한 범위 안에 묶어두는 것이다. 그것이 그들이 입에 달고 다니는 '민생'이라는 말의 내포이다. 하지만 민주 없는 민생 또는 잔여적 복지로 채워진 민생을 통해 체제를 제어해가기 위해서는 이명박정부가 닦아놓은 방송 장악 같은 반민주적인 관행을 버릴 수 없다. 아니, 방송 장악 없는 보수파의 통치를 상상하기 이미 어려운 상황이다. 남북정상회담 대화록

마저 정치공작의 대상으로 삼은바, 남북관계에 전향적인 자세를 취하기도 쉽지 않을 것이다. 인터넷 싸이트를 돌아다니며 '대북심리전'을 수행하고 반북·친북 도식을 부단히 가동하는 일에서도 벗어날 수 없을 것이다. 이렇게 보수파는 모든 정책 레퍼토리와 통치수단을 동원해 분단체제 재안정화를 시도할 것이나, 그것을 성취할 수는 없다. 오히려 보수파가 가동하는 그 모든 수단들은 흔들리는 분단체제의 산물이며, 분단체제를 더욱 깊이 동요시키는 작용을 할 따름이다.

하지만 이런 상황 자체로부터 그것을 타개할 힘들이 저절로 응집되는 것은 아니다. 오히려 사회적 위기가 더 심해지고 일상적 삶이 더욱 짙은 불안으로 물들어감에 따라서 사람들은 움츠러들고 혁신과 모험을 기피하고 작은 안전을 위해 기꺼이 굴종을 댓가로 지불하려 할 수도 있기 때문이다. 이런 퇴영을 막기 위해서는 민주파의 혁신이 매우 중요하다. 백낙청은 이미 2012년 4·11총선에서의 야권 패배와 통합진보당의 분열이 발생한 직후 민주파의 혁신을 위해 변혁적 중도주의론을 재차 제기한 바 있다. 거기서 백교수는 우리 사회의 여러 정치 및 사회운동 노선들과 변혁적 중도주의의 차이 그리고 그것들이 안고 있는 약점에 대해 논했다.

1) '변혁적' 중도주의기에 '변혁'이 빠진 개혁노선 내지 중도노선과 다르다. 변혁이라도 그 대상은 분단체제이므로 국내정치에서의 개혁노선과 얼마든 양립 가능하다. 다만 분단체제의 근본적 변화에 무관심한 개혁주의로는 변혁적 중도주의라는 '중도'에 이

르지 못한다.

2) 변혁이되 전쟁에 의존하는 변혁은 배제된다. '변혁'이라는 낱말 자체는 전쟁, 혁명 등 온갖 방식에 의한 근본적 변화를 포괄하지만, 오늘날 한반도의 현실에서 그런 극단적 방법은 불가능하다. 그래서 변혁적 '중도주의'인 것이다.

3) 변혁을 목표로 하되 북한만의 변혁을 요구하는 것도 변혁적 중도주의가 아니다. 남한도 변하고 한반도 전체가 같이 변하지 않으면서 북측만 변하기를 기대하는 것은 비현실적일뿐더러, 남한 사회 소수층의 기득권 수호에 치우친 노선이지 중도주의가 아닌 것이다.

4) 북한은 어차피 기대할 게 없으니 남한만의 독자적 혁명이나 변혁에 치중하자는 노선도 변혁적 중도주의가 아니다. 이는 분단체제의 존재를 무시한 비현실적 급진노선이며, 때로는 수구보수세력의 반북주의에 실질적으로 동조하는 결과가 되기도 한다.

5) 그렇다고 변혁을 '민족해방'으로 단순화하는 노선도 분단체제 극복론과는 다르다. 이 또한 분단체제와 세계체제의 실상을 무시한 비현실적 급진노선으로서, 수구세력의 입지를 강화해주기 일쑤다.

6) 세계평화, 생태친화적 사회로의 전환 등 전지구적 의제를 추구하며 일상적인 실행 또한 게을리하지 않더라도, 전지구적 기획과 국지적 실천을 매개하는 분단체제 극복운동에 대한 인식이 결여되었다면 변혁적 중도주의와는 거리가 있으며, 현실적으로도

소수파의 한계를 넘어서기 힘들다.[16)]

이런 여섯가지 노선 가운데 2)와 3)의 입장은 민주파의 자기혁신과는 별 관련이 없다. 관심을 가질 부분은 1) 4) 5) 6)인데, 각각 온건개혁주의, 평등파, 자주파, 생태주의와 대략 일치하는 노선들이다. 이들에 대한 백낙청의 비판을 지금까지의 논의를 따라 다시 정리하면 세가지로 요약할 수 있다. 첫째, 이들 모두 흔들리는 분단체제가 부과하는 인지적 복잡성을 감당하지 못한다. 둘째, 그렇기 때문에 흔들리는 분단체제 상황에서 자신의 노선에 매몰되어서는 스스로 설정한 실천적 과제를 성취하기 어렵다는 것을 인식하지 못한다. 마지막으로, 이 때문에 그들의 구체적 선택과 행동이 어떤 의도치 않은 결과를 낳을 수 있는지에 대한 분별력 또한 약하다.

이런 문제를 세세히 사례를 들어 적시하기보다 여기서 지적하고 싶은 것은, 민주파의 혁신은 이런 약점들을 극복하며 서로 융합해가는 것에 있다는 점이다. 변혁적 중도주의가 어떤 용도를 갖는다면, 우선 앞의 네가지 노선 그리고 그것과 연계된 사회운동세력 및 정치집단들이 각자의 맹점을 정정하고 서로의 과제를 연계하며 협동할 수 있는 인지적 틀 형성에 기여하는 데 있을 것이다. 변혁적 중도주의가 그렇게 작동한다면, 예컨대 개혁주의는 분단체제라는 조건 속에서는 민주적 법치의 제도화조차 위협받을 수밖에 없다는 것, 따라서 개혁과 변혁이 연계되어야 한다는 인식에 이를 수 있을 것이다. 평등파라면 현재 우리의 고통으로부터 직접 분단모순을 사유할 수 있는 길을 분단체제론을 통해 열어감으로써, 매일매일 닥쳐오는 북한문제들에 대해 소박한 보편주의의 깃발을 흔드는 무력함에서 벗어날 수 있을 것이다. 다른 한편 자주파는 분단체제 극복의 근본 동력이 이제는 더이상 상처받은 민족주의가 아니라 남한 사회 내부 민주화의 진전이라는 인식을 더욱 예민하게 가다듬을 수 있을 것이다. 끝으로 생태주의는 생활양식의 문화적 레퍼토리로 그치지 않기 위해서 한편으로는 범속한 대중의 욕구와 연결되는 동시에 더 변혁적인 비전과 연결될 필요를 깨닫게 될 것이다.

끝으로, 변혁적 중도주의를 매개로 민주파 내의 여러 집단이 자기성찰을 제고하기 위해서는 이 글에서 조명한 발전주의에 대한 비판적 문제의식도 깊이 고려되어야 할 사안임을 지적하고 싶다. 분단체제 극복을 이끌어갈 가장 중요한 동력이 남한 민중과 민주파에게 주어져 있는 한, 저성장이 사회적 불안과 경쟁 강화의 부싯돌이 되지 않게 막는 것은 매우 중요한 일이기 때문이다.

하지만 경계할 점이 있다. 발전주의를 넘어서는 방식으로 저성장에 대항하는 일차적 기획은 복지담론으로부터 주어졌지만, 많은 이들이 쉽게 기대하듯 북유럽 복지국가를 향한 추격발전의 궤도를 따라서 그것을 이룰 수 있다고 생각하는 것은 환상이다. 우리는 이미 무엇인가를 추격발전할 단계를 한참 지난 사회이며, 추격발전이라는 발상 자체를 떠받치던 미국 주도의 세계체제 자체가 심대하게 변형되었다.

복지담론으로부터 우리가 얻을 것은 배제 없는 포함의 근대적 기획을 사회적 연대를 통해서 실현하는 것이 복지이며, 그것의 실현이 높은 수준의 도덕적 연대감을 필요로 한다는 기본적 통찰뿐이다. 그리고 이 통찰에 기초한 복지를 실현하는 것은 창의적 실험이지 모델 복제가 아니다. 그 창의적 실험이 반드시 뚫고 나가야 할 과제는 사회 전반에 아비뛰스(habitus)처럼 침전된 성장 중독을 넘어서는 것이다. 즉 저성장이라는 현실을 탈성장주의적 또는 탈발전주의적 태도로 담대하게 수용하고 전환하는 생태주의적 감수성이 필요한 것이다. 역으로, 생태주의는 바로 이렇게 발전주의에 대항하는 복지 프로젝트 자체를 혁신하는 매개항이 될 때 사회적 신빙성을 획득할 수 있을 것이다.

분단체제와 북한의 변화

김연철

1. 두개의 코리아, 역전의 데자뷔

북한을 어떻게 볼 것인가? 김정은체제 등장 이후 북한의 불안정성에 대한 확인되지 않은 정보들이 쏟아지고 있다. 보수정부의 정보 무능과 언론의 책임감 결여, 북한에 대한 편견이 어우러지면서 정보와 첩보가 뒤섞이고 실상과 희망을 구분하기 어렵다. 검증되지 않은 소문들이 실어나르는 것은 바로 '북한붕괴론'이다.

그러나 북한은 붕괴하지 않는다. 다만 변화할 뿐이다. 만약 북한 정치의 급격한 변화가 발생하더라도 남한이 개입할 근거는 없으며 실제로 개입하기도 어렵다. 북한 정권에 급변이 발생하면 통일이 될 것이라는 믿음은 근거도 없고 현실적 가능성도 없다. 예측은 '희망적 사고'와 다르다. 현미경이 아니라 망원경으로 북한을 바라볼 필요가 있다. 하나의 국가는 하루아침에 생겼다가 사라지는 것이 아니다. 세월이 쌓은 중층의 구조를 이해해야 하고, 좀더 장기적인 시각에서 북한체제를 전망할 필요가 있다.

남한과 북한은 분단국가다. 두개의 코리아는 서로 부정하며 대립하고 경쟁했고, 때로는 대화하고 협력하며 포용했다. 북한체제의 특성을 이해하기 위해서는 분단이 미친 영향을 무시할 수 없다. 분단체제라는 시각으로 보면, 두개의 코리아는 닮아 있다. 시차가 있지만 상대의 태도에서 과거의 자신을 발견할 수 있다.

예를 들어보자. 남북관계에서 인도주의라 하면 남한이 주고 북한이 받는 것으로 이해하기 쉽다. 그러나 한국전쟁 이후 최초의 인도적 지원은 북한이 주고 남한이 받았다. 1950년대부터 북한은 남한에 수해가 나고 가뭄이 들고 재난이 발생할 때 언제나 인도적 지원을 제안했다. 남한은 당연히 거부했다. 냉전시대는 상대편이 받을 수 없는 혹은 상대편을 고려하지 않는 '제안경쟁'의 시대였다. 남북한의 경제력 격차는 1970년대 초반에 이미 역전되었지만, 제안의 관성은 1984년까지 지속되었다.

1984년 9월 서울과 경기 지역이 수해를 입은 데 대해 9월 8일 북한의 적십자회가 쌀 5만석과 시멘트, 의약품 등을 보내겠다고 제안했고, 전두환정부가 북한의 상투적 제안을 받아들이면서 '제안경쟁'은 끝이 나게 된다. 1983년 아웅산 테러 사건에도 불구하고, 전두환정부는 1986년 서울아시안게임과 1988년 서울올림픽을 성공적으로 치르기 위해 북한의 제안을 덜컥 받았던 것이다. 1983년 기준으로 쌀 생산량은 남한(540만톤)이 북한(212만톤)보다 2.5배 많았고, 시멘트 생산량도 남한이 북한보다 2.7배 많았다.[1)]

인도적 지원에서 핵심쟁점인 지원물자 분배의 투명성 문제도 마찬가지이다. 1990년대 중반 북한은 '고난의 행군'으로 부르는 최악의 식량위기를 겪었고, 국제사회의 인도적 지원이 시작되었다. 남한의 대북 인도적 지원은 그때 처음으로 이루어졌다. 이후 분배의 투명성 문제는 남한 내부에서 대북 인도적 지원을 둘러싼 갈등의 핵심이었다. 군대에 전용될 가능성을 주장하며 '퍼주기' 프레임을 덮어씌울 때도 '투명성이 부족하다'는 것이 중요한 이유였다.

그런데 분배의 투명성 문제는 그렇게 간단한 것이 아니다. 1984년 북한의 수해 지원물자 인도를 위한 남북적십자회담이 열렸을 때, 북한은 직접 수해지역을 방문하여 물자를 수재민에게 전달하겠다고 주장했다. 분배 현장에 접근할 권한을 요구한 것이다. 당시 대한적십자사측은 "받는 쪽이 물자 인도 장소를 지정하는 적십자 관례"를 들어 강력히 반대했다. 국내 언론들도 '북한의 저의'를 규탄했다. 주는 쪽과 받는 쪽이 역전되고, 비판의 주체와 대상이 자리를 바꾸었음을 기억할 필요가 있다.

과거의 기억은 때로 현재의 선택에 영향을 미친다. 2005년 북핵문제를 해결하기 위해 남한은 200만 킬로와트의 전력 제공을 북한에 제안한 적이 있다. 북한이 영변의 5메가와트 원자로를 폐기하는 대신 대체에너지를 제공하겠다는 제안이었다. 다만 방식은 남한에서의 직접 송전이었다. 남한은 몸에 피가 돌듯이 전기가 통하면 통합이 가까워질 것이라는 점을 내세웠다. 상호의존이 적대의 자리를 대체할 것이라는 주장이었다. 그러나 북한은 거부했다. 상호의존을 받아들이지 않은 이유는 과거의 기억 때문이다.

1948년 5월 14일 정오에 북한은 남쪽으로의 송전을 중단했다. 해방 직전 한반도의 전력설비 및 발전량은 90% 이상이 북부 지역에 편중되어 있었다. 일제는 전력공급원이 풍부했던 한반도 북부와 중국 동북 지역을 중화학공업지대로 육성했고, 1940년대 초반 한반도 북부 지역은 동아시아 최대 수준의 발전설비를 보유했다고 평가할 수 있다. 반면 해방 직후 남한 지역의 발전량은 미미했다. 한반도 남부는 1948년 4월까지 평균전력의 66%를 북한의 송전에 의존했다.

북한에서 전기를 끊자 어떻게 되었을까? 남한의 공장 가동률이 30% 아래로 떨어졌고 가정용 전력 사용이 엄격히 통제되었으며 수돗물 이용도 곤란해졌다. 전기세가 대폭 올랐지만 그래도 전기는 들어오지 않았다. 남한의 전력사정은 상당한 시간이 흘러서야 나아질 수 있었다.[2)]

분단 70년이 흘렀다. 분단체제에 대해서는 다양한 이론적 접근이 가능하겠지만, 역사적 접근도 중요하다. 우리의 기억은 아름다운 것만 담아두려 하지만 그것은 일방적인 것이다. 상대의 기억은 그렇지 않을 수 있다. 북한은 또 하나의 분단국가다. 북한이 어떻게 만들어졌고 어떤 상태이며 어디로 흘러갈 것인지 알기 위해서는 분단체제가 북한체제에 미친 영향을 이해해야 한다.

2. 또 하나의 분단국가: 형성과 발전

북한은 '현실사회주의' 국가이면서 동시에 분단국가다. 사회주의 국가들의 체제 전환과 개혁의 물결에도 북한은 다른 길을 가고 있다. 분단체제가 북한에 미친 가장 중요한 영향은 군사국가화이다. 항일 무장투쟁의 전통, 한국전쟁과 두 코리아의 대결, 그리고 체제위기 국면에서의 선군정치 등 시기별로 군사화의 직접적 계기는 다를 수 있지만, 대북 안보전략에서 우선적으로 고려해야 할 변수는 북한이 분단국가라는 점이다.

분단체제론에서는 남북의 공고한 체제적 성격을 강화하는 분단으로 인해 형성된 독특한 이해관계에 주목한다.[3] 분단체제가 북한의 국가 형성, 발전, 위기, 변화에 미친 영향에 관해서는 '인터페이스 동학'(interface dynamics)[4]이라는 개념을 이해할 필요가 있다. 이 개념은 단순한 상호관계(interaction relations)를 의미하지 않는다. 그것보다는 상호관계를 구성하는 전체 질서로서의 분단체제가 마주 보는 두개의 주체에 부과하는 제약 혹은 작용을 더욱 중시한다. 분단체제는 북한에 어떤 영향을 미쳤을까?

분단: 정당성 경쟁과 경제적 결핍

분단체제는 북한이 국가를 형성하는 과정에서 차이와 경쟁의 환경을 의미한다. 분단 전후의 국면에서 남한은 북한에 정당성 경쟁, 우월성 경쟁, 발전 경쟁의 대상이었다. 북한은 분단정부의 수립 이후

교육정책, 노동정책 등 다양한 분야에서 남한과 비교하고 차별적 요소를 강조하면서 그것을 정당성의 기반으로 삼았다. 해방 직후 시대의 과제인 토지개혁의 집행과 그 결과에 있어 남한과의 차별화는 북한체제에서 '공식 이데올로기'로 강조되었다.

북한에서의 계급투쟁 혹은 문화혁명 과정에서도 분단의 변수는 중요하게 작용했다. 사회주의 국가들에서 일반적으로 나타나는 국가 형성 직후의 '계급투쟁'은 북한에서 상대적으로 심각하지 않았다. 1930년대 소련의 스딸린체제에서 벌어진 대숙청이나 1950년대 중국에서 벌어진 반우파투쟁과 비교해보면 말이다. 이러한 차이의 결정적 원인은 남한이라는 출구가 존재했다는 점에 있다. 사회주의에 저항하는 기독교세력이나 토지개혁에 반대하는 지주층은 저항보다는 탈출을 선택했다. 출구의 존재는 저항의 강도를 약화시켰다.

또한 분단은 북한 경제의 구조적 왜곡을 가져왔다. 일제하에서도 한반도는 단일경제권이었다. 분단정부가 들어선 이후에도 남북 양 지역의 경제적 상호의존 관계는 그렇게 쉽게 단절되지 않았다. 남쪽에서 정부가 수립된 이후인 1948년 9월 27일 이승만정부가 대북교역을 중단시켰을 때 산업계는 강력하게 반발했다. 그래서 어쩔 수 없이 이승만정부는 중단조치 한달 후인 10월 27일 남북교역을 재개한다고 발표했다. 물론 반출 품목을 통제한다는 조건이 붙었다.

한편 해방 이후 공식적인 남북교역보다 더 중요한 역할을 한 것은 38선을 가로지르는 밀무역이었다. 이른바 '38밀무역'의 규모는 공식 교역을 능가했다. 1948년의 경우 남북 총 거래량은 16억 7천만원

정도로, 그중 반출액은 4억 6천만원, 반입액은 12억 500만원이었다. 38밀무역의 규모를 정확히 추정할 수 없으나, 1948년 적발건으로만 2억 7천만원이고, 당시 발간된 『조선중앙연감』(1949)은 실제 밀무역 규모를 적발건수의 수십배에 이른다고 기록했다. 밀무역이 공식 교역액을 넘어섰다고 추정할 수 있다.[5] 북한은 남쪽으로부터 얻어야 할 물자가 적지 않았다. 점차적으로 분할의 기색이 짙어졌지만 38선은 여전히 사람, 물자, 정보가 교류하는 통로였다. 38선을 통해 사람들이 월남, 월북했으며 고무신, 옷감 등 갖가지 생필품과 곡식이 북쪽으로 들어갔고 소, 비료 등이 남쪽으로 내려왔다.[6]

분단은 북한 경제에서 결핍과 구조의 왜곡을 의미했다. 일본인 기술자가 철수하고 원자재와 부품 조달이 어려워짐에 따라 북한의 중화학공업 가동률이 떨어진 상황에서, 남북분단은 전체 경제의 순환에 부정적 영향을 미쳤다.

전후체제와 사회주의 발전전략

전쟁은 38선을 가는 점선에서 굵은 실선으로 바꾸었다. 전쟁의 유산은 북한 사회주의 발전전략에 중대한 영향을 미쳤다. 우선, 남쪽 지지기반을 상실함으로써 박헌영과 이승엽 등 남로당으로 대표되는 국내파 공산주의자들이 몰락했다. 숙청의 이유는 정책 경쟁이 아니었다. 소련에서 1920년대에 벌어졌던 신경제정책을 둘러싼 논쟁도 아니고, 중국에서 벌어졌던 시장의 역할에 대한 논쟁도 아니었다. 김일성은 남로당을 간첩으로 몰아서 숙청했다. 분단체제의 산물인 적대의식을 동원했고, 이 과정에서 당내 민주주의가 사라지고 중앙집중성이 강화되었다.

1956년 중소분쟁 이후 사회주의 진영이 분열하는 상황에서 북한은 자주노선을 정립했다. 자주노선의 형성과정에도 분단은 중요한 영향을 미쳤다. 북한은 사회주의권의 분열과 한반도 냉전체제 격화라는 이중의 위기에 직면했다. 특히 1960년대 중반 베트남전쟁이 한창일 때 한반도에서도 직접적인 무력충돌이 벌어져, 1968년에는 북한 특수부대의 청와대 습격사건이 일어나고 동해에서 미국 정보함 푸에블로호가 나포되었으며 울진·삼척 지구에서는 몇달 동안 게릴라전이 벌어지는 등 '제한전쟁'이 전개됐다.

1960년대에 들어와 북한의 예산에서 국방비 비중이 급격히 높아졌고, 사회의 군사화가 이루어졌다. 이 과정에서 북한의 정치체제는 개인숭배가 제도화된 유일체제로 전환했다. 즉 현대 북한체제의 기본 성격이 만들어지는 과정은 단순하게 약소국 사회주의 국가인 북한의 자연스러운 선택으로 설명하기 어렵다. 냉전적 대립의 심화가 정치체제의 형성, 중공업 중심의 발전전략, 그리고 전반적인 군사국가화로 나아가는 촉진요소였다.

1960년대의 냉전적 적대환경은 북한의 발전전략에 있어 외연적 성장전략에서 내포적 발전전략으로 전환할 수 있는 기회를 앗아갔다. 일반적으로 대중동원을 장기 지속하기는 어렵다. 노동력의 양적 증가에 한계가 있기 때문이다. 그런데도 냉전체제는 노동과 전투를 동일시하며 발전전략의 전환을 가로막았다. 동유럽 사회주의 국가들이 체제 내적 개혁을 진행했던 점과 비교해보면 결정적 차이가 아닐 수 없다.

변화하는 국제질서와 흔들리는 분단체제

1969년 '닉슨 독트린' 이후 동아시아의 국제질서는 변화의 계기를 맞았다. 중소분쟁이 심화하는 상황에서 미국의 적극적인 데땅뜨 외교는 냉전의 진영대립을 약화시켰다. 서독은 닉슨이 만든 데땅뜨 국면에서 소련과 관계를 개선하고 동독과의 관계를 발전시켰으며 동유럽과 화해했다.

한반도의 분단체제도 흔들렸다. 북한은 7·4남북공동성명(1972) 국면을 국제사회와의 접촉기회로 활용했다. 그동안 국제적으로 고립되어 있던 상황에서 이 국면을 활용하여 적극적인 수교에 나섰는데 그 성과가 적지 않았다. 경제적으로도 차관을 도입해서 설비 현대화에 나섰다. 그러나 1973년 시작된 오일쇼크로 인해 북한 원자재의 가격이 하락했고, 결국 프랑스 등에서 얻은 설비 도입 차관을 갚지 못하는 사태가 발생했다. 북한은 채무불이행을 선언했고, 국제적인 신용불량국가로 전락했다. 7·4남북공동성명 국면도 오래가지 못했다. 1976년 판문점 도끼사건이 일어나 군사적 긴장이 고조되자 남북한에서는 흔들렸던 분단체제가 곧바로 복원되었다.

1980년대에는 세계적인 차원에서 사회주의권의 위기와 변화가 분출했고, 북한의 경제위기가 가속화되면서 남북한의 국력 역전이 일어났다. 분단의 역사에서 처음으로 합의를 위한 합의가 아니라 대화를 통한 공존이 구체화된 시기이기도 하다. 북한이 1980년대 중반 대화에 나서고 1989년 이후 고위급회담과 남북기본합의서 체제에 참여한 것은 이러한 위기의식의 반영이었다.

중국이 1978년 개방노선과 경제특구 정책을 발표하고, 베트남이 소련의 경제원조가 줄어들자 1986년 도이머이(doimoi, 개혁·개방) 정책을 들고나왔듯이, 북한 역시 새로운 대안을 선택해야 했다. 다만 북한은 분단체제 내에서 출구를 모색했다. 사회주의권의 체제 전환에 따라 우호무역이 감소하자 북한은 남북경제협력을 선택했다. 외교적 고립과 군사적 긴장 완화를 위해 북한은 전두환·노태우정부의 북방정책에 호응했다. 북한이 연방제통일론에서 후퇴하고 유엔 동시가입을 어쩔 수 없이 수용한 것은 다른 대안이 없었기 때문이다. 체제위기와 적극적인 대남정책의 결합은 90년대 중반 이후 더욱 뚜렷해졌다. 1994년 김일성 사망 이후의 '고난의 행군'은 결국 북한이 2000년 6·15남북정상회담에 응하는 결정적 계기로 작용했다.

3. 탈분단과 북한 변화의 관계

북한의 변화와 관련해서는 상반된 시각이 존재한다. 북한을 둘러싼 환경의 변화를 강조하는 시각과 북한 내부의 개혁의지를 강조하는 시각이 대립한다. 그러나 외부 환경과 내부 선택은 서로 연결되어 있다. 변화하는 환경을 유리하게 활용하려면 적극적인 변화의지가 있어야 한다. 북한은 2000년대 들어 몇번의 '전환의 순간'을 맞이했다. 그러나 변화는 일시적·단절적이었고 지속되지 못했다. 왜 그랬을까?

분단체제와 군사국가화

2000년 6·15정상회담이 만들어낸 전후 청산의 기회는 부시행정부의 등장으로 무산되었다. 2002년 북한이 의욕적으로 추진했던 7·1경제관리개선조치는 2차 핵위기가 시작되면서 지속되지 못했고, 2007년의 10·4남북정상선언도 이명박정부의 등장과 남북관계 악화로 이행할 수 없었다. 결국 외교환경은 불안정해졌고, 시장과 계획 사이를 방황하는 와중에 3대 세습이 이루어졌다.

김정은체제의 북한은 어디로 갈까? 북한은 변하지 않을 것이라는 아주 오래된 의견이 있다. 그러나 이러한 '북한불변론'은 냉전적 믿음일 뿐이다. 모든 존재는 변화한다. 변하지 않는 것이 어디에 있겠는가. 다만 그 속도와 방향이 쟁점이다. 북한도 변하는 영역이 있고, 변화가 더딘 분야가 있다. 정치체제는 변화가 느린 분야다. 3대 세습에도 불구하고 리더십 형태의 변화가 예상되었으나, '인격적 지배'를 특징으로 하는 '수령제' 정치체제가 신속하게 복원되었다. 반면 북한의 경제체제는 상대적으로 빠르게 달라지고 있고 사회·문화의 변화도 무시할 수 없다. 그러나 정책결정구조가 바뀌지 않는다면 경제 분야의 분권화와 사회적·문화적 다양성은 한계가 있다.

북한의 변화는 분단체제의 변화에 영향을 받는다. 개인숭배와 인격적 지배, 초집중화된 정책결정구조는 냉전의 환경 속에서 정당화되었다. 또한 수령제는 군사국가화와 밀접하게 연결되어 있다. 군사질서는 단지 군대뿐 아니라 경제와 사회 영역에도 체화되어 있고, 지도자는 전시의 사령관으로 비유된다. 외교적으로 북한과 미국, 북한과 일본의 관계정상화가 이루어지지 않고, 정치적으로 남북한의 화해가 성사되지 않으며, 군사적으로 불안정한 정전체제에 기반한 전후체제가 지속된다면 북한의 군사국가적 성격도 계속 유지될 것이다.

이러한 군사국가적 성격은 반대로 북한을 둘러싼 긴장구조가 완화되면 점차 약해질 것이다. 그러나 북한 내부의 군사적 이해관계는 변화를 가로막는 장애다. 2002년 의욕적으로 시작한 박봉주 내각의 경제정책 변화는 결국 당과 군의 경제적 이해관계에 가로막혀 좌절되었다. 북한에서 군은 군수산업뿐만 아니라 무역회사를 운영하고, 후방 공급을 위한 일반 경제활동에도 참여하고 있다. 재정적자가 지속되는 상황에서 군 운영경비를 조달하기 위한 경제활동을 허용할 수밖에 없다.

북한은 2013년 핵·경제 병진노선을 발표하면서 핵 억지력이 생기면 국방비를 줄여 경제에 투입하겠다고 밝혔다. 4차례의 핵실험을 했고, 잠수함을 포함한 핵무기의 다양화, 다종화에 적극적으로 나서고 있다. 그러나 미소 냉전의 역사나 인도·파키스탄 관계에서 보면, 핵 보유에도 불구하고 소규모 충돌이나 제한적인 수준에서의 분쟁은 지속되었다. 일정한 수준의 핵 억지력을 갖춘다 하더라도 재래식 군비경쟁을 계속한다면 국방비 지출은 줄이기 어렵다. 북한 역시 저출산에 따른 인구 감소로 병력자원이 제한되어 있다. 현재의 병력수준을 유지할 경우 산업활동 인구는 더욱 줄어드는 가운데 군의 경제활동은 지속될 수밖에 없고, 이익이 많이 발생하는 영역을 군이 선점할 것이다. 따라서 대외적 긴장구조가 완화되고 북한의 '피포위의식(被包圍意識)'이 줄어들어야 선군정치의 정책적 영향력이 감소될 수 있다.

1970년대 후반 중국의 덩 샤오핑은 경제개혁을 시작하면서 과감히 군병력을 감축하여 국방비를 줄이고 미국과의 관계개선으로 군사비 축소가 가능한 외교적 환경을 조성하였다. 단순히 투자의 우선순위를 조정하는 문제가 아니라, 군이 개혁에 동참할 수 있는 여건을 마련하는 것이 중요하다.

경제개혁과 '문지기 국가'

북한의 경제정책 변화도 마찬가지다. 중국이나 베트남과 달리 북한의 부분개혁은 연관 분야로 확장되기보다는 분절적이고 단절적인 형태로 진행되고 있다.

2000년 중반 당과 군의 반대로 좌천되었던 박봉주가 김정은체제에서 내각총리로 복귀하여 경제정책 변화를 주도하고 있다. 특히 북한의 농업정책에서 '포전(圃田)담당제'는 주목할 만하다. 그동안 농업 분야에서 인센티브의 단위는 작업반에서 분조(分組)로, 그리고 분조의 축소를 거쳐 2013년부터 3~5명 수준의 포전으로 축소되었다. 이는 중국과 베트남의 경제개혁 초기에 등장했던 가족영농책임제

(농가책임제)와 다를 바 없다. 포전담당제는 실질적으로 농업 생산에 긍정적 영향을 미쳤다.

그런데 중국이나 베트남의 농가책임제는 단순히 농업정책인 것만이 아니며 경제개혁에 미친 영향이 훨씬 크다. 농가가 국가수매에 응하고 남은 농산물을 시장에 팔 수 있게 되면서 시장가격이 형성되고, 국가는 시장가격을 고려해서 수매가격을 결정해야 한다. 그러지 않으면 농민들이 국가에 출하하는 양을 줄일 가능성이 높기 때문이다. 농산물의 시장가격은 이제 도시 지역의 임금 결정에도 영향을 미친다. 대부분의 국가에서 식량가격이 기준가격이기 때문이다. 그러나 농가책임제는 지속적인 농업생산력 향상으로 이어지지 않았다. 급격하게 도시화가 이루어지면서 농민들은 농사를 포기하고 도시로 나갔고 토지투기 현상도 광범위하게 벌어졌다. 사회주의 시절에는 수리·관개시설에 계획적으로 투자했지만, 시장화가 이루어지면서 그마저 어려워진 것도 하나의 이유였다.

농업생산력과 관련해서는 소농경제가 아니라 대농경제의 효율성을 강조하는 의견이 적지 않다. 농업 생산에서 인센티브 단위를 농가 혹은 포전으로 줄이면 단기적으로 생산성이 올라갈 수 있지만 장기적인 효과는 기대하기 어렵다. 농업생산성에 영향을 미치는 변수는 훨씬 다양하기 때문이다. 북한에서 포전담당제는 중국이나 베트남의 농가책임제와 비슷하게 농산물의 시장가격 형성과 임금 현실화, 그리고 수매가격의 인상을 가져왔다. 그러나 농업정책의 변화가 다른 분야의 경제개혁에 미친 효과는 여전히 제한적이다.

북한에서는 왜 변화가 다른 영역으로 확산되지 못하는가? 2000년대 초반 쿠바의 '제한적 경제개혁'을 평가하면서 활용된 '문지기 국가'(gatekeeper state)[7]라는 개념을 적용할 수 있다. 이 개념은 경제개혁 과정을 시장이 아니라 국가가 주도할 때 나타나는 현상을 가리키는 것으로, 경제개혁으로 생겨난 수익성 높은 분야에서 국가가 문지기 역할을 한다는 뜻이다. 쿠바는 주로 관광 분야를 중심으로 개방정책을 추진하면서 국가가 인허가 권한을 행사하고 수익에 대한 접근권한을 통제했다.

북한 역시 마찬가지다. 현재 북한의 외화소득에서 가장 큰 비중을 차지하는 것이 노동력 송출사업이다. 중동 건설시장에서 북한 노동자의 수가 증가하고, 중국·러시아로의 파견노동도 규모가 늘어나고 형태도 다양해지고 있다. 2016년 1월 4차 핵실험 이후 국제사회의 제재가 강화되면서 노동력 송출사업은 더욱 중요한 외화벌이의 수단이 되었다. 최근 중국 접경도시에서는 북한 노동자를 고용하는 위탁가공 형태도 등장했다. 해외파견 노동자들은 북한으로 돌아와서 새로운 중산층으로 등장했다. 동시에 북한 정부는 인력수출 과정에서 상당한 이익을 챙기고 있다. 이러한 인력 송출사업은 문지기 국가의 대표적인 특징이다.

경제특구 정책도 마찬가지다. 개방과 개혁은 동전의 양면이며, 국내 경제개혁이 뒷받침되지 않은 개방은 일정 수준 이상으로 발전하기 어렵다. 대표적인 사례가 개성공단의 임금 지급방식이었다. 개성공단 입주기업들이 달러로 개성공단 총국에 임금을 지급하면, 총국은 북한 정부가 지정한 공식 환율을 적용해 북한 원화로 환전한다. 이 가운데 30%는 사회문화시책비(무상주거와 무상교육 등에 대한 비용)로 공제하고 나머지를 현물임금과 현금임금으로 나누어 지급한다. 현물임금은 그 금액에 해당하는 상품권 개념으로, 개성공단 노동자들은 이것으로 전용 상점에서 생활필수품 등을 구입할 수 있다.

박근혜정부는 2016년 개성공단 운영을 전면 중단하면서 달러 임금의 간접지급을 근거로 임금이 핵 개발자금으로 전용되었다고 주장했다. 그러나 그런 주장은 근거가 없다. 대부분의 제3세계 국가들은 자본시장이 개방되어 있지 않고, 외환관리를 위해 해외노동의 임금 혹은 외국인 투자기업의 임금을 외화로 직접 지급하지 않는다. 남한도 1970년대 중동 지역 건설노동자들이 달러로 받은 임금을 송금하면 정부가 공식 환율로 환산해서 원화로 지급했다. 북한 정부가 중간에서 환차익을 취할 수는 있지만, 임금이 핵 개발자금으로 전용되었다는 주장은 과도한 것이다. 다만 북한의 경우 공식환율과 시장환율의 차이가 너무 크다는 점이 문제다. 2015년의 경우 그 차이가 80배에 달한다. 환차가 너무 크면 남한 기업이 개성공단 총국에 지급하는 가치와 총국이 북한 노동자에게 지급하는 가치도 크게 차이가 날 수 있다. 북한이 국내적으로 격차가 너무 큰 이중환율제도를 유지한다면 경제특구에서 임금인상이 생산성 향상으로 이어지지 않는다. 북한이 외국 자본을 더 많이 유치하고자 한다면 국내 경제제도도 함께 개혁해야 한다.

4. 분단체제와 북한 인권문제

북한은 '국가 이미지'를 개선해야 한다. 국제정치이론 중 구성주의는 현실주의와 달리 인식의 중요성을 강조한다. 북한에 대한 악화된 인식은 미국과 일본의 대북정책에 부정적으로 작용한다. 남북관계가 장기적으로 교착하면서 북한에 대한 부정적 이미지 또한 강화되었다. 또한 북한 인권문제가 국제적으로 중요한 의제로 부상했다.

유엔인권이사회의 북한인권보고서는 해를 거듭할수록 구체적이고 엄격한 대응조치를 권고하고 있다. 북한 인권의 실상은 일부 탈북자들에 의해 과장된 경우가 적지 않으나, 보편적 인권의 기준에서 보면 열악한 것이 사실이다. 문제는 개선의 방법이다.

북한 인권문제 또한 분단체제의 시각에서 볼 필요가 있다. 북한 정권의 주민 감시 및 통제는 한국전쟁 이후 북한에서 강화된 분단체제의 산물이다. 분단은 북한에서 국가주의와 군사주의, 그리고 집단주의를 정당화하는 명분으로 작용했다. 남한은 민주화로 이행하면서 중등학교의 매스게임이 사라졌지만, 북한은 여전히 집단체조의 나라다. 그런 점에서 "남북한이 국제인권 원리와 상호존중의 정신 아래 인권개선을 위해 협력해나가는 과정"을 강조한 서보혁의 '코리아 인권'[8] 개념은 적절하다. 분단극복 노력의 필요성, 즉 "인도주의로 생존권과 발전권 개선, 민간교류로 정보접근 촉진, 경제협력으로 사회권 개선이 가능하다"[9]는 지적도 참고할 만하다.

자유권의 개선과 관련해서는 실효성이 중요하다. 북한 정부는 인권 침해의 당사자이면서 동시에 인권 개선의 당사자가 된다. 적대적 인 인권정책으로 해당 국가의 자유권을 개선한 사례는 드물다. 강압 외교는 오히려 상대국의 권위주의 정치를 강화하고 일반 주민들의 경제적·문화적 인권을 약화시킨다. 북한의 경우도 마찬가지다. 인권 개선 요구가 북한의 체제 전환을 위한 수단으로 해석된다면 북한은 국제사회와 거리를 두고 전통적 체제를 강화할 것이며, 결과적으로 북한 주민의 인권은 한층 약화될 것이다. 2014년 2월 유엔인권이사회 북한인권조사위원회의 보고서에서도 "북한의 일반 주민이나 북한 경제 전체를 겨냥한 안전보장이사회 또는 양자 차원의 제재를 지지하지 않는다"라고 언급하고 있음을 기억할 필요가 있다.

동서독 관계에서도 서독의 협력적 인권정책이 적대적 인권정책보다 실효성이 더 컸다. 중국의 경험을 보더라도 외부의 강압이 아니라 개혁·개방의 심화와 국제사회 참여가 인권 개선에 더 중요한 역할을 했다. 북한 인권문제와 관련해 '헬싱키 프로세스'의 의미를 강조하는 주장도 있다. 1975년 헬싱키 프로세스는 동서 유럽이 모두 참여한 집단적 안보협력체제의 전환점이었다. 보수적인 시각에서는 헬싱키 프로세스를 1989년 베를린장벽 붕괴와 동유럽 사회주의 민주혁명의 배경으로만 설명한다. 그러나 오히려 헬싱키 프로세스는 '포괄적 접근'의 대표적 사례다. 1975년 채택된 헬싱키 프로세스 최종의정서는 '인권 개선'만큼이나 주권 존중과 무력사용 금지, 내정불간섭, 경제·문화교류의 중요성을 핵심내용으로 포괄하고 있다. 주권과 인권의 관계는 오랫동안 국제정치의 논쟁대상이었지만, 헬싱키 프로세스에서 주권 존중의 정신 아래 '대화를 통한 인권개선 노력'을 촉구하는 것으로 정리되었다.

남북관계에서 인권문제는 더욱 중요한 현안으로 부상했다. 2015년 6월 유엔인권위원회가 서울사무소를 설치하면서 남북관계 악화의 계기가 되었듯이, 인권에 대한 해석의 차이는 해결하기 어려운 과제다. 현대 국가의 외교정책은 여론으로 표현되는 일반 국민의 인식에 상당한 영향을 받는다. 국내외적으로 북한에 대한 인식이 과거보다 훨씬 중요해지면서 북한 인권문제 역시 외교관계에서 차지하는 비중이 높아진 것이다. 그러나 국제사회의 인권 논의가 정치의 공간에서 벌어지고, 전략적 이해관계에 따라 인권문제를 바라보는 시각도 다르다는 점을 인정할 필요가 있다. 미국의 루스벨트 대통령은 니카라과의 쏘모사 정권과 외교관계를 맺을 때 담당 실무자가 독재정권이라고 반대하자 "개새끼지. 다만 우리 집에서 키우는 개라서"라고 답변했다고 한다. 인권이라는 보편적 가치보다 미국의 전략적 이해가 더 중요하다는 상징적 표현이다. 현대 외교가 인권의 가치를 과거에 비해 높게 평가하는 것은 사실이지만, 전략적 이해관계를 중시하는 외교의 본질은 여전히 유효하다.

과거와 달리 북한이 유엔 차원의 인권 논의에 적극적으로 대응하고 있음은 주목할 만한 변화다. 그러나 아직 북한은 인권의 보편성을 부정하고 특수성을 강조한다. 북한에 중요한 것은 유엔의 인권정치에서 다수의 지지를 얻어야 한다는 것이며, 그런 점에서 쿠바 사례에서 교훈을 얻을 필요가 있다. 1998년 미국의 강력한 주장에도 쿠바

인권결의안이 유엔인권이사회 소위원회를 통과하지 못했다. 쿠바는 다수의 비동맹국가들로부터 지지를 얻어 소위원회의 결의안 채택을 무산시켰다. 그러면서 쿠바는 90년대 후반 이후 국내적으로 인권단체의 활동을 허용하고 로마 교황청과의 관계를 개선했으며, 국제인권단체의 접근을 막지 않았다. 인권 이슈를 무시하지 않고 특수성만을 주장하지도 않은 것이다. 결국 오바마행정부에서 미국과 쿠바의 관계 정상화가 이루어졌고, 2016년 3월 아바나의 오바마를 볼 수 있었다. 앞으로 쿠바는 중국과 동유럽에 이어 '접근을 통한 인권 변화'의 실증적 사례가 될 것이다.

유엔 무대에서 비동맹국가들은 인권문제의 '이중 잣대'를 꼬집는다. 대표적으로 미국이 전략적 이해관계 때문에 사우디아라비아나 파키스탄의 인권상황을 문제 삼지 않는 것을 비판한다. 그런데도 북한인권결의안은 압도적 다수로 통과시킨다. 이런 점에서 북한은 인권정치의 현실을 직시할 필요가 있다. 인권의 특수성을 주장하는 것으로는 비동맹국가들조차 설득하기 어렵다. 북한은 중단된 유럽연합과의 인권대화를 재개하고 유엔의 북한인권담당관도 받아들일 필요가 있으며, 보편적 인권의 개선을 위해 노력해야 한다.

5. 마주 보고 변화하기

두개의 코리아가 거울 앞에 서 있다. 상대에게서 자신의 과거 흔적을 발견한다는 것은 고통스러운 일이다. 그것은 역행의 증거다. 2016년 2월의 개성공단 운영 중단으로 남북관계는 1989년 이전의 '교류·협력 제로 시대'로 돌아갔다. 여전히 분단이 변화를 가로막고 국내정치적으로 활용되는 '아주 오래된 과거'를 대면하는 일은 얼마나 참담한가.

이미 두개의 코리아는 대칭적이지 않다. 남과 북의 경제적 격차는 견주기 어려울 정도로 벌어졌고 인권과 민주주의 역시 비교하기 어렵다. 그런데도 여전히 남북관계가 대칭적인 현실은 무엇을 말하는가? 남한 내부적으로 보면, 정치·사회발전에도 분단인식이 재연되면서 과거로의 퇴행현상이 벌어지고 있다. 거울 앞에 서지 않아도 되는데, 거울을 보면서 왜 도발을 하느냐고 화를 낸다. 비극이면서 희극이다.

북한 또한 변해야 한다. 분단극복은 환경이 변한다고 저절로 되는 것이 아니다. 스스로의 노력이 반드시 필요하다. 정책결정구조도 달라져야 하고, 지속 가능한 경제를 위한 정책의 변화도 불가피하다. 인권문제에 대해서도 국제사회 다수의 지지를 얻도록 능동적으로 대응해야 한다. 남한도 변해야 한다. 북한을 바라보는 인식도 달라져야 하고, 분단극복이 우리 시대의 과제임을 공유해야 한다. 우리 안의 냉전을 극복하지 못한다면 함께 변하자는 공진화(共進化) 전략은 성공하기 어렵다.

두개의 코리아는 무엇보다 격차를 줄여야 한다. 경제력 격차는 비교우위를 결합시켜 경제협력을 가능케 해주는 측면이 있지만 또한 한계가 있다. 임금격차를 이용한 노동집약적 분야의 협력은 지속성을 갖기 어렵다. 격차를 줄여야 경제협력의 수준을 높일 수 있다. 정치적·사회적 격차는 말할 것도 없다. 민주주의와 사회적·문화적 격차는 이질성을 심화하고 상호인식을 부정적인 방향으로 벌린다. 화해의 정신과 공존의 철학으로 공감의 영역을 조금씩 넓혀야 한다.

거울 앞에서 내가 웃으면 거울 속의 상대도 웃고, 내가 주먹을 들면 상대도 든다. 그러나 주체와 객체는 분명하다. 거울 속 상대가 나를 움직이는 것이 아니라 내가 거울 속의 상대를 움직인다. 북한의 변화를 원한다면 먼저 변하라. 악순환의 고리를 선순환으로 전환하는 결단이 필요하다.

새로운 '한반도경제'를 위하여

네트워크 경제모델의 제안

이일영

1. 들어가며

1987년 6월항쟁과 헌법 개정 이후 한국은 제도적 민주화가 진전되었고, 김대중정부와 노무현정부의 출범으로 민주화체제가 공고해졌다고 평가되었다. 그러나 2007년 대선과 함께 출범한 이명박정부 시기에 그간 진전된 민주화의 성과가 후퇴하는 경향이 나타났다. 이에 2012년 총선과 대선을 앞두고 민주개혁진영에서는 선거공학에 몰두하는 데에서 나아가 새로운 시스템과 경제정책을 준비해야 한다는 문제의식이 대두하게 되었다.

이와 관련하여 제기된 것이 '2013년체제'에 관한 논의였다. 먼저 백낙청은 2013년체제론을 제기하면서 그간의 복지담론을 평화·공정 등 주요 의제와 결합시킬 필요성을 제시한 바 있다.[1] 이에 대하여 김종엽은 평화·복지·공정을 가능케 하는 정치, 규범, 사회적 연대감의 중요성을 강조했다. 2013년체제의 주요 의제를 관통하는 원리를 다뤘다는 점에서 일보 전진한 논의였다고 할 것이다. 그러나 시스템 전체의 '큰 그림'까지 내놓지는 않았다. 김대호는 2013년체제가 87년체제와 김대중 개혁의 합리적 핵심을 계승, 발전 또는 부정하는 것으로 파악함으로써 정책적 체계화를 시도했다. 그러나 세계체제·분단체제의 변동이라는 조건과 새로운 질서의 작동원리를 논하는 데까지는 나아가지 않았다.[2]

한편 같은 시기 진보적 경제학계에서는 반신자유주의 연합으로서의 대안을 내놓는 경향이 주류를 이루었다.[3] 그러나 신자유주의라는 프레임으로는 현실에 존재하는 세계체제와 분단체제의 제약조건을 제대로 인식하기 어렵다. 또한 글로벌화와 국민국가의 약화에 따라 사회민주주의라는 대안은 점점 더 현실에서의 작동 가능성이 낮아지고 있다.[4]

2007~8년 경제위기 이후 세계경제는 장기침체의 기조가 뚜렷해졌다. 한국의 경우에도 고령화, 성장한계, 남북관계가 부과하는 경제적 제약조건을 감안하지 않을 수 없게 되었다. 이제 한국은 복지를 추구하되 '국가주의'를 넘어서는 경제모델을 모색할 필요가 있다.[5] 필자는 이와 관련하여 새로운 대안적 경제질서를 '한반도경제', 즉 "남북한 각각을 개혁하고 남북한을 통합하며 세계와 공존하는 새로운 체제"라고 정의한 바 있다.[6] 이 글에서는 이러한 '한반도경제'의

구성요소와 조직원리를 좀더 구체적이고 명료한 형태로 제시하고자 한다. 즉 환경 변화를 고려하여 과제를 제시하고 이를 수행하기 위한 전략과 제도, 조직형태를 논의해보려 한다.

2. 평화질서와 국가·초국가 네트워크

새로운 경제모델을 구성하려면 세계 차원, 동아시아—한반도 차원, 한국 내부 차원에서의 환경조건을 검토해야 한다. 먼저 세계 차원부터 살펴보면, 미국의 일극체제 속에서 진행된 금융자본주의의 시대가 저물고 새로운 세계체제가 모색되고 있다. 그간 미국이 강화되는가 쇠퇴하는가에 대한 논쟁이 끊이지 않았다. 그러나 2007~8년 경제위기를 경험하면서 몇가지 변화의 방향성은 분명해졌다고 볼 수 있다.

금융세계화는 주식시장, 부동산시장, 파생상품시장의 확대와 그에 따른 사회구조의 재편을 의미하는 것이었다. 그런데 2007~8년에 무모한 증권화의 위험이 드러나면서 전세계적으로 진행되던 금융적 팽창에 브레이크가 걸렸다. 미국과 유럽의 투자자들이 손실을 입었고 이는 금융체계 전반의 신용위기로 번졌으며, 이 위기는 세계적인 불황과 겹쳐 주변 신흥국들에 전파되었다.[7]

세계경제 위기의 진앙이 된 미국은 금융시스템의 불건전성, 문제해결 능력의 한계를 드러냈다. 경상수지 적자가 심각하며 정부 재정도 적자상태인데, 정치권에서는 국가부채 한도 증액과 재정적자 감축에 대한 의견이 분열되었다. 재정 확충을 반대하는 풀뿌리운동과 금융권력에 저항하는 풀뿌리운동이 동시에 진행되었다. 유럽의 위기도 계속되었다. 유럽은 많은 나라들이 통화는 통합되어 있으나 재정은 각국이 독립되어 있는 모순 속에서, 유로존(Eurozone)을 지키는 것조차 힘든 상황에 봉착했다. 일본은 장기침체와 대지진의 재난을 겪으며 보수파 리더십에 의한 부양책을 시행했으나 경제구조 자체를 혁신하지는 못하고 있다.

한편 중국의 영향력은 날로 증대하는 중이다. 중국은 개혁·개방 이후 30년 이상 급속한 실물적 성장을 계속했다. 이는 달러체제에 편승한 수출 지향 중상주의의 성과에 힘입은 바 크다. 그러나 미국과 유럽 시장의 침체, 중국 국내의 인플레와 격차 확대, 막대한 지방정부 부채, 급속한 고령화 추세 같은 문제가 있다. 중국은 대대적인 부양책을 통해 2007~8년 세계경제 위기를 방어했으나, 2012년 이후부터는 성장세 둔화가 뚜렷하다.[8] 성장이 둔화되고 이것이 사회적 위기로 파급될 징후가 보이면 시장에 대한 국가의 통제는 더욱 강화될 수 있다.

중국은 오랜 영토주의 제국의 역사를 가졌다. 그래서 티베트와 신장위구르, 남중국해 등에서도 강경한 태도를 견지하고 있다. 이러한 특성에 더해 중국의 과두제자본주의가 상대적으로 덜 자본주의적이라는 특성 때문에, 중국은 지역적 영토주의 국가의 길을 추구할 가능성이 있다. 중국이 전세계 차원에서는 미국 헤게모니에 도전하지 않을 수 있지만 동아시아 차원에서는 발언권을 적극 주장할 가능성이 높다. 특히 한반도 문제와 관련해서는 경제적 차원은 물론 자국의 영토적 안정성이라는 관점을 중시할 가능성이 높다.

이처럼 미국, 일본, 유럽 등 선진국은 국내 문제를 해결하기에도 벅찬 상황이고 중국도 자신의 국가이익을 넘어서지 못하고 있기 때문에, 세계 차원에서는 전에 비해 카오스(chaos) 요소가 강화되고 있다고 할 수 있다.[9]

카오스 아래서는 갈등과 충돌이 발생할 수 있으며, '질서'는 안정과 균형을 특징으로 한다. 현실은 카오스와 질서의 중간 어디에 존재할 것이다. 세계체제 차원에서 카오스 상태로의 변화가 나타나고 있는 조건에서는 평화적 질서의 형성을 우선적인 과제로 삼아야 한다. 과거의 질서가 이완되는 과정에서 발생할 수 있는 폭력의 확대를 경계하면서 다층적인 네트워크를 만들어가는 데 주력해야 한다.[10]

미국의 세계적 헤게모니가 약화되고 국민국가를 넘어 다양한 네트워크가 형성되고 있는 조건에서 국가 단위의 전략만 유효한 것은 아니다. 지금까지 한국은 '발전주의' 모델[11]을 따라왔다. 국가가 주요 행위자였고, 개방과 경제발전을 비교적 성공적으로 결합해온 경우로 평가되기도 한다. 그러나 현재 조건에서는 국가 차원에서 전면적인 경제공동체 형성을 시도하는 것이 오히려 카오스로의 경향을 강화할 수도 있다. 예를 들면 국가간 관계에 초점을 맞추는, 즉 국가 행위자를 주요 노드(node, 마디)로 삼는 '노드간 정치'(inter-nodal politics) 차원에서 추진되는 한미FTA나 한중FTA를 보자. 거대국가와의 FTA를 통해 국가간 분업이나 산업간 분업의 변경을 가져오는 것은 자연적으로 형성된 균형상태를 벗어나는 과정에서 거래비용을 발생시킬 수 있다. 따라서 향후 국가 차원에서 추진하는 대규모 프로젝트는 신중하게 추진할 필요가 있다.[12)]

동아시아에서의 무역과 투자 확대는 이미 자율적 과정을 통해 이루어지고 있으므로 국가 차원에서 시급히 논의할 문제는 아니다. 시장의 위험이 높아 국가간 조정이 필요한 부문은 금융과 자원 분야이다.

향후 세계경제에는 국지적 금융위기가 빈발할 가능성이 높다. 실물적 성장을 위해서는 발전된 금융시장이 필수적이지만 모든 증권화에는 편익과 함께 위험이 따르기 마련이다. 위기를 피할 수 없다면 국가간 협력을 통해 이를 관리할 수 있는 시스템을 마련하는 것이 중요하다.[13)] 또 한국, 중국, 일본은 모두 자원위기의 가능성을 지닌 국가다. 에너지와 식량 같은 자원은 소수의 메이저 공급자에 의해 독과점적 시장구조가 형성되어 있다. 여기에 파생상품으로의 거래 등 금융화가 진행되어 가격변동이 심하다. 이들 자원시장에서 한·중·일은 비중 있는 수요자이다. 이들 세 나라가 협력하면 시장위험을 줄이면서 시장구조를 변화시킬 수 있는 잠재력을 발휘할 수 있다.

다음으로 초국가 네트워크에 대해 살펴보자. 현재의 세계체제가 카오스 쪽으로 변화하는 것은 미국의 우위가 약화되었기 때문이다. 하지만 여기에는 또다른 이유도 있다. 국가라는 행위자 이외에 네트워크형 행위자의 비중이 증가하는 추세도 중요하게 작용한다는 것이다. 초국적기업, 지구적 시민사회단체, 국제기구 등은 태생적으로 네트워크의 형태를 띠는 존재다. 이러한 비(非)국가 행위자들이 국민국가의 경계를 넘나들고 있는 것이다.[14)]

동아시아에서의 평화질서는 국가간 관계뿐 아니라 다층의 네트워크를 통해 추진할 필요가 있다. 정치·군사 분야는 국가 차원의 협력이 중요하다. 그러나 금융 및 자원 부문, 그리고 개발협력의 의제에서는 정부간 네트워크는 물론 비정부간 네트워크를 활성화함으로써 네트워크에 참여하는 국가들 사이의 정책적 수렴과 협력체계 형성을 도모할 수 있다.[15)]

3. 남북 연계와 '지중해경제 네트워크'

2차대전 후 형성된 미국 중심의 세계체제는 동북아에서는 동서냉전을 연장한 동북아 냉전체제로, 한반도에서는 분단체제로 구체화된 바 있다. 분단체제는 하나의 체제이면서 그 하위에 남북한 각각의 체제를 가지고 있다. 분단체제는 약화와 강화의 두 경향을 함께 지닌다. 상위의 세계체제 변화, 남한 민주화, 북한의 축적위기와 부분적 시장화 등은 분단체제의 기반을 흔드는 약화 요인이다. 남한의 이명박정부 및 박근혜정부 출범과 대북정책 변경, 북한의 김정은 후계체제 구축과 핵무장화 추진, 남북간 대립의 격화 등은 분단체제를 다시 강화하고 있다.

북한은 분단체제하에서 국가에 권력을 집중했으나 이는 경제위기를 구조화했다. 중앙집권적 계획시스템, 고도 수준의 강제적 축적, 중공업 우선정책은 인센티브와 정보의 차단, 투자효율 하락, 산업구조 왜곡을 가져왔다. 1970년대 후반부터 진행된 생산위기는 90년대 이후 전반적인 경제위기로 확대되었다. 산업기반과 계획경제 시스템이 거의 붕괴되었고, 내부의 자원은 고갈된 상태다.

북한의 경제위기는 중공업과 군사 부문에 편중된 산업구조와 이를 뒷받침한 국가계획체제, 즉 '분단체제와 결합한 국가사회주의 경제'로부터 나온 것이다. 이에 대한 근본적인 대응방안은 대외개방, 경제개혁, 남북한 경제통합을 연계하여 추진하는 것이 될 수밖에 없다.[16] 역사적·지리적 조건이나 참고할 모델은 중국에 가까운 편이지만, 장기적으로 다른 사회주의 국가의 체제이행 과정에 포함되었던 프로그램이 생략될 수는 없을 것이다. 따라서 초기의 개혁·개방이 지연될수록 이후의 이행과정은 급진적인 형태를 띠게 될 것이다.

'김정일 시대'에는 부분적 개혁·개방과 군부를 앞세운 지배체제 강화를 동시에 추구했다. 1998년의 금강산관광 허용, 2000년의 6·15공동선언, 2002년의 7·1경제관리개선조치와 개성공업지구법 제정 등은 체제개혁의 방편이라고 할 수 있다. 반면 2006년 10월의 1차 핵실험은 체제 유지를 위한 역행적 조치였다.

'김정일 이후'는 김정일이 뇌졸중에서 일시 회복된 2008년 하반기부터 시작되었다고 볼 수 있다.[17] 이때부터 북한은 체제 유지와 후계체제 구축을 최우선 과제로 설정했다. 2009년 이후 북한의 정책기조는 군부 강경파를 앞장세우는 선군정치와 경제와 사회에 대한 국가의 통제 강화로 나타났다. 2009년 5월에는 2차 핵실험을 강행했고 11월 말에는 화폐개혁을 단행했다. 화폐개혁은 그간 부분적 시장화를 통해 축적된 인민의 부를 하루아침에 몰수하고 집권적 계획체제를 다시 강화하려는 시도였다.

2011년 12월 김정일 사망 이후 김정은체제가 출범했다. 김정일 사망 후 주변국들은 모두 북한의 조기붕괴를 원하지 않는 태도를 보였다. 그러나 경제시스템은 중·장기적으로 안정성을 유지하기는 어려울 것으로 보인다. 지배체제 유지를 위한 통제시스템 강화가 경제위기 극복을 위한 체제개혁의 방향과 구조적으로 어긋나기 때문이다. 김정은체제는 체제 안정을 꾀하기 위해 2013년 2월과 2016년 1월에 3차 및 4차 핵실험을 강행했다. 이에 대해 박근혜정부는 다시 강경책으로 대응하여 개성공단 운영을 전면 중단하고 사드(THAAD) 배치를 결정함으로써 남북관계는 전면적인 대결구도로 들어간 상태다.

분단체제가 해소되려면 남북한 경제통합과 경제체제의 개선·개혁이 필수적이다. 특히 북한의 경우 국가사회주의체제의 변경이라는 과정을 거쳐야 한다. 그러나 북한이 국가적 차원에서 체제개혁을 단행할 수 있는 여력은 많지 않다. 북중관계의 강화는 물론이고 남북관계 및 북미관계의 개선도 기존 지배체제 유지에 방해되지 않는 선에서 허용하려 할 것이다. 북한의 개혁·개방과 남북통합이 맞물려 전개되는 것이 바람직하나 그렇게 되지 않을 가능성도 고려해야 한다. 따라서 국가적 차원의 연합·통합 이전에 네트워크에 의한 연계를 누적시키는 것이 필요하다.

국가간 협조체제가 제대로 작동하지 않으면 분단체제가 카오스화할 수도 있다. 이를 막기 위해서는 도시를 단위로 한 월경적(越境的)·지역적 네트워크 관계를 누적시키는 것이 좋은 방법이다. 동북아 국가들은 영토와 인구에 대한 통제에 관심이 많고 국가형성과 전쟁능력에 치중하는 속성이 있다. 남북간 갈등과 미중간·중일간 갈등도 영토주의적인 국가의 속성에서 비롯하여 구조화된 측면이 있는 것이다. 따라서 영토주의 성향이 더 약한 도시가 주체가 되어 네트워크를 강화하는 프로젝트를 전략적으로 추진해볼 필요가 있다. 가령 동북아의 바다를 연결하는 '동북아 지중해경제'를 상상하고 목표로 삼아 나아갈 수 있다.[18)]

'동북아 지중해경제'는 다양한 층위의 도시네트워크 프로젝트로 구성된다. 예를 들면, 인천-개성-해주, 부산-광양-제주의 '소삼각' 네트워크, 인천-칭다오-다롄, 부산-후꾸오까-오오사까의 '중삼각' 네트워크, 서울-베이징-토오꾜오의 '대삼각' 네트워크를 구상해볼 수 있다. 경제적·문화적 교류와 이동을 중심으로 활성화된 도시네트워크는 좀더 제도적인 형식을 갖추는 방향으로 발전해갈 가능성을 갖는다. 이는 '질서 있는 아나키'를 지향하는 것이다. 중심적 통치의 부재 속에서도 그 자체에 고유한 묵시적 또는 명시적인 원칙·규범·절차를 갖추도록 한다는 의미다.

'동북아 지중해경제'에서는 인천과 부산의 역할이 새롭게 인식된다. 인천은 제조업 기반과 항만·공항시설을 함께 보유하고 있어 국제 비즈니스·물류기지로 발전할 기본 조건을 갖추고 있다. 남북관계의 경색으로 시간이 걸릴 수 있지만, 개성과 해주는 인천과 연계될 경우 글로벌 경쟁력을 갖춘 제조업과 물류벨트로 발전할 수 있다.[19) 한편 부산은 남해를 내해화(內海化)하는 중심역할을 맡아야 한다. 부산–광양–제주의 소삼각 지대는 제조업벨트, 물류벨트, 관광·문화·스포츠산업벨트로 발전할 수 있다.[20)]

중삼각 네트워크는 한중간·한일간 협력관계를 발전시키고 중일간 갈등을 완화하는 효과를 가져올 수 있다. 중삼각 네트워크는 다음과 같은 점에서 네트워크를 자기조직하는 동력을 지닌다고 본다.

첫째, 중삼각을 구성하는 도시들은 각국의 수도와 일정하게 경쟁하는 위치에 있다. 이들은 경쟁력 확보를 위해 글로벌 네트워크를 형성하려는 유인을 가진다. 예를 들어, 중국 내에서 경제·정치중심지와는 거리가 있는 칭다오와 다롄은 스스로의 발전모델을 만들 필요가 있다. 이들은 한국과 지리적으로 가장 가까우면서 역사적으로 중국과 외부 세계 사이의 교량 역할을 해온 곳이다. 큐우슈우의 중심도시인 후꾸오까의 경우는 전통적으로 부산권과 활발한 교류·협력을 해왔다. 토오호꾸(東北) 대지진과 방콕 대홍수로 일본의 부품·소재업체들은 지리적으로 가까운 한국에 투자를 늘리려는 의향도 있다.

둘째, 이들 도시는 코리안 네트워크를 활용할 수 있는 가능성이 높다. 일례로 칭다오 지역에는 현재 조선족 20만명과 한국인 상주인구 10만명이 있으며 한국 기업 8,000여개가 들어서 있다.[21)] 미국 씰리콘밸리 기업이 부상함으로써 기업과 기업 외부의 관련성, 상호작용에 의한 학습이 중시된 사례처럼 코리안 네트워크도 도시와 기업의 역동적 성장에 기여할 여지가 많다.

중삼각 네트워크는 한·중·일 간의 협력 강도를 높이는 것뿐 아니라 탈민족 환경에서의 남북한 통합에도 긍정적 에너지로 작용할 수 있다. 현재 북중간 경제협력의 핵심 프로젝트는 창·지·투(창춘·지린·투먼) 지역과 라·선(나진·선봉) 지역의 연계 개발사업과 신의주 압록강변의 황금평 산업단지 개발사업이다. 이들 프로젝트는 현재 중국에 의해 주도되고 있지만, 중삼각 도시네트워크를 통해 한국과 일본 자본의 투자가 이루어지도록 하는 방안도 검토해볼 수 있다.

서울—베이징—토오꾜오의 대삼각 네트워크는 쉽게 조직되기 어렵다. 각국의 수도는 국가 차원의 경쟁과 갈등 구도의 영향을 강하게 받을 수밖에 없기 때문이다. 그러나 또 한편으로 거대도시들은 각국의 경제·문화 능력의 집적지이면서 전쟁 유발 및 수행 능력과 영토주의 성향으로부터는 일정하게 분리되어 있다. 따라서 대삼각 도시네트워크는 국가간 협력체나 공동체보다는 실현 가능성이 높고 시민의 인권과 행복을 보장해주는 공화주의를 실천하기에도 더 용이하다고 할 수 있다.[22] 대삼각 네트워크가 작동하면 '지중해경제'가 더욱 활성화되고 각국이 '시민국가'(civic state) 쪽으로 변화할 수 있는 동력을 갖게 된다.

4. 혁신국가와 네트워크형 경제조직

현단계 선진 각국 경제의 최대 문제는 정체 속에서 격차가 확대되고 있다는 점이다. 성장세를 보이는 중국도 도농간·지역간 격차가 심각하다. 북한은 격차문제를 거론하기 어려울 정도로 생산기반이 무너져 있다. 동아시아 경제에서 형성된 국가 주도의 발전주의 모델은 잘 작동하지 않고 있다.

한국 경제도 성장의 한계를 나타낸다. 한국 경제는 외환위기 전인 1990~96년에 약 8%의 연평균 경제성장률을 기록했으나 최근에는 3%대 성장도 쉽지 않게 되었다. 중국의 산업구조가 고도화되고 성장세가 둔화되면서 한국 경제가 종전의 고도성장세를 재현하기는 어려울 것이다.

더욱 심각한 문제로 흔히 거론되는 것은 내부의 격차 확대다. 이는 소득과 고용의 위기로 나타난다. 외환위기 이전에는 주로 자영업자의 평균소득이 노동자보다 높았는데, 1997년 이후로 상황이 역전되었다. 구조조정 과정에서 자영업 종사자가 증가하면서 소득격차가 확대된 것으로 추정된다. 또 노동자 내부에서도 정규직과 비정규직의 격차가 심각해지고 있다.

격차 확대, 소득·고용위기의 배후에는 고용능력 저하 문제가 있다. 고용을 개선하기 위해서는 중소기업의 발전이 필요하지만, 한국은 대기업-중소기업 간 생산력 격차가 심각한 상황이다. 그 원인으로는 한국의 산업형성 과정에서 국가의 보호주의가 강력하게 작용했다는 점, 한국의 수출주도형 경제성장이 대기업, 특히 재벌그룹을 중심으로 이루어졌다는 점[23)]을 들 수 있다.

대기업-중소기업 간 생산력 격차는 지역간 생산력 격차와 상당부분 겹쳐 있다. 지역간 격차는 1990년대 중반 이후 계속 확대되었는데, 수출주도형 경제성장이 지역간 생산력 격차를 확대한 것이다.[24)] 한국의 수출주도형 경제성장은 전기전자, 자동차, 반도체, 석유화학, 조선 등 기초소재와 가공조립 산업이 이끌었다. 그런데 이들은 일부 지역에 집중되어 있으며 또한 서울(수도권) 이외의 지역에는 연구와 마케팅 능력이 결여되어 지식축적이 이루어지지 못하고 있다.

한국 경제에 병목이 되고 있는 생산력 격차는 그간 펼쳐온 발전전략의 결과이자 한계다. 한국에서는 경제발전 과정에서 국가의 후원에 기초해 재벌 같은 '내셔널 챔피언'을 만들었다. 국가에 의한 보호주의의 울타리에서 성장한 재벌과 거대 산업지역은 독점적 지위를 통해 경쟁력을 강화했다. 그러나 이처럼 국가－재벌관계로 위계화된 발전주의 모델은 이제 잘 작동하기 어려워졌다.

발전주의 국가의 능력은 국가에의 권력집중, 억압적 정치체제 구축으로부터 나오는 것이었다. 그러나 전세계적으로 냉전체제가 해체되면서 발전주의 모델과 민주주의적 질서는 점점 더 양립하기 어려워지고 있다. 또한 글로벌화와 산업 및 기술 구조의 변화도 발전주의 모델의 지속성을 제약하는 요인이다. 후기산업사회, 즉 다품종 소량생산과 유연생산에 기반한 체제로의 변화는 국가와 산업·기업의 연계보다는 글로벌 자본주의와 지역의 연계에 더 어울리는 측면이 있다.

현단계에서 한국 경제의 성장과 번영을 제약하는 생산력 격차는 기업간·지역간에 형성된 위계적·수직적 관계로부터 나온다. 글로벌화가 진전되고 지식기반경제의 비중이 높아짐에 따라 국가와 재벌을 중핵으로 하는 경제시스템은 혁신적인 성과를 내기 어렵다. 이제 중앙정부와 대기업에 힘이 집중된 위계적 시스템을 분권화하고 경제조직에서 네트워크형 또는 혼합형 조직형태의 요소를 더욱 증대할 필요가 있다. 즉 네트워크형 혁신국가로 이행해야 한다.

발전주의 모델 속에서 형성된 위계적 구조를 네트워크 형태로 전환하기 위해서는 다음과 같은 방향으로 재벌정책, 중소기업정책, 지역정책을 재정비할 필요가 있다. 첫째, 일관된 재벌정책이 필요하다. 재벌문제의 핵심은 부당 내부거래에 의한 기업 경계의 부적절한 확대다. 기업이 지나친 조직화 비용을 쓰지 않고 혁신을 통한 성장에 집중하도록 하기 위해서는 공정한 규칙의 제정과 집행이 중요하다. 공정거래위원회의 조사능력과 절차적 정당성을 강화한다는 전제하에서 공정거래위원회의 권한을 확대할 필요가 있다. 또한 중소기업들이 스스로 불공정거래 소송을 제기할 수 있도록 하는 제도 정비와 지원도 뒤따라야 한다.[25)]

둘째, 중소기업을 육성하기 위해 기업간·조직간 네트워크 관계를 활성화하고 네트워크형 조직형태를 발전시켜야 한다. 대기업–중소기업 간에 연구개발을 중심으로 네트워크를 형성하도록 하는 인센티브를 마련하고, 하청거래에 대해서는 공정성 관리를 엄격히 해야 한다. 중소기업이 혁신지향적 기업으로 발전할 수 있도록 자체적인 설계능력과 글로벌 마케팅 능력을 갖추는 데 도움이 되는 협력 네트워크 형성을 지원할 필요가 있다.[26]

셋째, 지역정책이 중요하다. 분권적 광역경제권을 형성함으로써 그간 이용되지 않은 자원을 활용하여 균형성장이 이루어질 수 있도록 해야 한다. 이때 지역경제권의 규모는 글로벌 차원의 경쟁력을 갖출 수 있을 정도가 되어야 하므로 현재의 16개 광역시도 체제보다는 넓은 범위로 구성되어야 한다. 국가는 더이상 경쟁력의 단위로 기능하기 어렵다. 따라서 광역경제권이 글로벌 분업을 수행하는 주체로서 지역산업의 기획·투자·무역 진흥의 기능을 수행하게 해야 한다.[27]

5. 나가며

필자는 세계체제·분단체제·국내체제를 혁신하는 프로젝트로서 '한반도경제'를 제안해보았다. 지금까지 논의한 것처럼 경제모델을 구성하는 요소로는 환경, 과제, 전략·제도·조직 등이 있다. '한반도경제' 모델에서는 세계체제·분단체제·국내체제라는 삼중의 환경변화 조건을 고려하여 평화질서·남북연계·혁신국가라는 삼중의 과제를 설정했다. 이들 과제를 수행하기 위한 전략·제도·조직의 원리는 '네트워크'다. 따라서 '한반도경제'는 '네트워크 경제'의 모델이라고도 말할 수 있다.

‘한반도경제 네트워크’는 다시 삼중의 과제에 대응하여 국가·초국가 네트워크, 지중해경제 네트워크, 혁신적 네트워크 경제조직으로 생각해볼 수 있다. 국가·초국가 네트워크는 국가 내부와 각 국가 간에 존재하는 제도와 정책 결정과정에서 공유된 연결망이다. 지중해경제 네트워크는 한국·북한·중국·일본의 여러 도시들 사이에 존재하는 반복적·지속적 연결망이다. 혁신적 네트워크 경제조직은 대기업·중소기업 간, 지역간 생산력 격차에 대응하는 조직간·지역간 연결망이다.

제
3
부

변혁적 중도주의의 실천

분단체제 변혁의 전략적 설계를 위하여

이승환

1. 분단체제 극복과 변혁적 중도주의

한국 사회에서 분단은 과거의 역사가 아니라 우리 현재와 미래의 삶을 규정하고 있는 현존 시스템이다. 분단은 단순한 국토 분할이 아니라 세계적 냉전과 전쟁의 교착상태로 형성된 특수 지배질서의 형성과 대립을 의미하는 것이고, 이는 일제 식민지배의 유산과 결합되어 한반도의 남과 북 모두의 근대성을 제약하면서 근대국민국가 건설에 심각한 결손과 왜곡을 가져왔다.

이러한 상황은 통일, 즉 분단의 극복 없이 근대국민국가의 완성은 불가능하다는 인식으로 자연스럽게 연결되었다. 그 결과 많은 사람이 통일을 '완성된 국민국가' 건설이라는 민족주의적 열망으로 이해하거나 혹은 '근대성의 핵심은 자주성이며 따라서 통일문제는 민족해방혁명의 완수이고 통일운동은 곧 분단을 강요, 유지하는 외세와의 투쟁'으로 인식하기도 하였다. 분단 70년을 넘긴 오늘에 와서도 통일에 대한 이러한 민족주의적 이해들은 우리 사회에 큰 영향을 미치고 있다. 그러나 통일은 1945년으로의 복귀, 혹은 미완의 국민국가 건설이라는 과제의 실현이 아니며, 또한 남한이 미국의 제국주의적 지배하에 들어가 있기 때문에 민족해방이 요구된다는 식의 반미자주화의 과제로도 치환할 수 없다.[1] 어떤 경우에도 역사는 과거로 되돌아가는 것이 목표가 되어서는 안된다. 시대가 변하면 근대국민국가 건설이라는 근대 적응의 과제는 그를 넘어서는 근대 극복의 과제와 중첩될 수밖에 없다. 민족해방의 문제도 마찬가지다. 87년체제의 종말을 바라보고 있는 한국 사회에서 자주의 문제는 더이상 국민국가 수립의 관문인 민족해방의 달성 문제로 단순 환원하기 어려워졌다.

통일을 비용의 문제나 편익의 문제로 접근하는 것도 마찬가지다. 이는 기능적으로는 필요한 타산일 수 있으나, 통일문제에 대한 본질적 접근은 아니다. 분단체제 극복으로서의 통일문제는 "한반도 남북의 점진적·단계적 재통합과정인 동시에 남북 각기의 내부개혁을 통해 반민주적 기득권세력을 약화 또는 제압해가는 과정"[2]이기 때문에 기능적 타산의 영역이 아니라 체제의 변화를 추구하는 본질적 '변혁'의 문제이다.

문제는 분단체제 극복이 일회적 사건이나 전쟁을 통해 갑작스럽게 이루어질 수 없고, 특정한 세력이 주도해서 이루어질 일도 아니라는 점이다. 분단체제의 극복이 정권 혹은 특정세력에만 맡겨질 경우, 역사적으로 보듯이 분단은 특정세력의 정략에 이용되는 경우가 대부분이었다. 북한 정권이 주장하는 '강성대국론'이나 남한 보수 일각의 '선진화론' 역시 근본을 따져 들어가면 남북간의 적대적 경쟁을 부추기는 '분단국가주의'의 또다른 얼굴에 지나지 않는다.

분단체제를 그대로 둔 개혁이 아니라 남북 주민의 삶이 더 나아지는 분단체제의 극복이 우리의 목표이고, 이것이 일회적 사건이나 전쟁에 의해서가 아니라 평화적인 방식으로 이루어져야 하는 것이라면, 분단체제 극복은 필연적으로 광범한 대중이 참여하는 점진적 과정이 되어야 한다. 즉 분단체제에서 기득권을 고수하려는 소수 특권세력을 제외하고는 모두가 함께하는 대중적 결집, 그리고 시민참여에 의한 평화적이고 점진적인 변화과정을 만들어내는 것이 분단체제 극복의 '전략적 설계'가 되어야 하는 것이다. 백낙청은 이를 '변혁적 중도주의'라 규정하였다.[3] 변혁적 중도주의는 분단체제 극복이라는 '변혁적 과제'를 전쟁이나 혁명과 같은 극단적 방식이 아니라 광범한 시민이 참여하는 평화적이고 점진적인 과정 속에서 추진해나가려는 전략적 태도를 말한다.

2. 통일담론의 계보

반공규율사회[4]가 일정한 동요를 보이기 전까지 남한 사회에서 통일과 관련된 담론은 오랜 기간 사실상 금기의 영역이었다. 반공규율사회가 절정에 이르렀던 1970년대 초반만 해도 통일담론은 순교자적 결의가 가득한 민족주의자의 정언(定言)명령처럼 모습을 드러냈으며,[5] 반공규율사회의 해체가 본격화된 1987년 이후 이른바 NL-PD세력의 격렬한 논쟁 속에서 비로소 통일담론은 일반화의 지위를 얻게 되었다.

NL이론은 '자주·민주·통일'의 구호에서 보듯이 통일을 민주변혁과 일체화된 '민족해방혁명'의 문제로 제기하여 분단체제 하의 민주화운동을 분단극복이라는 전국적 시야로 확장시키는 데 크게 기여했다. 그러나 NL이론은 북한의 대남혁명론과 연결되어 있기 때문에 수많은 논란을 초래할 수밖에 없었고, 87년체제 이전 남한 사회에서 북한과 가까운 모든 것이 '박멸'의 길을 걸었던 것처럼 NL이론의 충실한 계승자들은 87년체제 말기에 들어서면서 다시 강력한 '배제와 탄압'의 대상이 되고 있다. NL이든 아니든 상관없이 '종북'이라는 이름 아래 무차별한 사상 탄압이 이루어지고 있는 오늘의 현실 자체가 어쩌면 87년체제의 말기 증상일 수도 있다.

실천적 차원에서 NL식 통일운동에 문제를 제기하면서 탈냉전기의 '새로운 통일운동' 논의의 필요성을 주창했던 인물이 문익환 목사이다. 그는 NL론의 종주(宗主)격인 북한을 상대로 통일은 "단꺼번에 하는" 혁명적 방식만이 아니라 '공존'의 원칙하에 '점차성'의 방식으로 추진할 수 있다는 합의를 이끌어냄으로써[6] 통일문제를 민족해방혁명의 성채에서 끌어내려 '과정으로서의 통일'에 대한 시야를 현실화했다.

문익환의 '4·2남북공동성명'의 성과는 김대중정부 등장 이후 역사적인 '6·15남북공동선언' 제2항으로 계승되는데, 이 제2항은 남의 연합제와 북의 연방제 통일방안 모두에 공존의 원칙과 점차성의 방도가 공통적으로 포함되어 있다는 점을 인정한 것이었다. 이것은 문익환으로 대표되는 남한 민주화운동세력의 통일담론이 오랜 금기의 터널을 지나 사실상 남한 정부의 공식담론으로 전화한 것은 물론이고, 나아가 남북이 공유하는 '6·15담론'의 핵심내용을 구성하게 되었다는 것을 의미한다.[7)]

'사실상의(de facto) 통일 추구'를 핵심내용으로 하는 김대중정부의 통일정책은 노무현정부 들어 6·15공동선언의 후속편인 '10·4남북정상선언'을 통해 한반도 평화체제에 대한 구상과 함께 남북경제협력공동위원회 구성 등 남북연합을 예비하는 수준으로 나아갔다. 그러나 양 정부는 분단체제 극복에서 시민참여를 확대하기 위한 장기적 비전과 인식의 미흡, 특히 김대중정부에서 남북연합의 의식적 추진에 대한 소극성, 노무현정부의 경우에는 국내 개혁과 남북관계 발전의 상호연관성에 대한 안이한 이해 등으로 인해 보수진영의 '퍼주기' 등 포용정책 실패 공세를 넘어서지 못하고 말았다.

한편 포용정책의 주류담론화에 대응하여, 보수진영도 점차 기존의 반공담론을 넘어서는 새로운 대북정책과 담론을 형성해나가기 시작했다. 포용정책과 관련한 보수진영의 대응은 초기부터 강온 양쪽으로 나뉘어 전개되었다. 온건론은 노태우정부에서 시작된 포용정책의 기조를 인정하되 화해·협력만이 아니라 제재·압박도 병행할 수 있어야 한다는 '관여(engagement)의 균형'을 강조하는 입장이었다. 반면 뉴라이트 등이 주도한 강경론은 북한 인권문제를 고리로 북한 민주화와 정권교체 등을 강조하면서 '압박과 봉쇄'만이 북한을 변화시킬 수 있다는 입장이었다.

이명박정부는 '퍼주기가 핵폭탄으로 돌아왔다'는 포용정책 실패론에 근거하여 선(先) 비핵화를 강조함과 동시에 북한의 개방과 경제통합을 도모하는 '비핵·개방'을 대북정책의 기조로 내세웠다. 그러나 금강산관광객 피살사건과 천안함사건 및 연평도 포격사건 등이 연이으면서 이명박정부의 비핵·개방정책은 후기로 들어설수록 북한급변사태론과 '비합의통일 추구'의 강경론으로 기울었고, 사실상 남북관계 단절 및 제로 상태로 마감했다.

'공진론(共進論)'과 '북한식 패턴의 악순환 단절'을 내세운 박근혜정부의 대북정책은 논리와 현실 사이의 괴리가 더 극적이었다. 공진론은 햇볕정책과 비핵·개방정책 모두를 겨냥한 양비론이고, '도발-대화-보상-재도발'의 악순환 단절론은 미국 매파들의 오래된 대북압박 정당화 논리를 그대로 가져온 것이었다. '한반도 신뢰프로세스'를 내세운 박근혜정부의 대북정책은 현실에서는 공진의 논리보다 '북한식 패턴의 악순환 끊기'라는 대북압박론이 중심이 되었다. 그 결과 박근혜정부는 미국의 한·미·일 군사동맹 강화와 핵 전진배치 및 선제공격 등 군사적 압박정책에 적극 호응하는 한편 대내적으로는 '종북' 공세를 강화하면서 남북관계를 냉전형의 '구조적 대립상태'로 고착시켰다. 남북의 시장통합을 염두에 둔 '통일대박론'은 '2지역체제론' 같은 보수형 통일담론의 진전을 가져오기도 하였으나,[8] 북한의 핵개발 가속화와 함께 '핵 선제타격'의 경쟁관계로 남북 군사위기가 심화되면서 사실상 '공상'이 되어버렸다.

보수정권의 등장과 보수 통일담론의 공세, 거기에 북한의 핵실험 등 군사주의 강화로 인해 기존의 포용정책과 담론이 위기에 처하면서, 시민사회를 중심으로 포용정책의 진화 혹은 새로운 전환의 필요성들이 논의된 것은 자연스러운 일이었다. 참여연대 등의 '평화국가론'과 백낙청의 '포용정책 2.0론' 혹은 '한반도식 통일론'은 포용정책의 위기와 관련한 시민사회의 대표적인 담론적 대안들이다.

3. 평화국가론과 한반도식 통일론

참여연대를 중심으로 제기된 평화국가론은 포용정책이 추구하는 통일담론 자체를 문제 삼는 매우 도발적인 담론이다. 이들은 포용정책의 위기는 무엇보다 그에 내장된 통일담론의 한계가 가장 주요한 원인이라고 인식한다.

평화국가론은 기존의 통일담론으로는 남북관계가 진전될수록 남한은 비용을, 북한은 흡수를 우려할 수밖에 없는 '남북관계의 딜레마'는 물론이고, 2000년 6·15공동선언 이후에도 지속되고 있는 남북한의 안보 딜레마와 동북아 차원의 안보 딜레마를 근본적으로 해결할 수 없다는 비판적 인식을 전제하고 있다.[9] 또한 이들은 기존의 통일운동과 통일담론이 '남북관계는 근본적으로 통일의 문제이며, 이는 근본적으로 국가간 관계이고 여기에 시민사회의 역할은 보조적이다'라는 명제를 수용함으로써 사실상 국가적 경로의 들러리 역할을 수행하고 있다고 비판한다.[10] 그래서 이들의 결론은 시민이 국가적 경로에 의존하는 남과 북의 통일에 들러리 설 것이 아니라 남한 국가 자체의 변화, 즉 군사력의 적정규모화 내지는 최소화를 추구하는 '평화국가'이면서 동시에 한반도 및 동북아 시민사회와의 협력을 통해 평화와 방위와 안전을 추구하는 '시민국가'(civic state)[11]를 만드는 데 나서야 한다고 주장한다.

백낙청의 포용정책 2.0론은 햇볕정책으로 본격화된 포용정책의 내용이 냉전 해소의 차원을 넘어 분단체제의 극복으로 나아가야 하며, 그를 위해서는 남북연합의 적극적 추진과 함께 시민사회의 참여와 역할을 획기적으로 늘리는 '혁신'이 있어야 한다는 주장이다. 민주변혁과 통일론의 통합을 의미하는 포용정책 2.0의 주장은 사실 백낙청의 한반도식 통일론 전반을 관통하는 핵심내용이다.

분단과 통일에 대한 백낙청의 탐구는 이론과 방법, 사상론에 이르기까지 매우 방대한 내용을 가지고 있다. 백낙청의 이론적 탐구는 분단체제론과 이중과제론이 근간을 이루고, 방법론으로는 한반도식 통일론과 변혁적 중도주의가 있으며, 또 사상론이라고 구획하는 것이 적절한지는 모르겠지만 '통일시대 마음공부'도 오랫동안 백낙청이 탐구해온 주제의 하나이다.

백낙청은 자본주의 세계체제와 한반도가 만나는 매개항으로서 '분단체제'를 개념화하고,[12] 분단체제 변혁은 근대세계체제의 변혁을 위한 적응과 극복의 이중과제를 한반도 차원에서 실현하는 일이라 정의하였다. 그는 단일형 국민국가로의 '완전한 통일'이라는 고정관념 대신 새로운 의미의 '한반도식 통일' 개념을 제안하면서, 한반도 현실을 고려할 때 한반도에서의 1단계 통일은 "연방(federation)보다 북측에서도 공통점이 있다고 인정한 연합(confederation), 그것도 '낮은 단계의 연합'일 수밖에 없다"고 주장한다.[13] 그리고 이러한 점진적·단계적 통일과정에서 시민참여의 폭을 넓히고 시민사회의 역할을 획기적으로 높이는 것이 한반도식 통일의 핵심이라고 이해하고 있다.

또 백낙청은 분단체제 극복의 당면한 목표가 느슨한 남북연합의 실현이고, 이를 위해서는 남한 사회에서 "분단현실을 고수하려는 이들과 비현실적인 과격노선을 고집하는 이들을 제외한 나머지가 모두 힘을 합치는 광범위한 국민통합이 요구"되며,[14] 방식에서도 "전쟁이나 혁명이 아니면서도 점진적인 개혁의 누적이 참된 변혁으로 이어지는"[15] 것을 추구하기 때문에 분단체제 변혁과정에서 '변혁적 중도주의'를 견지하는 것이 중요하다고 주장한다. 그리고 분단체제 극복은 시민참여와 새로운 주체의 형성을 포함하는 과정이기 때문에, 통일시대의 마음공부, 즉 분단체제 극복을 위해 요구되는 '중도적 지혜의 함양'이 필수적이다.

분단체제론과 한반도식 통일론은 오랜 이론적 축적과 경험 속에서 다듬어져온 것이지만, 평화국가론은 '발전도상'의 이론이다. 그렇기에 평화국가론은 아직은 지배적 이데올로기 및 정통과 주류의 외부에 서 있으려는 '도발적 근본주의'에서 크게 벗어나지 못하고 있다.

4. 분단·전쟁체제로서의 남북의 안보국가

많은 논란에도 불구하고 평화국가론이 의미를 갖는 핵심지점은 평화의 문제를 국가의 문제, 특히 '안보국가의 해체'라는 근본문제로 제기했다는 점에 있다. 대다수 평화국가론자들이 '통일담론 대 평화담론'이라는 담론대립적 논의에 함몰되어 있지만, '통일 대 평화'가 아니라 '국가에 대한 성찰'을 논의의 중심에 두게 될 경우 평화국가론의 의미는 보다 분명해진다. 그리고 분단체제론이나 한반도식 통일론과 굳이 대립시킬 필요도 없어진다.

분단체제 변혁은 남북관계 수준의 변화와 함께 남과 북의 안보국가를 통제하고 나아가 해체하는 과정의 상호연동 속에서 이루어진다. 남북관계 수준의 변화는 남과 북의 안보국가를 변화시키지 않고는 불가능하며, 또한 남북관계의 수준은 남과 북의 안보국가 수준에 영향을 줄 수밖에 없다. 한반도 통일이 민주화운동과 밀접한 상호연동성을 지니고 있다는 인식은 사실 '민주와 통일은 하나다'라고 주장했던 장준하와 문익환으로부터 시작된 오랜 통찰인데, 평화국가론은 분단체제 변혁과 관련한 민주개혁운동의 수준과 목표가 남과 북의 안보국가의 규율(통제)과 해체로 나아가야 한다는 점을 분명히 한 것이다.

따라서 분단극복의 내용을 '한반도 남북의 점진적·단계적 재통합'과 '남북 각기의 내부개혁을 통한 반민주 기득권세력의 제압'으로 이해하는 분단체제론의 입장에서 볼 때도, 평화국가론은 남북 각기의 내부개혁의 목표가 안보국가의 해체로까지 시야를 돌려야 한다는 점을 확인하는 의미를 지닌다.

안보국가는 "냉전이 전쟁과 평화의 경계를 허물고 이념과 폭력의 융합을 심화시키면서, 폭력의 제도적, 물적, 이념적 기반이 관료기구와 사회 전반으로 확장된"[16] 것이라고 정의할 수 있다. 안보국가가 근대국가의 본질적 속성이라는 주장도 가능하지만, 우리가 거론하는 의미의 안보국가는 미국 냉전전략의 산물이다.[17] 남북의 안보국가는 식민지 유제와 분단·전쟁체제가 중첩되면서 형성되었다. 남한 안보국가는 일제 식민지하에서 이미 과대성장한 관료기구와 폭압기구 위에 미국식 안보국가 시스템이 이전되고 분단과 전쟁이 내재화되면서 형성되었다. 1960년대 이후에는 발전국가(developmental state)와 결합하면서 동원과 통제에 특화된 군사독재하의 반공규율사회로 고착되었다가, 87년체제 성립 이후는 군사독재가 해체된 대신 신자유주의와 결합된 특수 유형으로 진화하였다. 즉 87년체제의 성립에도 불구하고 '53년체제'인 분단·전쟁체제[18]가 해체되지 않고 여전히 강고하게 유지되고 있는 것이 현재의 남한 안보국가이다.

분단·전쟁체제하의 북한 역시 유격대국가와 선군체제로 표상되는 강고한 군사국가·안보국가이다. 다만 북한의 안보국가는 자본주의 세계체제로부터의 고립과 봉쇄 속에서 중공업·국방 중시노선이나 핵·경제 병진노선 등 북한 스스로 선택한 노선과 정책에 더 큰 영향을 받으면서 형성되었다는 차이가 있다. 또 남한 안보국가가 반공과 신자유주의를 앞세웠다면, '혁명'위업의 수행(혁명담론)과 혁명근거지의 '보위'(보위담론)라는 상반된 담론이 북한식 군사국가의 핵심담론을 구성한다.

분단·전쟁의 53년체제가 내재화된 남북의 안보국가가 작동하면서 탈냉전 이후에도 한반도에서는 냉전이 지속되는 '지체된 냉전,' 그리고 2000년 이후 '6·15시대'의 전개에도 불구하고 남북간 군사대결이 지속되는 '대립의 강고성'이 특징적으로 드러나고 있다. 또한 '한국적 안보국가'는 남북관계만이 아니라 북미간 대결구도 속에서도 작동한다. 북한의 핵과 미사일은 일본의 재무장과 미국의 지속적 개입에 명분을 제공하고 남한 안보국가를 유지하려는 우익세력의 입지를 강화해주며, 한미의 핵확장 억지와 미사일 전진배치 등은 북한의 핵무장 논리와 선군체제를 강화해주고 있다.

따라서 53년체제가 내재화된 남북의 안보국가를 연성화하거나 해체하지 않고는 분단체제의 극복은 사실상 불가능하다. 문제는 '어떻게 안보국가를 통제, 해체할 수 있는가' 하는 것이다.

안보국가의 규율 문제는 우선 국내 수준에서는 두가지 차원을 내포하고 있다. 하나는 참여민주주의 확대를 통해 안보국가의 물리력 사용에 대한 시민의 통제를 강화하는 문제이다. 이것은 안보기구의 문민화와 시민참여 확대를 통해 '위협' 해석에 대한 국가독점을 완화하고 안보기구에 대한 민간의 감시와 통제를 확대하는 것이다.

안보국가에 대한 시민 통제의 필요성을 증명하는 상징적 사건이 바로 세월호 참사이다. 세월호 참사는 국가안보를 위해 인간안보를 희생시켜온 안보국가의 맨 얼굴을 보여준 사건이다. 이 사건은 안보국가의 '비안보' 분야에서의 무능과 그에 대한 시민 저항의 필요성과 함께, 안보국가의 정보 독점과 일방주의에 대한 감시, 견제의 필요성을 웅변하고 있다. 또 지난 2012년 대선의 국정원 댓글공작과 최근의 '어버이연합게이트'는 분단·전쟁체제하에서 과대성장한 안보국가 기제를 수구세력 롤백(roll back, 뒤로 되감기)의 도구로 이용한 전형적 사례라는 점에서 안보국가의 일방성과 위험성을 견제하는 시민 감시와 행동의 중요성이 날이 갈수록 커지고 있음을 보여주는 것이다.

또 하나는 안보국가 규율의 주체로서 시민역량을 강화하는 문제이다. 시민역량 강화의 문제는 일반적으로 사회세력의 편성전략과 연결된다. 이와 관련한 평화국가론자들의 대표적 주장은 복지동맹과 평화동맹의 의식적인 통합과 확장을 추구하는 '평화·복지동맹' 건설론[19]이다.

이 문제의식은 복지국가 건설이 한반도 평화체제와 밀접히 연관되어 있다는 인식과 맞닿아 있다. 53년체제를 청산하고 한반도 평화체제로 전환하는 것은 곧 반공—독재—신자유주의로 이어져온 정전체제 수혜세력의 정치적 토대를 제거하는 의미를 지닌다. 신자유주의의 정치적 토대를 제공하는 53년체제하에서는 복지국가의 실현 역시 근본적인 제약을 가질 수밖에 없다. 53년체제하에서 복지국가의 동력이 제약되는 것은, 그와 얽히는 순간 광기 어린 증오의 대상이 되는 블랙홀 같은 북한 변수의 존재, 경제적으로는 신자유주의의 피해자이면서도 정치적으로는 보수적 안보동맹의 지지자가 다수인 사회세력 구도, 지나친 안보와 국방비 부담으로 인한 자원 배분의 왜곡 등과 연결돼 있다.

한편, 한반도 평화의 동력은 남북의 화해와 교류·협력, 북방경제의 비전 등에서 광범한 지지를 얻을 수 있지만, 이는 또한 정권의 성격과 남북관계의 양상에 따라 언제든 변할 수 있는 가변성을 가질 수밖에 없다. 즉 한반도 평화를 위한 세력편성은 사회적·경제적 이해관계를 공유하는 복지동맹과 연결되지 않을 경우 지속 가능한 동력을 확보하기 어렵다. 이런 점에서 의식적으로 평화·복지동맹을 구축해나가려는 노력은 매우 중요하다.

그러나 우리 사회에서 실현 가능한 평화·복지동맹은 별개의 형태로 드러나는 것이 아니라 보수동맹의 핵심을 고립시키는 '시민 주도의 광범한 사회세력연합'으로 나타날 가능성이 높고, 이는 분단체제의 기득권에 편승하는 주요 세력을 제외하고는 모두가 함께하는 전략적 설계에 기초하지 않으면 불가능하다. 평화·복지동맹은 대중적 결집을 추구하는 '변혁적 중도'와 분리되지 않는다.

5. 안보국가 규율의 상호협약으로서의 남북연합

이 지점에서 제기되는 문제는 남한과 달리 시민사회가 미성숙한 북한에서는 그 강력한 군사국가를 어떻게 규율할 수 있는가 하는 것이다. 이와 관련하여 남한의 '선제적 군축'을 통해 북한의 변화와 나아가 동북아질서의 변화를 추구하려는 평화국가론의 문제의식은 나름 유효하다. 북한의 핵무기 보유가 현실화된 조건에서는 군비증강을 통한 문제 해결에 한계가 있을 수밖에 없기 때문이다.[20]

그러나 군비증강 같은 도발적 방위의 한계와 '선제적 군축' 주장이 갖는 의미와는 별개로 남북관계 자체의 적대성 완화, 즉 분단체제 변화의 노력을 통해서 남한 안보국가만이 아니라 북한 군사국가의 유지 근거 자체를 약화시키는 전략이 우선적으로 고려되어야 한다. 특히 북한의 경우 군사국가를 감시, 통제할 민간주체가 미성숙한 조건에 있기 때문에 분단체제의 변경을 통해 북한의 분단·전쟁체제하 군사국가의 존립 토대를 약화시키려는 노력이 무엇보다 중요하다.

따라서 남북관계의 딜레마 때문에 통일을 주장하며 서로에게 부담을 주기보다 남북이 각기 '평화로운 별개의 국가'가 되자는 주장은 지나치게 편의적이고 일면적이다. 우선 남북의 평화적 공존은 적대적 분단상태를 그대로 두고서는 불가능하다. 남북이 각기 별개의 국가로 공존하려면 당장 현재의 한국전쟁 정전상태부터 처리해야 한다. 전쟁 중인 상태를 그대로 두고는 두 국가의 '평화적 공존'이 실현될 수 없다. 더구나 분단체제 자체가 남과 북의 평화국가화를 결정적으로 가로막고 있기 때문에, 안보국가의 평화국가로의 전환은 안보국가의 과대성장과 강고한 지속의 토대가 되는 분단체제 문제를 회피하고는 이루어지기 어렵다. '안보국가 통제 없는 통일'이 현실적으로 불가능하듯이, '분단체제 극복의 진전 없는 평화'도 불가능하다.

남북이 단순히 공존하기 위해서조차도 상호 적대적인 분단체제의 변화가 필수적이지만, 남북 내부의 강고한 분단·전쟁체제인 안보국가를 변화시키기 위해서는 남북의 단순 공존을 넘어 서로를 일정하게 규율하고 통제할 수 있는 수준으로 남북관계의 질을 변화시키는 것이 요구된다. 그것이 바로 형식적으로는 독립적인 두 주권국가의 느슨한 연합이며 한반도적 맥락에서는 1단계 통일의 의미를 지니는 '남북연합'이다.[21]

두 주권국가의 느슨한 연합이 성립하기 위해서는 무엇보다도 남과 북이 서로를 인정하고 공존, 공영하겠다는 것을 구체적인 행동과 제도 등을 통해 현실화하는 노력이 전제되어야 한다. 이러한 노력은 남북이 각기 자기 중심의 국가주의를 규율해야 가능한 일이며, 남북이 각각 자신의 국가주의를 규율한다는 것은 곧 분단체제하에서 상대를 적대하는 쪽으로만 과대성장한 안보국가를 규율한다는 것을 의미한다. 그래서 이 규율에는 체제통일이나 비합의통일을 추구하지 않는다는 것만이 아니라, 남과 북의 존재 자체가 서로에게 위협이 되는 상황을 극복하려는 노력이 포함되어야 하는 것이다. 북한의 핵무기와 한미 양국의 핵확장 억지력(대북 핵 선제공격을 포함하는 거대규모의 핵위협)은 물론 남한의 경제적 흡수 위협이나 북한의 혁명주의적 대남공세는 상대에 대한 존재적 위협의 근원들이다.

남북연합은 매우 느슨한 연합체로 상정되어 있지만, 상시적인 무력충돌 위협과 이데올로기 대립이 중첩된 조건을 딛고 각각의 국가주의를 규율하면서 한반도의 지난한 통합과정을 점진적으로 추진해나가는 '남북의 공동관리 장치'이다. 남북연합은 단순한 공존을 넘어 안보국가의 통제에 있어 낮은 수준에서나마 상호 약속의 의미를 지니는 것이고, 그 지점에서 한반도적 맥락의 1단계 통일이 시작된다고 말할 수 있다. 즉 남북 사이에 낮은 단계의 국가연합을 추구하는 것은 냉전 해소와 평화공존의 의미를 넘어 안보국가의 통제와 관련된 남북간 상호협약이 성립하는 의미를 갖는다.

또 제3당사자인 남한 시민사회와 달리 북한의 시민사회가 제4당사자로서 적극적 의미에서 북한 안보국가의 통제에 나서지 못하는 상황에서는 남북 사이의 협약체제가 북한 안보국가의 통제에 가장 주요하고 핵심적인 기제가 될 수밖에 없다.[22] 따라서 남북연합은 안보국가의 상호규율, 특히 남한의 입장에서 북한의 안보국가 규율과 관련한 가장 유효한 약속체제이자, 동시에 평화적 공존이 냉전 해소와 상호인정의 수준을 넘어 '분단체제 극복을 위한 상호규율'의 단계로 발전하는 의미를 지니는 것이라 할 수 있다. 결국 남북연합의 실현 문제는 단순한 통일방안이 아니라 분단체제 변혁의 핵심적인 전략 설계와 연결된다.

6. 한반도 평화체제와 남북연합

남북연합이 분단체제 변혁의 전략적 설계에서 핵심이 된다는 것은 한반도 평화체제 수립이나 비핵화 문제에서도 마찬가지다. 한반도 평화체제의 수립은 북핵문제와 동전의 양면을 이루며, 또한 동아시아질서 변동의 핵심이자 미국·중국 등의 세계전략과 연결되어 있는 매우 복잡한 문제이다.

북한을 비롯하여 많은 사람들이 한반도 정전협정을 대신하는 평화협정의 체결을 한반도 평화체제 구축의 핵심문제로 제기하고 있지만, 사실 한반도 평화체제는 본질적으로 남북 및 북미 사이의 적대성을 해소하고 상호위협 감소(MTR)를 실현하는 실질적 평화 증진의 문제이다. 평화협정은 그러한 과정의 일부일 뿐이고, 또 실질적 평화 증진의 여러 과정을 거치면서 다양한 수준에서 평화협약이 만들어질 수 있다.[23)]

한반도 평화 문제와 관련하여 가장 단적인 실패사례는 이명박정부의 비핵·개방정책으로 대표되는 이른바 '선 비핵화론'이다. 남북관계 개선과 한반도 평화를 위한 해법으로서의 선 비핵화론은 선 비핵화만을 강조하다가 남북관계 발전에도 실패하고 북한의 핵능력 강화도 막지 못했다. 이명박정부에 이어 박근혜정부 역시 남과 북의 공진이라는 초기 언술과 달리 후반기로 들어설수록 선 비핵화로 기울었다. 안보국가의 통제 대신 안보담론에 투철했던 박근혜정부하에서 결과적으로는 북한의 핵능력 폭주가 가장 빠르게 진행되었고 또 남한 사회 내부적으로는 안보국가의 폭력성에 대한 통제가 가장 이완되었다.

경우는 다르지만 한반도 비핵화와 평화체제의 동시협상과 교환을 제안하는 '안보—안보 교환론'도,[24] 평화체제 문제가 결국은 안보국가의 규율에 관한 문제라는 인식을 보다 분명히 해야 의미있는 대안이 될 수 있다고 생각된다. 53년체제하에서 안보국가의 폭력성과 수구성을 그대로 둔 채 평화체제를 형성한다는 것은 기대조차 하기 어려울 뿐만 아니라, 아무리 느슨하다 하더라도 남북의 국가연합 같은 안보국가 규율의 장치, 즉 평화공존을 규율해나갈 장치의 마련 없이는 북한이 비핵화에 나서기 어려울 것이고 따라서 당연히 평화체제도 불가능하기 때문이다.

남북연합은 평화협정이 체결되어야 본격적으로 가능하다는 주장도 선 비핵화론과 마찬가지로 '선 평화론'으로 경도될 위험이 있다. 평화체제가 완결되어야 남북연합이 가능하다는 입장은 남북연합을 통일방안 차원에서 접근하는 것이지 분단체제 변혁의 전략적 설계라는 차원에서 이해하는 입장이 아니다. 평화체제는 제쳐두고 남북연합만 추진하는 것도 안되지만, 남북연합을 준비하지 않고 평화체제에만 몰두한다고 해서 평화가 달성되지는 않는다. 그러므로 정전체제가 평화체제로 전환되면 다른 요소들은 불충분해도 낮은 단계의 연합부터 실현해갈 수 있다는 주장은 남북연합의 추진과정이 북핵문제 해결과 한반도 평화체제 수립의 중요한 계기가 된다는 인식과 쌍을 이뤄야 한다. 이는 남북연합이 평화체제와 '상대적' 독립성을 지니며 추진되어야 하며, 또 평화체제는 남북의 안보국가를 규율하는 장치 없이 그 자체만으로는 실현되지 않는다는 의미이다.

물론 그렇다고 남북연합이 평화체제의 선결조건이 되는 것은 아니다. 중요한 것은 평화체제든 비핵화든 분단체제 변혁과 관련된 모든 문제는 남북연합이라는 전략적 설계와 연계해서 추진하지 않으면 안된다는 점이다. 그리고 남북연합의 추진은 평화체제가 선행되어야 추진 가능한 문제가 아니라, 이를 추진하기 위한 의식적 노력, 즉 "남북연합을 실현하려는 남북 민중의 합의와 이를 집합적 의지로 구체화하는 노력이 오히려 더 중요"[25]하다는 것이다.

7. 시민참여와 남북연합

분단체제 변혁의 전략적 설계로서 남북연합은 분단체제 해체의 과정을 '냉전 해소와 상호인정'에서 낮은 수준이나마 '분단체제의 변화를 위한 상호통제' 수준으로 발전시키는 전략이라 할 수 있다. 이러한 남북연합이 일시적인 것이 아니라 지속성과 불가역성을 지니려면 당연히 당국관계만이 아니라 시민참여의 과정 속에서 추진되는 것이 마땅하다.

남한의 시민사회가 다원화되면서 전반적인 통일의식이 약화되는 한편 통합방식에서도 차이와 다양성의 수용 요구가 확대되고 있다. 또 시민사회의 발전은 정부 일변도의 관계와 질적으로 다른 다층적 관계로 남북관계를 변화시키고 있는 것이 한반도의 현실이다. 그래서 남북연합의 추진은 시민참여의 통일과정과 연결되어야만 분단체제 변혁의 전략적 설계로서 온전한 의미를 지니게 된다. 이는 한반도 통일과정의 특성과도 연결된다. 한반도의 통일과정은 일거에 이루어질 수 없으며 '공존과 점진성'을 기본 특징으로 하기 때문에, 당국간 협상과 별개로 민간에서 진행되는 다방면의 교류·협력이 통일과정의 질을 좌우하게 되어 있다. 그런 점에서 한반도식 통일은 본질상 '시민참여형'이 될 수밖에 없다.

다른 측면에서 보면 시민참여가 남북연합의 과정을 규정한다는 주장도 전적으로 타당하다. 시민사회의 발전과 시민참여의 확대가 한반도의 점진적 통일과정과 함께 진행되어야 하므로 한반도의 통일은 남과 북, 그리고 시민사회가 함께 참여하는 다중적인 '복합 정치공동체'의 형성 없이는 사실상 불가능하다. 따라서 남북연합은 형태적으로는 국가연합 방식의 '느슨한 통일'이지만 그 실제 내용은 시민참여의 확대에 따라 남과 북의 당국과 시민사회가 다층적으로 결합되는 복합적 통일공동체 형성과정과 연결된다. 이런 복합적 과정과 복합적 공동체의 형성은 사건이 아니라 '과정'이며, 시민참여의 확대와 함께 더 높은 수준으로 발전해가는 '통일의 한 형식'이라 할 수 있다.[26)]

"국가연합기구로의 극히 제한된 권력이양도 자발적으로 이루어지기 힘든 것이 권력의 속성이라고 한다면, 이를 위한 추동력이 민간으로부터 나오지 않고서는 수습책이 마련되기 힘들 것"[27)]이라는 예상은 매우 현실적이다. 여기서 '제3당사자'로서 남한 시민사회의 필수적인 역할이 떠오르는 것이며, 남북의 통합과정을 2개 당사자, 즉 정부 당국에만 맡겨두지 않는 것이 원칙이 되어야 하는 것이다.

또 "일반적으로 국가연합은 구성국민들의 실질적인 지지 없이는 장기간 발전할 수 없다. 모든 국가연합에서의 기능적 협력은 국민들의 적극적 참여를 필요로 한다."[28] 시민들에 대한 국가연합 결정의 구속력은 국가연합의 결정에 대한 시민들의 동의와 지지만이 아니라 그 결정이 시민참여의 과정 속에서 이루어져야 더욱 강화될 수 있다. 그래서 '남북연합'과 '시민참여'는 분단체제 극복 전략의 설계에서 동전의 양면이다.

유럽연합의 경험에 따라 남북경제연합을 중심으로 남북연합을 추진하려는 소위 '평화경제론'도 시민참여의 문제의식과 결합되어야 하는 것은 마찬가지다. '남북경제공동위원회 가동과 남북간 포괄적 경제협약 체결'을 통해 남북경제연합이 진전되면 거기에 '정치적·군사적 합의가 더해져서 정치적 측면에서 남북국가연합의 단계로 이행할 수 있다'는 주장은 시민참여가 뒷받침되지 않으면, 분단체제 극복 전략이라기보다는 당국과 자본 중심의 통일방안에 그칠 수 있다는 비판을 받게 될 수도 있다.[29]

따라서 "한반도 평화구축은 당국간 협상을 통해 평화협정을 맺는 일뿐만 아니라, 남과 북의 일반인들이 서로 만나며 새로운 관계를 만들어나갈 수 있는 과정/구조를 구축하는 일이 되어야 한다"는 주장은 평화협정 문제만이 아니라 통일 논의와 관련된 모든 주장에 통용되는 원칙이라 할 수 있다. 당국간 협상과 함께 '일반인들이 서로 만나며 새로운 관계를 만들어나갈 수 있는 과정/구조를 구축하는 일'이 "여러 분야에서 동시다발적으로, 특히 전략적이며 포괄적으로 이루어져야" 한다.[30]

한편 남북연합 추진과정은 기본적으로 시민참여형이어야 하지만, 당국간 협의의 제도화나 남북연합기구 창출 등에서 당국이 제대로 역할을 수행하는 것도 매우 중요하다. 현단계의 통일과 민주개혁운동의 주체적 조건이 시민이 주도하거나 시민국가를 수립할 상황이 아니며 시민참여의 온전한 실현조차 쉽지 않은 상황이라는 점도 고려해야 한다. 그렇기 때문에 "국가가 분단체제 관리뿐 아니라 그것의 극복의지를 실질적인 정책의 한 축으로 삼을 수 있는"[31] 국정 운영체제를 수립하는 것이 핵심문제의 하나가 되는 것도 사실이다. 물론 '좋은 정부'가 들어선다고 모든 것이 해결되는 것은 아니지만, 시민참여의 통일과정을 수용하고 이를 촉진하는 정부를 만들어내는 것은 시민들의 책무이자 시민참여가 이루어야 할 핵심적인 목표의 하나이기도 하다. 시민참여의 시대정신을 수용하는 정부의 수립은 진보나 보수의 문제가 아니다. 변혁적 중도의 기준에서 벗어난 수구정권이나 파시스트정권이 다시는 보수의 허울을 쓰고 집권하는 일이 없도록 만드는 시민의 책임이 그만큼 중요하다.

8. 시민참여와 변혁적 중도의 길

문제는 시민참여와 남북연합을 어떻게 일체화된 과정으로 추진하며, 어떻게 시민참여의 확대와 함께 그 역할을 증대해갈 것인가 하는 것이다. 더구나 시장주체의 하나인 기업을 비롯하여 각계의 다양한 시민참여로 형성되는 남북관계의 공간들은 다양한 요인의 영향을 받는 불안정성을 지니며, 시간적으로는 영속성이나 잠정성과 다른 '구성적' 변화 양상을 띠고 있다.[32)]

우선 확인할 것은 시민참여 문제가 "당위나 정치적 제스처로 제기되는 것"이 아니며, 정부 정책에 대한 추상적인 국민 일반의 심정적 지지나 동의의 문제도 아니라는 점이다. 시민참여 문제는 "남북관계에 다양한 사회주체의 자발적 영역과 활동공간을 수용하는 것"[33)]이 본질이다. 그런데 '구성적' 양상을 띠는 시민참여의 공간은 제도화가 가질 수 없는 자발성의 힘을 갖고 있지만, 불안정성과 구성성을 극복해낼 지속성의 확보가 필수적이며, 동시에 일정한 제도화의 뒷받침도 필요하다.

그래서 시민참여의 확장은 무엇보다 분단체제에 대한 시민운동 자체의 공부와 적공(積功)을 통해 시민참여형 통일과정을 의식적이고 지속적으로 실천하는 속에서 이루어내는 것이 우선이다. 대북지원운동이나 남북 사이의 사회·문화교류는 시민참여를 발전시키는 데 매우 중요한 의미를 지니지만, 이러한 운동들은 분단체제에 대한 공부 및 분단체제 극복의 설계와 연결되어야 의미가 분명해진다. 예컨대, 분단·전쟁체제하 안보국가의 폭력성과 반시민성에 대항하는 세월호운동은 본질적으로 분단체제의 파열구로 이어지기 때문에 분단극복운동은 이러한 세월호운동과 깊이 연대하고 결합해야 한다.

또 남북관계에서 다양한 사회주체의 자발적 영역과 활동공간의 확장을 위해서는 제도적 플랫폼을 형성하는 전략도 필요하다. 구성적 특성을 지닌 시민참여의 시공간이 갖는 불안정성을 제도화의 힘으로 어느정도 보완할 수 있기 때문이다. 이와 관련된 오래된 구상의 하나는 북한이 연방제를 합의, 추진하는 틀로 제기해온 '정당사회단체연석회의'이다. 1948년 해방공간에서 등장한 이래 북한의 전형적인 통일전선 전술로 이해되어온 이 낡은 구상을 '다양한 사회주체의 자발적 영역과 활동공간 확장'의 플랫폼으로 지금 다시 제기하는 것은 다음의 두가지 이유 때문이다.

첫째는, 시민참여의 시공간이 갖는 불안정성을 극복하고 시민참여를 제도화의 힘으로 더욱 발전시켜나가기 위해서이다. 시민사회와 의회의 공동 이니셔티브를 의미하는 정당사회단체연석회의는 국가와 맞서 국가를 규율하기 위한 시민사회의 유력한 플랫폼 전략이 될 수 있다. 둘째는, 시민참여의 과정을 북한과 연결하기 위해서이다. 남북관계에서 시민참여의 시공간이 불안정성을 드러내는 주요 이유의 하나는 북한이 시민사회의 발전을 부정하고 시민참여의 확대를 경계하고 있기 때문이다. 북한이 제시하는 정당사회단체연석회의 플랫폼을 통해 남한만이 아니라 북한도 '시민참여 남북연합'의 과정에 나서도록 하는 데 매우 유리한 조건을 만들어나갈 수 있다.[34)]

분단체제 변혁의 길에서는 무엇이 통일운동이고 무엇이 시민운동이라는 식의 구분을 넘어, 또 제도화와 자발성의 경계를 넘나들면서, 각각의 시민주체와 운동이 분단체제 극복의 공부와 실천을 쌓아가는 것이 중요하다. 그것이 "분단체제 변혁이라는 목표를 확실히 간직하면서 그 실현을 위해 다양한 세력들의 다양한 문제의식을 수렴하는 중도적 노선"에 부합하는 길이다.[35]

신자유주의적 권위주의 국가와 생활정치

김현미

1. 촛불에서 세월호까지

2008년 여름의 촛불시위는 한국 사회의 새로운 정치형태, 즉 '생활정치'로의 전환을 촉발한 계기였다. 홍성태는 촛불시위를 온갖 문명의 위험에 포위된 '위험사회' 상황에서 건강과 생명을 지키고자 하는 시민들의 열망이 분출된 현상으로 분석했다.[1] 다시 말해 생태적 차원에서 민주주의의 심화를 촉구한 사건이라는 것이다. 정태석은 생활정치의 확산이 소비사회의 도래와 관련이 있다고 본다.[2] 소비, 문화, 여가생활이 점차 일상적 삶과 정체성이 형성되는 중심 공간으로 자리하게 되었지만, 이러한 물질적 풍요에도 불구하고 생태·환경문제와 먹을거리의 불안이 심화되자 사람들은 삶의 질에 관심을 갖고 연대하게 된 것이다. 미국산 쇠고기 수입 논란은 예측할 수 없는 위험과 불안이 이미 우리 삶에 깊숙이 침투해 있다는 것을 알게 했고, 이를 적극적으로 방어하고 이에 대항하려는 사람들을 결집시켰다. 여기서 생활정치는 인간의 근원적 가치인 건강과 생명을 지키기 위한 정치를 의미한다.

한편, 이기호에 따르면 생활정치는 지금까지 가족이나 개인이 책임지고 관리하도록 요구되어온 사적 영역 내부의 미세한 지점들을 공동의 관심사로 복원시키는 것이다. 즉 생활정치는 사적 공간에 갇혀 있는 개인들이 광장으로 나와 공동체성을 회복한다는 의미에서, 사적 공간과 공적 공간 사이에 대화와 협력의 채널을 마련하는 것이다. 또한 생활정치는 "타인의 삶에 대한 존중과 자기 삶의 관계성을 회복하는 운동"[3]이므로 기존의 민중·민주운동 같은 조직운동과 구별된다. 따라서 생활정치의 주요 행위자는 '시민'이며, 이때 시민은 얼마간 삶의 안정성을 획득한 사람들을 지칭한다. 또한 시민 개개인의 '헌신'과 '자발성'을 지향하는 과정적 운동이기 때문에 기존의 운동조직에 의해 주도되지 않는다.

촛불시위를 분석한 많은 학자와 운동가들은 100만명 이상의 시민이 참여한 '광장의 생활정치'를 한국 시민사회의 성장을 증명하는 사건으로 해석했다. 하지만 그후 두번의 보수정권을 경험한 지금, 우리는 무엇을 목격하고 있는가? 생활정치를 가능하게 했던 안전과 삶의 질에 대한 욕구, 이를 정치적 어젠다로 부상시킨 시민들의 자발적 연대는 어떻게 계승되고 있는가?

2014년 4월 16일 세월호 참사가 일어났다. 미디어를 통해 침몰하는 배, 죽어가는 아이들을 목격한 세월호 참사만큼 강렬한 감정체계로 우리를 이끈 사건은 드물다. 세월호는 이벤트적 시간성을 초월한 역사적 고통으로 각인되었다. 세월호 참사 직후 박근혜 대통령은 사회를 완전히 개조하겠다고 했다. 그러나 이후 정치권에서 보여준 냉소와 적의의 폭력 때문에 유가족과 시민들은 제대로 된 공감의 의례를 치를 수 없었다. 진상 규명과 안전한 사회 만들기를 위한 호소가 '떼쓰기' '보상비 부풀리기' '정치적 이용'이란 말로 그 의미가 전환되었다. 이런 말의 발화자들은 세월호 참사를, 유가족과 시민의 요청을 그렇게 기억하고자 했다. '일베'는 광란의 피자 파티를 통해 재앙만큼 높은 수위의 상징적 폭력을 휘둘렀다. 도덕적 권태가 재앙과 고통을 오락거리로 만드는 형국이 되었다. 공감능력과 삶의 질에 대한 수준 높은 요구를 상징했던 촛불시위는 세월호 참사를 거치면서 새로운 질문거리를 던져주고 있다. 2016년 한국 사회에서 '정치'는 어떻게 수행되고 있는가? 신자유주의 경제논리와 권위주의 정치논리가 결합된 통치성의 성격은 무엇인가?

1997년 외환위기 이후 강화되어온 신자유주의 질서는 이명박·박근혜정부 이후 더욱 강력히 집행되고 있다. 신자유주의 시장경제 논리와 '강력한' 집권자에 의존하는 권위주의 정치논리가 결합된 현재의 통치체제는 엇갈린 시간대가 어정쩡한 상태로 겹쳐진 것 같다. 모든 의미있는 이견들을 '빨갱이' 또는 '좌파' 레토릭으로 고정시키면서 근원을 알 수 없는 구시대적 편 가르기를 강화한다. 시민사회의 '문화적 피로감'은 날로 누적되고 있다. 또한 정치적 의사표현이나 시위에 대한 소송이 급증하면서 '표현의 공포'가 일어나고 있다. 이러한 통치체제는 한국 사회가 오랫동안 투쟁하여 이룩해낸 탈냉전, 민주주의, 인권, 시민사회의 공동체적 어젠다를 위협하면서 우리의 일상을 압박하는 중이다. 이러한 물리적·경제적·문화적·상징적 폭력들 앞에서 생활정치의 상상력을 갖기란 힘들다. 최근에 통과된 '테러방지법'을 비롯해 국가가 휘두르는 공포감 조성전술이 활발하게 구사될수록 정치적으로 혼란스럽거나 위축된 개인들이 양산될 수밖에 없다. 생활정치는 공공의 이익을 함께 만들어낸다는 신념을 가진 민주적이고 소통지향적인 개인의 자발성에 기반을 두고 있기 때문에, 이런 시대상황은 생활정치의 발현에 매우 위협적인 환경이다. 또한 '생존권을 넘어서' 삶의 질을 개선하기 위한 운동이라는 생활정치의 신(新)중산층적 계급성도 점차 '허위적인 신화'가 되어간다. 삶 자체가 '투기'의 대상이 되는 현실 속에서 점차 더 많은 사람들이 하루아침에 계층적 몰락을 경험하고 있다. 고용 불안정과 예측불가능한 재해에 무방비로 노출되면서 일상생활이 곧 삶의 지속과 멈춤이라는 '죽고 사는' 문제로 환원되는 것이다.

이 글은 신자유주의적 정치·경제논리와 권위주의적 가부장제의 문화논리가 결합된 통치질서하에서 생활정치의 한계와 가능성은 무엇인가에 대한 고민에서 출발한다. 이러한 상황에서 생활정치는 중산층 중심의 시민운동이라는 편협한 정의에서 벗어나 '인간의 삶 능력'을 증진하는 운동이라는 광의의 개념으로 이해되어야 한다. 그런 이해를 바탕으로 생활정치의 가능성과 그 구현을 위협하는 조건들, 그리고 이에 대항하는 문화적 상상력은 무엇인지 탐색하고자 한다.

2. 정치적 자유와 지불능력

한국은 '소송공화국'이 되어가고 있다. 국가가 시민이나 단체를 대상으로 소송을 남발하고 있다. 물론 새로운 현상은 아니다. 2003년 노무현정부 시절 '대통령선거 당선 무효소송' '대통령 탄핵소추' '행정수도 이전 위헌소송' 등 당시 한나라당(현 새누리당)측에 의해 많은 소송들이 제기되었다. 이명박정부 출범 이후 지불능력이 큰 대통령은 촛불시위 당시 〈오마이뉴스〉 기사에 대해 정정보도와 손해배상을 청구했고, 연이은 반촛불소송 또한 그 규모가 대단했다. 박근혜정부 출범 이후에도 비판세력을 누르는 방법으로 소송이 남발되고 있다. 언론인들이 쓴 글이나 시민의 발언에 대한 정부측 소송이 봇물처럼 쏟아지는 실정이다. 소위 '불법' 시위자들에게 '배상의무'를 부과할 수 있는 간접강제제도가 급증했다. 인터넷에 글을 올린 개인 블로거들도 명예훼손 및 모욕죄와 관련한 소송에서 자유롭지 못하다. 허위정보 유포라는 큰 낚시그물이 드리워지면서 비판과 논쟁을 하는 자들은 손쉽게 포획된다. 해군기지 건설 반대시위를 해온 제주 강정마을 사람들, 해고반대 농성을 벌이는 수십개 기업의 노동자들 또한 벌금과 손해배상 청구로 빚더미에 올랐다. 소송대상이 된 시민들은 정치적 의사표현을 수행한 '시위자'가 아니라 자신의 행동에 걸맞은 지불능력을 갖지 못한 부채자이거나 파산자일 뿐이다. 소송은 동질적인 정치적 의사표현을 한 집단에서 개인을 분리하여 책임의 주체로 환원하는 과정이다. 연대와 소속감으로 집단화된 운동에서 분리된 개인은 외롭고 지난한 싸움에 홀로 남겨지게 된다. 이제 정치적 표현방식에 대한 논쟁은 사라지고 유능한 변호사를 선임하여 배상과 벌금의 액수를 낮추는 것이 피고인이 할 수 있는 최대한의 협상이 된다.

이처럼 개별화된 소송을 통한 지배방식은 개인에게 심리적 위축감을 갖게 하는 것은 물론, 지불능력이 없는 개인을 '정치 영역' 밖으로 몰아내는 효율적인 수단이다. 정치적인 영역이 경제적 영역으로 환원되면서 신념에 따른 행위나 논쟁, 담론의 생산은 잠재적인 '소송거리'로 존재할 뿐이다. 힘 겨루기를 조장하고 이것을 '정의'나 '법치'의 이름으로 옹호하는 소송은 소통과 협상을 통해 더디더라도 '공동체적 해결'을 모색해온 인간의 능력을 우습게 만든다. 소송의 증가로 정치적 표현은 위축되고, 이는 누가 정치적 주체가 될 수 있는가에 대한 새로운 규율을 만들어내고 있다. 개인의 정치적 의사표현을 지키기 위해서는 지불능력이 있어야 한다. 지불능력이 없는 개인은 이제 '말할 수 없는' 것이다.

이런 변화들은 재력에 따라 정치적 권한이 부여되는 금권정치적 지배가 한국에서 현실화되고 있음을 잘 보여준다. 예전에도 금권정치라는 말은 심심찮게 사용되었다. 정경유착이나 재벌비리, 부패정치를 비판할 때 쓰던 용어였다. 최근 등장하고 있는 금권정치는 정치적 의사표현과 깊이 연관되어 있다는 점에서 이전과는 다르다. 비판세력을 제압하는 새로운 통치방식으로 등장한 이 금권정치는 모든 정치적 이견과 대립을 소송으로 해결한다. 정치적 자유와 지불능력 유무가 깊이 연관되어 있다는 것, 이것이 이명박정부 집권 이후 강화된 '법치'라는 이름의 통치성의 핵심이다.

재력에 따라 국민을 위계적으로 범주화하고 그에 맞게 정치적 자유의 허용범위를 결정하는 것이 한국만의 고유한 현상은 아니다. 1970년대 후반부터 지금까지 세계 자본주의의 중심 이데올로기로 자리 잡은 신자유주의는 경제적 부와 정치적 자유를 효과적으로 연결지어왔다. 프리드먼(M. Friedman)이 주장하는 '경쟁적 자본주의'에서 개인의 경제적 자유는 정치적 자유를 획득하기 위한 필수불가결한 조건이다. 정치적 자유를 획득하기 위해 경제적 자유를 얻어야 한다는 신자유주의 논리가, 지불능력이 없는 자는 '정치적' 자유를 가질 수 없다는 역설을 만들어내고 있는 것이다. 2016년 미국 대선 후보로 떠오른 부동산 재벌 트럼프(D. Trump)는 경제적 자산을 밑천 삼아, 적대와 혐오의 '막말'을 할 정치적 자유를 행사하고 있다. 부의 축적이 곧 인생의 성공이라 생각하는 사람들이 증가함에 따라 경제적 부는 공동체의 질서를 단번에 뛰어넘는 정치적 자유를 준다고 믿게 되었다.

우리는 촛불시위와 세월호 참사를 겪은 후 '소통'이라는 것이 불가능한 현실을 깨닫고 있다. 소통은 대통령에게, 정치인에게, 관료나

기업의 CEO에게 요청할 수 있는 정치적·윤리적 행위가 더이상 아니다. 금권적 권위주의체제에서 소통이나 표현은 '지불능력이 있는 자에게만 주어지는 자리'일 뿐이다. 지불능력이 없는 자는 정치적 지위를 가질 수 없고 소통을 요구할 권리도 갖지 못한다. 최근 자산가에 대한 동일시의 욕망과 법적 전문가주의가 제도권 정치와 미디어를 장악하면서 정치는 참여와 연대가 아닌 돈과 엘리트주의가 결합된 영역이 되고 있다. 무엇이든 돈으로 해결하는 것이 가능한 사회에서 소통, 공감, 연대라는 키워드로 수행되는 생활정치는 어떻게 가능할까?

3. '국가 없음'과 국가폭력

2009년 용산 참사에서 숨진 철거민들은 6개월이 넘도록 장례를 치르지 못했다. 세월호는 지난한 공방 끝에 2년이 넘어서야 인양이 시작되었다. 이 두 사건에는 '책임'을 질 사람이 존재하지 않는다. 우리는 애도되지 못하는 죽음들을 연이어 목격하고 있다. 이미 사라졌다고 여겼던 군부독재하 발전국가의 강압적 폭력과 죽음의 현장이 되살아나고, 이로 인한 공포가 엄습하고 있다.

엄기호가 "포위, 점거, 파괴라는 신속한 군사작전을 통해 행정이 국방화된 것"[4) 같다고 묘사한 용산 참사가 벌어지던 그 시간에, 이명박정부는 적극적 외교를 강조하며 건설·에너지·무역 등의 분야에 대해 유럽과 우즈베키스탄, 카자흐스탄 등과 경제협정을 맺었다. 2014년의 세월호 참사 직후 박근혜 대통령은 아랍에미리트의 원자로 설치식에 참가했고, 1주기 때에는 중남미를 순방했다. 모두 '국익'을 위해 선택한 결정이었다. 2009년과 2014년 한국이라는 공간에서 발생한 위기관리에서의 무능력과 적극적인 국익 챙기기 외교라는 두 양상은 국가의 성격이 변화하고 있음을 여지없이 드러낸다. 국가는 재앙상황에 빠진 국민의 '삶 권리'를 경제 활성화라는 추상적 가치를 앞세워 박탈하거나 특정 국민의 요구에 귀 기울이지 않는, 혹은 아예 말을 듣지 않는 상황으로 이동하고 있다. 이는 신자유주의하에서 급변하는 국가의 성격을 잘 보여주는 것이다.

미국의 진보적 사회학자 쎄넷(R. Sennett)은 미국 신경제체제 아래 국가의 성격을 '컨설팅 국가'(consulting state)로 명명한다. 국가도 기업의 컨설턴트처럼 "사람들의 구체적 경험에는 관심이 없고 개혁이나 변화란 이름으로 통제는 강화하면서 책임은 지지 않는 자"로 변해가고 있다. 더이상 국가는 사람들의 삶의 위기를 공공적으로 해결하고자 하는 복지정책이나 긴급구조에는 관심이 없고, "여기저기 집적거릴 뿐 한가지에 몰두하지 않는" 성격으로 변화하고 있다는 것이다.[5] 버틀러(J. Butler)와 스피박(G. Spivak)의 대담에서 개념화된 '국가 없음'(statelessness)의 의미를 떠올려보자. 자유시장주의에 입각한 전지구적 '관리국가'는 국민국가 내의 재분배, 복지, 그리고 헌법주의에는 관여하지 않고 자본의 세계적 유통을 위한 관리자 역할만을 수행하려고 한다. 이는 국민국가 내에서 국가가 국가의 기능을 하지 않는 '국가 없음'의 상태를 만들어낸다.[6] '국가 없음'이란 특정 주체들을 민족이나 국민 같은 호명에 의존하면서 국가에 적법한 주체로 묶어내지만, 빈곤계층이나 이주자 같은 주체들은 권력을 행사해 국가 밖으로 내치고 추방하여 권리를 박탈하는 상태를 의미한다. 또한 국가가 재분배와 복지, 안전의 역할을 수행하지 않음으로써 국민 또한 쉽게 비가시화된 '잉여적 존재'로 규정된다. 국민이지만 국가가 나에게 어떤 의미를 갖는지 확신할 수 없는 '국가 없음'을 느끼는 사람들이 증가한다. 자산이나 시장능력이 부재한 국민들은 국가와의 관계에서 안전, 보호, 소통, 권리에 대한 기대들을 포기해야 할 상황에 놓이게 된다. 이들은 일터와 거주지에서 쉽게 해고되거나 추방되고, 이들의 삶의 역사성이 사라진 자리에는 자산계급의 화려한 소비지구 및 주거지가 무심하게 위용을 드러낸다. 이처럼 국가는 지불능력이 있는 사람들과는 '투기'를 통한 부자 되기의 탐욕을 거래하며 '국가 있음'을 증거한다.

아이러니하게도 이명박정부는 서민을 정치의 대상으로 환기하며 '서민정치'를 강조했다. 박근혜정부 또한 민생의 중요성을 강조하며 민생행보의 일환으로 '노동개혁'에 앞장서고 있다. 국가 없음을 느끼는 도시빈민, 노동자, 경제적 주변인, 청년 실업자들은 국가정책의 보호대상으로 호출되는 '서민'과 다른 존재인가?

신자유주의하에서 한국 국가는 '부권적 권위주의'의 성격을 지닌다. 개인화된 자유를 낭만화하고 작은 국가를 주장하는 신자유주의 모델과 달리, 강하고 보호주의적인 국가를 상정하는 것이다. 통치자는 항상 서민을 걱정하고, 서민을 먹여살리는 문제를 고민하는 가부장의 모습으로 자신을 재현한다. 대통령을 가족의 생계부양자로 설정하고, 대통령의 능력 여하에 따라 집안 살림이 일어나듯 국가경제가 살아날 것이라는 전근대적 믿음체계를 강화한다. 과거 권위주의 정권이 노동자를 다그치면서 수출을 강조했다면, 글로벌 시대의 보수정부는 세일즈 외교, 해외수주를 통해 해외에 나가 큰돈을 벌어오는 생계부양자의 이미지로 대통령을 찬양한다.

한국 사회의 복잡한 정치·경제 및 사회 문제들이 외국과의 양해각서를 통해 해결되지 않는다는 것을 모르는 사람은 없을 것이다. 이 모델은 서민이라는 지배대상이 실제로 겪는 실존적 위기에는 귀 기울이지 않고, 모든 국민을 서민이라는 동일한 범주에 종속시켜 낮은 수준의 정치적 존재로 상정한다. 즉 이 모델은 시민을 '서민'이라는 비(非)정치화된 범주로 규정하고 시혜적인 방식으로 호명한다. 자유로운 의사표현의 담지자인 '시민'이 아니라 서민으로 호명된 자들은 이제 수동적인 복지 서비스 수혜자로 동질화된다. 시민이 누려야 할 노동권·주거권·사회권 등의 '권리'를 낮은 수준의 '서비스'로 대치함으로써 국가 재정은 지불능력이 있는 개인들의 부의 축적을 용이하게 하는 데 쓰일 수 있다.

무상급식 및 영유아 보육료 논쟁에서 보여준 장기적 기획의 부재와 '메르스 사태'의 미숙한 대처 등은 국가가 사회를 돌볼 의지가 있는 존재인지를 의심케 한다. 퇴출과 추락의 공포에 시달리는 불완전고용이나 반실업 상태에 있는 국민 삶의 안정적 재생산을 위한 기획은 부재하지만, 이들 '서민'이 불만을 표출하고 정치적 의사를 표현하는 순간 곧 불순하고 불법적인 대상으로 간주된다. 이러한 통치체제는 문화적으로 유교적 부권주의 모델과 경제적으로 신자유주의 모델이 결합된 것으로, 시민들의 생존권에 대한 사회적 보장은 제공하지 않은 채 이들을 단지 비정치적 대상으로 남겨둔다.

4. '삶 능력'으로서의 생활정치

이명박정부는 '국민성공시대'라는 구호를, 박근혜정부는 '국민행복시대'라는 구호를 외치며 등장했다. 국민들의 기대는 컸다. 하지만 빠른 속도로 자리 잡아가는 신자유주의적 권위주의 질서하에서 많은 이들이 고용될 능력과 지불능력이 없기 때문에 정치적으로 무력화되고 있으며, 동시에 서민으로 호명되어 지도자의 온정을 기다리는 비정치적 주체로 규정되고 있다. 소통이 사라진 시대에는 선동이 난무한다. 시민들의 정치적 반감 또한 증폭된다. 이런 상황에서 2008년 촛불시위와 2014년 세월호 참사가 환기시킨 생활정치의 유산을 어떻게 비판적으로 검토하고 또한 의미있게 이어나갈 수 있을지 고민해야 한다. 두 사건은 극단적으로 다른 '감정'을 불러일으키지만, 좋은 삶과 안전, 문제 해결의 의지, 공감능력에 대한 열망을 표출시킨 사건이다.

촛불시위의 생활정치는 집단지성, 미디어기술, 고급정보와 세련된 문화적 표현으로 100만명을 규합해내며 참여자들에게 자존감과 자부심을 가져다주었고, 소통과 스타일이라는 키워드를 통해 세련된 정치성을 발휘하게 했다. 촛불시위가 이뤄낸 놀라운 정치적 발전은 시위의 작은 현장들마다 '감정'이 흐르는 공간을 만들어냈다는 데 있다. 생활정치는 이렇게 이해관계가 다른 주체들의 정치행위를 더 높은 수준의 미학적·도덕적·경제적 가치로 통합해내는 것이다. 이 과정에서 기존 정치 영역 밖에 있던 것들이 새롭게 가치를 부여받아 정치적인 것들의 위계 안으로 들어온다. 촛불시위가 생활정치로서 의미를 갖는 것은 '건조하고' '위계적인' 정치의 과정에서 참여자들이 감각적 즐거움을 얻었을 뿐만 아니라, 자율적인 소통능력을 만들어갔기 때문이다. 불확실성이 증가하는 한국 사회에서 여전히 소통할 수 있는 능력을 지닌 '감정 있는 개인'을 창출했다는 점에서 촛불시위는 성공적이다.

촛불시위가 보여준 생활정치에는 도시적 세련미와 유머가 있었으며, 그것은 결코 차갑거나 접근하기 어려운 성질의 것도 아니었다. 참여자들은 준비해온 음식을 서로 건네고 미소를 주고받는 등의 행위를 통해 호혜의 공간을 만들어냈다. 들뢰즈(G. Deleuze)가 정동(情動, affect)이라 불렀던 감정·지식·정보·소통에 의한 정서의 흐름으로 사람들을 움직이게 만드는 능력이, 근대 이성이 억눌렀던 감정과 몸을 복원하고 합리적 지성과 열정과 느낌을 개입시키면서 촛불시위라는 광장을 만들어낼 수 있었던 것이다. 정동은 몸과 마음의 이분법을 극복하는 것을 도울 뿐 아니라, 우리 주변세계에 영향을 미치는 힘과 주변세계에서 영향받는 힘의 인과관계를 의미한다.[7] 영향을 받는 우리의 힘이 커지면 커질수록 행동할 힘도 커지는 것이다.

2008년의 촛불시위는 정치의 주체는 정부도 시민운동단체도 아닌, 바로 '주권을 가진 개별화된 시민'임을 확인하게 했다. 사람들은 먹을거리, 공기의 질, 주거환경 문제 등 사적인 것으로 간주되던 불편함이 곧 모두가 참여해서 풀어나가야 할 '공동의 문제'임을 인식하게 되었다. 이 문제는 거대자본과 국가의 이해관계가 긴밀히 결탁할수록 악화된다는 것도 알게 되었다. 촛불시위가 만들어낸 생활정치는 계급·지역·성별·세대 등이 다른 이질적인 사람들을 광장정치의 회로 안으로 규합해냈고, 이들을 묶은 것은 '공감'의 능력이었다. 지불능력이 있는 자들에게 더 많은 영향력과 발언권이 부여되는 금권정치 상황에서 촛불소녀, 유모차 부대, 경제적 비주류자, 이주자, 시민활동가, 신중산층 등이 각자가 가진 문화자본과 경제자본, 사회자본을 시장논리로 위계화하지 않고 정동의 능력을 발휘했다는 것이 중요한 지점이다.

촛불시위가 열정적인 정치감각을 일깨웠다면 세월호 참사는 뼈아픈 성찰을 안겨주었다. 시민운동가 몇명을 국회에 입성시킨 것으로 시민사회가 성장했고 진보진영이 승리했다고 믿은 것이 얼마나 큰 허상인가를 인지시켰다. 필자 또한 다양한 사안에 대해 '국가가 나서서 처리해야 할 구조적 문제'라는 말을 얼마나 떠들고 다녔던가? 왜 국가가, 정권이 문제를 해결하는 주체라고 생각해왔을까? 재앙을 만들어낸 당사자인 국가에 다시 '보상'과 '회복'을 요청하는 것이 가능한가? 여야 제도권 정치인들의 오만함은 자신들이 문제의 해결자라는 착각 때문에 지속된다. 세월호 참사를 통해 우리는 얼마나 오랜 기간 권위주의적 훈육사회에서 살았고 그렇게 길들여졌는지 새삼 깨닫게 되었다. 권위주의 국가에 포섭된 자도 저항하는 자도 진보와 보수 또는 맹목적 복종과 정치적 혐오 외의 다른 감정을, 다른 정치적 다양성을 만들어내지 못했음을 목도했다. 제도권 정치인은 국가를 대표할 수 없고, 동시에 국가는 일부 정치인이나 정부에 의해 표상될 수 없다는 점도 알게 되었다. 발전과 재앙 모두의 단독적 결정자로 군림해온 제도권 정치는 더이상 소통 가능한 존재가 될 수 없기 때문에 새로운 공동체를 만들어나가야 한다는 점을 깨닫게 되었다. 세월호 희생자 박수현 학생의 아버지는 "국정조사를 결국 **스스로 해야 한다는 것을 알려줬을 뿐**"이라고 했다.[8] 권위주의적 제도정치에 종속되지 않은 '다른 사회를 꾸려나가는 능력'을 가진 시민공동체가 정치의 주체가 되어야 한다는 것이다. 촛불시위와 세월호 참사는 금권과 권위주의에 저당 잡힌 법의 언어가 아닌 생존과 생활의 언어를 가진 자들의 연대를 통해 삶 정치의 능력을 키우는 것이 필요하다는 점을 인식시켰다.

5. 상호공존의 정치적 회로 만들기

신자유주의 시대가 배출하는 사회적 위험, 불예측성, 개인의 고립으로 삶의 식민화가 가속되는 한편에서, 우리 생활세계를 새롭게 변화시키려는 의지를 지닌 개인들도 증가하고 있다. 시장논리과 경쟁논리가 아닌 건강한 노동, 안정된 삶, 지속 가능한 생존, 연대의 가치들을 새롭게 조합한 마을 만들기 운동, 협동조합과 공동작업장 운동들 또한 생겨나고 있다. 촛불시위와 세월호 참사를 거쳐 우리가 새롭게 만들어내야 할 생활정치는 삶의 불안정성과 피폐함과 싸우기 위해 위계화, 범주화된 인간의 삶들 사이에서 '공감'능력을 회복하는 것이다. 나는 버틀러의 개념을 빌려 생활정치를 "생존 가능한 삶의 가능성을 증가시키는 데 기여하는" 정치적 행위로 규정한다.[9)]

생활정치를 '삶 능력'을 회복하는 운동이라 정의할 때, 모든 개인의 삶이 서로 연결되어 있다는 인식은 대안적이고 대항적인 정치적 상상력을 구상하는 데 무엇보다 중요하다. 모든 인간은 폭력의 위험이 없는 안전하고 평화로운 삶과 일터를 원한다. 경찰의 물대포에 저항하며 대항폭력을 행사했던 시민도, 철거될 빌딩의 망루에서 화염병을 투척했던 용산의 철거민도, 그들을 진압했던 경찰도, 쌍용자동차 직원들도, 그리고 물대포에 쓰러진 농민 백남기 씨를 미디어를 통해 '시청했던' 나도, 다양한 폭력을 피하는 방법에 대해 고민한다. 문제는 각자의 실존적 조건 때문에 어떤 사람에게는 폭력이 일상적 삶의 일부가 될 수밖에 없고, 어떤 사람은 폭력의 발생과 무관하게 안전한 장소에 자리할 수 있다는 점이다. 신자유주의의 강압적 이행으로 '죽고 사는' 생명정치의 위급성을 체험하는 사람들의 수가 늘어나고 있지만, 이와 동시에 무심한 시선으로 폭력의 현장을 바라보는 위치에 자리하는 사람들도 늘고 있다. 국가폭력의 발현을 나와는 상관없는 '저기 밖에 있는 자'들의 현장으로 여기고 폭력시위를 성토하는 데 목소리를 높이는 사람들도 존재한다.

그러나 신자유주의적 권위주의체제하의 생활정치는 중산층으로서 가지는 시민의 위치와 '잉여인간'으로 취급되는 시민의 위치 사이에 간극이 존재하지 않으며, 따라서 각자 서로 다른 위치로 언제든 이동할 수 있다는 가능성 자체를 상상하는 데서 시작된다. 우리 모두의 삶에서 불예측성이 증가하고 있고 저들의 현재가 곧 나의 미래가 될 수 있기 때문이다. 이제까지 '범주'나 '정체성'에 따라 구분되던 노동운동, 생태운동, 지역운동 등이 새롭게 혼합되어 새로운 가치들이 창출되어야 한다. 이러한 새로운 혼합만이 산업사회적 불안과 포스트 산업사회적 불안에 동시적으로 대처할 수 있다. 정태석은 한국사회의 국가복지제도가 제한적이고 취약할 뿐 아니라 노동자의 권리를 보호하는 법적·제도적 장치가 미약하여 산업사회 또는 계급사회가 만들어내는 위험들을 해결하지 못하고 있고, 또한 소비자-시민이 주도하는 후기근대적 불확실한 삶에 뒤따르는 위험사회의 위험도 존재하여 이중으로 위험에 노출되어 있다고 진단한다.[10] 시장은 화폐를 매개로 하여 몰인격적 교환이 이루어지는 공간이며, 여기에는 공동체적 연대가 부재한다. 따라서 점차 많은 부분이 시장의 논리에 의해 규정되어버리는 생활세계가 새로운 정치의 장이 되기 위해서는, 개인이 '생산자-노동자-소비자-시민-돌봄자'라는 다중화된 위치에서 시장과 관계를 맺어야 한다. 이런 다중적 정체성은 모든 개인이 노동할 또는 노동하지 않을 권리, 소비자 권리, 시민사회의 민주화 등 다양한 정치성을 표현하는 데 유동적으로, 그리고 지속적으로 참여할 수 있음을 의미한다.

사회학자 세넷은 불안정이라는 것이 신경제 속에 프로그래밍된 필연적인 요소이기 때문에, 경직된 관료제로 돌아가지 않으면서도 동시에 불안정을 유발하는 제도에 맞서기 위한 대안이 필요하다고 주장한다. 그는 기존의 노동조합 중심의 노동운동도 '가치'를 전환하는 운동들과 결합하여 생활정치로 거듭나는 예를 보여준다. 영국과 미국에서 노동조합의 병렬조직을 설립하는 시도가 그것이다. 여기서 병렬조직은 일자리를 알선하는 일종의 고용 대행기구로 활동한다. 또한 노동조합이 조합원의 연금 관리 및 의료보험 가입 등을 대행하거나 탁아소 운영과 토론회, 사교모임 등을 주도하면서 일터에서 사라져가는 공동체를 보완한다. 이로써 노동조합이 조합원의 경제적 이해만을 증진하기 위한 것이라는 고정관념을 깨뜨리는 것이다.[11] 또한 대안적 병렬조합은 젊은 나이에 일자리를 잃은 사람들에게 취업을 알선하는 등 노동의 경험이 단절되지 않도록 돕는 것에 역점을 둔다. 네덜란드에서 진행된 바 있는 '일자리 나누기'는 일주일에 단 몇시간 일하는 것만으로도 실업의 공포에서 벗어날 수 있음을 보여주었다.[12] 또다른 급진적 대안은 시민사회와 국가의 대타협을 통해 기본소득 개념을 제도화하는 것이다. 이는 "부자와 가난뱅이를 가리지 않고 모든 사람에게 똑같이 기본소득을 나눠주고 그것을 제대로 쓰든 낭비하든 개인에게 맡기자는 지극히 단순한 제도이다."[13] 이 제도의 재원은 세금이지만 모든 사람이 동일하게 생계에 필요한 최소한의 수입을 보장받기 때문에, '의존하는 자'에 대한 관념이 사라지며 동시에 장기적으로 삶을 설계할 수 있는 수단도 갖게 된다.

IMF 구제금융기 이전에는 한국 사회의 취업자 가운데 81.2%가 정규직이었지만 지금은 그 반대의 현실을 경험하고 있다는 점을 상기할 때, '예측 가능한 삶'을 만들어내기 위한 노동하는 자들의 정치적 표현 또한 생활정치로 이해되어야 한다. 버먼(P. Burman)은 실업상태를 자신이 속한 지역사회에서 마치 낯선 곳에 와 있는 '여행객'이 된 듯한 기분을 느끼게 하는 것에 비유한다.[14] 이는 아무도 그가 무엇을 해줄 수 있으리라 기대하지 않으며, 그 또한 '선택'할 수 있는 존재가 아니라 그 지역의 누군가에 의해 받아들여지기만을 기다리는 완벽한 무기력의 상태에 놓여 있다는 의미이다. 일과 실업의 경계에 놓여 사회적 존재성을 상실해가는 사람들이 증가할수록 생활세계는 식민화되기가 더 쉬워진다. 따라서 급진적인 생활정치는 일의 안정성을 보장하는 다양한 운동들과 결합할 필요가 있다.

'경제적 효율성'을 과시하며 생활세계를 파괴하고 있는 현재의 정치는 우리가 지금까지 이뤄놓은 민주주의, 평등, 인권, 삶의 자율성에 대한 기억과 경험을 소멸시키는 과정이자 역사에 대한 의미를 상실하는 과정일지도 모른다. 점점 더 많은 시민들을 시장가치와 지불능력이 없다는 이유로 잉여인간으로 분류하고 폭력으로 다스리는 상황에서 '삶 능력'을 살리는 생활정치란, 비시장주의적 공존의 회로를 많이 만들어내는 일일 것이다. 세월호 참사를 함께 견디고 버틴 시민들이 국가와 일련의 '성찰적 거리 두기'를 통해 권위주의적 회로망에서 벗어나기 위해서도 돌봄, 지역사회, 함께 먹고살기 등에 대한 자치의 개념을 만들어내는 자율적 공동체들이 많이 생겨나야 한다.

최근 생활정치의 현장에 여성들의 참여가 활발한 이유는 다른 이들의 경험에 공감하는 능력을 유지하면서 일터, 집, 지역사회의 경계를 넘나들 수 있는 유연성 덕분일 것이다. 이는 획일화된 지위경쟁 속에서 인정투쟁에 몰두하며 완고함과 편협성으로 무장해온 남성들의 경험과 대비되는 지점이다. 김영옥은 "정치적 영역과 살림의 영역 사이에 쳐진 이데올로기적 경계를 무안하게 만들며 돌봄노동, 양육노동을 해왔던 여성들의 훈련된 생명감수성이 신자유주의 국가권력이 휘두르는 삶 권력을 무화시키고 삶을 생산해내는 삶 능력으로 활성화될 수 있음"[15]을 지적하고 있다. 내면화된 경쟁과 성과주의가 주는 문화적 피로, 경제적 불안정이 가져오는 공포, 소통 부재의 권위주의적 통치성이 가속되는 상황에서, 생활정치의 상상력은 한마디로 본원적 인간됨의 의미에 귀 기울이고 공감의 정서를 회복하는 것이다.

지금 우리는 그 어느 시대보다 더 빨리, 더욱 예측할 수 없는 방식으로 누군가의 선의에 의존할 수밖에 없는 '불확실한 삶'을 살게 되었다. 하지만 타인의 선의에 의존하면서, 또는 이를 되갚으면서 관계를 만들어갈 수밖에 없는 것이 본래 인간의 삶이다. 이는 환대(歡待, hospitalité)에 대한 데리다(J. Derrida)의 해석, 즉 다른 사람에게 선의를 베푸는 낭만적인 개인주의적 주체를 상정하는 것이 아니라 우리 모두 누군가에게 '손님'이 될 수도 동시에 '주인'이 될 수도 있다는 주장을 떠올리게 한다.[16] 누구나 자신의 삶과 생명을 지키기 위해 정치에 참여하고 정치를 하며, 이들 모두는 연결되어 있고 또 서로의 위치는 언제든 전환될 수 있다. 시장주의와 권위주의적 통치논리에 잠식되지 않는 생활정치의 상상력을 현실로 만들어야 할 때이다.

87년체제 극복과 변혁적 중도의 정치

이남주

1. 87년체제의 교착과 국가위기 심화

한국 사회의 위기상황은 좀처럼 타개될 조짐이 보이지 않는다. 경제적으로는 저성장이 고착화되어갈 뿐 아니라 중산층과 저소득층의 삶의 안정성이 빠르게 파괴되어가고 있다. 높은 해외의존도를 고려하면 세계경제의 변동이 자칫하면 우리 경제에 퍼펙트스톰(perfect storm, 둘 이상의 태풍이 충돌하여 그 영향력이 폭발적으로 커지는 현상)을 몰고 올 수도 있다. 저성장과 소득 불평등의 증가 등은 지구적 차원의 문제이다. 그렇지만 국가나 지역별로 이 문제에 어떻게 대응하는가는 국가나 지역별 상황에 따라 차이가 있다. 그런데 사회적 연대의식의 해체와 삶의 불안정은 우리 사회가 다른 어떤 사회보다 더 심각하다.[1]

그뿐 아니라 북한이 4차 핵실험을 감행하는 등 핵능력을 빠르게 증가시키고 있음에도 정부는 한반도 평화정착을 위한 실행 가능한 프로그램은 제시하지 못한 채 제재 강화라는 낡은 방송만 되풀이하고 있다. (최근 한국에 사드 배치를 결정하여 군비경쟁이 동북아 차원으로 확산될 조짐이다.) 우리의 노력에 따라서는 남북관계의 발전을 통해 한국, 나아가 한반도가 새롭게 도약하는 계기를 만들어낼 수 있음에도, 정부는 10년 가깝도록 위기의 심화를 막지 못하고 심지어 더 조장해왔다.

한국 사회가 내외에서 이처럼 심각한 위기에 직면하게 된 근본적 원인은 다음 두가지이다. 하나는 분단체제의 제약이다. 87년체제하의 개혁운동이 분단체제 극복과정과 결합한 전면적이고 총체적인 개혁으로 이어지지 못했고, 수구보수세력의 민주화와 개혁에 대한 전면적인 반격이 일단 성공했다.[2] 그에 따라 87년체제는 퇴행적 변화를 겪으며 말기 국면으로 진입했다. 다음은 민주개혁세력 내부의 문제다. 민주개혁세력은 87년체제 내의 역학관계에 대해 잘못된 판단을 하여 개혁방향을 잘못 설정함에 따라 우리 사회의 변화를 바라는 에너지를 분산시켰고, 수구보수의 반격이 더 쉽게 성공할 수 있도록 만들었다. 특히 이명박정부 출범 이후 수구보수세력의 반격이 본격화되고 국가위기가 심화되는 동안에도, 그 극복을 위해 주도적 역할을 해야 할 야당은 대국적인 현실인식과 대안적 비전을 결여한 채로 그때그때의 반사이익에 기대어 현상을 유지하는 데 급급한 모습들을 반복했다. 이에 박근혜정부는 노골적으로 수구보수의 영구적 집권을 꾀하는 일련의 정치기획을 추진했다.[3] 다행히 국민들은 2016년 4월 총선에서 이에 제동을 걸고, 2017년에 다시 한국 사회의 결정적 전환을 실현시킬 수 있는 기회를 만들었다. 그렇지만 야권과 시민사회의 관성적 태도, 특히 반사이익에 기대는 방식으로는 이 과제를 완수하기 어렵다. 그 어느 때보다 우리 사회의 실정에 근거하며 대전환을 이끌 수 있는 정치전략의 수립과 헌신적 실천이 필요하다.

2. 수구세력의 '롤백 전략'과 87년체제의 퇴행

87년체제의 본격적인 퇴행은 이명박정부 출범과 함께 시작되었다. 그전에 조짐이 없지는 않았다. IMF 구제금융 사태 속에 출범한 민주정부 10년 동안 과거 권위주의 시기의 발전모델을 대체할 새로운 발전모델을 만들어내지 못했고, 삶의 불안정성은 증가해갔다. 특히 2001년 미국에서 부시행정부가 출범한 이후 북미관계가 부정적 방향으로 전개되고 남북관계도 정체됨에 따라 수구세력이 반격할 수 있는 조건이 마련되었다. 이에 따라 한반도 차원의 총체적 개혁구상을 추진하기 어려워졌음은 물론이고 한국사회 개혁도 벽에 부딪히기 시작했다. 그렇지만 이명박정부 출범 이후의 상황은 그 이전과 근본적으로 달라졌다. 행정부까지 장악한 수구보수가 민주적 거버넌스(governance) 자체를 변형시키고자 했기 때문이다. 87년체제는 그 형식을 유지하기도 힘겨워졌다.

우리 헌법은 한국이 주권재민을 원칙으로 하는 민주공화국임을 명시하고 있지만, 분단체제하에서 민주적 거버넌스를 제약하는 각종 제도적·이데올로기적 장치들이 뒷문으로 정치 및 법 체계에 도입되었다. 국가보안법이 대표적인 사례이다. 이는 법의 작용이 법의 중단을 통해 완성되는 '예외상태'가 일상화되고 있다는 가장 중요한 징표이다.[4] 민주주의 수호라는 이름으로 반민주적 통치행위가 허용되는 역설적 상황은 우리에게 낯선 풍경이 아니다. 민주화 이전 우리 사회의 수구 헤게모니 또한 이를 토대로 해서 구축되었는데, 한국 사회의 이러한 특수성은 87년체제에도 계속 큰 영향을 미쳤다.

1987년 6월 민주항쟁을 거치며 민주주의라는 규범은 국가 운영의 원칙이자 목표로서의 위치를 확보했다. 한때 보수세력도 민주화와 남북간 긴장 완화라는 흐름 속에서 자신의 기반을 구축하고자 했다. 같은 보수정부라고 하더라도 노태우·김영삼정부와 이명박·박근혜정부는 성격이 다르다. 시간이 흘러갈수록 수구세력은 민주적 거버넌스를 불편하게 느끼기 시작했다. 민주적 거버넌스의 진전이 점차 예외상태의 작동공간을 침식하고 수구세력의 기반을 결정적으로 위협했기 때문이다. 이러한 불안감은 김대중정부가 남북화해·협력정책을 본격적으로 추진하자 최고조에 이르렀다. 수구세력은 자신의 기득권을 강화하기 위한 시도에 본격적으로 나서기 시작했다.

이명박정부 출범과 함께 수구세력은 민주주의에 대한 일종의 '롤백 전략'을 본격적으로 추진했다. 이는 단순히 87년체제 내에서 기득권을 지키는 것에 머무르지 않고 87년체제 자체를 자신에게 유리한,

자신의 기득권을 영속시킬 수 있는 새로운 체제로 전환시키고자 했던 것이다. '선진화' '비정상의 정상화' 등 어떤 수사로 표현되든지 그 본질은 동일하며, 이에 따라 87년체제의 퇴행은 본격화되었다. 다만 이명박정부 시기 롤백 전략은 2008년 촛불시위 등의 저항에 직면해 뜻한 대로 진전되지는 못했다. 2010년 천안함 침몰을 계기로 예외상태를 호출하고 수구 헤게모니를 강화하려고 시도했지만,[5] 이 또한 그 직후 지방선거의 패배로 순조롭지 않았다.

그러나 2010년 발표된 5·24조치에 따른 대북제재는 남북관계의 진전에 자물쇠를 채웠고, 종북논리와 남북 대결의식을 조장하는 데 큰 위력을 발휘했다. 이러한 분위기 속에서 군부의 정치개입이 부활하는 양상이 나타나고 지난 대선에서는 국정원 및 국군 사이버사령부의 댓글공작과 같은 사건이 벌어지기도 했다. 그뿐 아니라 종합편성채널 허가, 국정원의 정치화 등 롤백 전략을 추진할 수 있는 정치적·사회적 장치들을 구축했다. 이 시기 수구보수동맹 내에도 수구적 경향과 부조화를 느끼는 흐름이 없지 않았으나, 전체적으로는 수구 헤게모니가 큰 어려움이 없이 복원되어갔다. 여기에는 다른 대안에 비해 수구 헤게모니가 자신들의 기득권을 더 효과적으로 보호해줄 수 있다는 판단도 작용했겠지만, 수구세력에 장악된 국정원·검찰 등의 통치기구가 보수세력을 훨씬 효과적으로 통제할 수 있었기 때문이기도 하다. 이러한 구조에서 벗어나지 못하는 한 소위 '합리적 보수'가 제 목소리를 내기는 앞으로도 어렵다.

수구보수동맹이 2012년 총선과 대선에서 승리한 이후에는 민주적 거버넌스에 대한 한층 더 전면적인 도전이 시작되었다. 박근혜정부 시기 이루어진 통합진보당 해산, 집회와 시위에 대한 탄압, 한상균 민주노총 위원장에 대한 소요죄 적용 시도, 국정교과서 추진 등 퇴행적 행태들은 역주행을 계속하고 있다는 식으로만 규정하기 어려운 성질의 것이었다. 이는 단순히 보수와 진보 사이의 싸이클 내에서 출현하는 변화이며 '언젠가' 선거를 통해 권력을 교체하면 해결될 수 있는 문제라고 보기 어려운데, 그렇다고 한국 사회에서 민주주의의 기반이 이미 완전히 무너진 상태라고 단정할 수도 없다. 전자의 해석은 수구보수가 민주적 거버넌스의 변경을 추진하고 있다는 점을 간과하며, 후자는 87년체제에서 발전된 시민사회나 민주적 제도들의 정치적·사회적 효과 등을 간과한다. 이러한 점에서 필자는 박근혜정부의 롤백 전략을 '점진 쿠데타'(creeping coup d'état)로 규정했던 것이다.[6] 이는 민주적 거버넌스의 토대를 지속적으로 약화시키는 조치들을 취하고, 선거절차를 통해 이를 정당화하는 방식으로 추진되었다.

차곡차곡 진행되던 점진 쿠데타 프로젝트는 2016년 4월 총선으로 큰 타격을 받았다. 그렇지만 수구보수의 롤백 기획은 중단되지 않을 것이다. 그들에게 의회권력은 여러 거점 가운데 하나일 뿐이고, 국정원·검찰·경찰·국세청 등 행정부 내의 특수권력기관 외에도 그동안 분단체제하에서 기반을 확보한 언론, 종교, 학계의 기득권세력을 여전히 동원할 수 있기 때문이다. 따라서 전술적 유연성은 보일지 몰라도 분단체제의 기득권을 유지, 강화하기 위한 모색은 계속될 것이다.

4월 총선에서 패배한 박근혜정부가 가장 일관성을 보이는 부분은 대북정책이다. 박대통령은 2016년 6월 13일 20대 국회 개원에 맞추어 진행된 국회 연설에서도 "성급히 북한과의 대화를 위한 대화에 나서서 모처럼 형성된 국제사회의 대북제재 모멘텀을 놓친다면, 북한 비핵화의 길은 더욱 멀어질 뿐입니다. 정부는 확고한 방위능력을 토대로 북한의 도발을 억제하면서, 북한이 핵을 포기하고 진정한 변화의 길로 나오도록 만들어갈 것입니다"라며 대북강경책을 계속 견지할 것임을 천명했다.

지금까지 진행된 수구보수의 롤백 전략에서 다음 두가지 사실을 주목해야 한다. 첫째, 한국 사회에서 민주주의의 진전은 예외상태의 일상화를 허락하는 법적·제도적·이념적 요인들을 해결하지 않고서는 새로운 국면으로 진입하기 어렵다. 이것이 우리 사회를 규정하는 근원적 대립이다. 한국 사회가 한걸음 더 나아가기 위해 필요한 것은 단순히 행정부의 교체가 아니다. 예외상태의 일상화를 차단할 수 있게 하는 사회의 대전환이 수반되어야 한다.[7]

둘째, 이 작업은 분단체제를 해체하는 작업의 일환으로 진행되어야 한다. 즉 분단체제 극복이라는 총체적 개혁 속에서 훨씬 발본적인 전환의 토대로서 민주주의를 활성화하고, 이를 기초로 경제체제, 사회체제 그리고 인간과 자연의 관계 전반을 더 안정되고 지속 가능한 방향으로 재조직하는 작업을 진행해야 한다. 이것이 대전환의 핵심이다. 이 과제를 완수하지 못하는 한 한국 사회는 개혁의 부분적 진전과 수구보수의 반격 사이의 지루한 공방전에서 벗어나기 어렵다.

87년체제가 분단체제의 제약에서 벗어나지 못하는 상황에서 수구보수의 반발로 퇴행적이고 말기적인 현상들을 노정하게 된 것이 현재 국가위기의 본질이다. 이미 오래전에 87년체제가 극복되어야 한다는 요구가 제기된 바 있다.[8] 하지만 이 요구는 민주개혁세력 내에서도 진지하게 받아들여지지 못했다. 헌법체제의 변화와 관련한 논의가 진행되기는 했지만, 이는 대전환이라는 비전과는 거리가 멀다. 87년체제의 말기적 양상이 더 뚜렷해지고 있는 지금이 바로 87년체제를 어떻게 극복할 것인가라는 질문에 응답할 때이다.

3. 87년체제 극복과 변혁적 중도

87년체제가 한국 사회의 총체적 개혁으로 진전될 수 있는 기회가 없지는 않았다. 1997년에는 정권교체가 이루어지면서 수구보수 지배체제에 결정적인 균열을 냈고, 2000년에는 역사적인 6·15남북정상회담도 실현되었다. 남북의 통합과 남북 각 사회의 개혁을 연계시킴으로서 한반도 차원에서 분단체제로 인한 각종 병폐를 청산할 국면을 열 수 있는 기회가 도래했다. 그러나 안타깝게도 그 이후 상황은 점차 반대 방향으로 전개되었다. 노무현정부 때까지 수구세력의 반격은 더 거세진 반면, 민주개혁세력은 정파적 시각과 이익에 얽매여 분열을 거듭하고 지리멸렬한 모습을 보일 뿐이었다.

이같은 상황에서 백낙청은 2006년 1월 1일자 '창비' 홈페이지에

게재된 신년사에서 "남북의 점진적 통합과정과 연계된 총체적 개혁"을 목표로 당시 NL과 PD로 대표되던 급진운동권과 온건개혁세력의 슬기로운 연합을 이루어야 한다고 주장했다. 그리고 "'변혁적 중도주의'라 부름직한 이러한 결합이야말로 오늘의 대한민국에 필요한 참된 진보노선이다"라며 변혁적 중도주의를 제시했다.[9] 변혁적 중도는 한마디로 말하면 '어떻게 말기적 현상을 노정하기 시작한 '87년체제'를 극복하고 한국 사회의 획기적 전환을 실현할 것인가' 라는 질문에 대한 답이었다.

그 답의 핵심은 우선 우리 사회의 변혁과제를 올바르게 설정하는 데 있다. 1987년 이후 민주화가 진전됨에 따라 그간 억압되어 있던 우리 사회의 변혁을 향한 다양한 요구들이 표출되었다. 그러나 87년체제는 타협의 결과였기 때문에 변화에 대한 국민들의 요구를 전면적으로 반영하는 데 한계가 있었다. 그뿐만 아니라 생태문제 등 87년체제가 만들어질 때에는 중요하게 생각하지 못했던 의제들도 새로 등장했다. 따라서 87년체제에 머무르지 않고 더 발본적 개혁을 추구하는 것은 당연하다. 하지만 이때 중요한 것은 우리 사회가 처한 역사적·정치적 맥락을 고려해 변혁과제를 정하는 것이다.

그런데 당시 급진주의적 흐름을 대표하던 소위 PD와 NL은 한국 사회 전체를 규정하는 분단체제에 대한 인식에 큰 결함이 있었기 때문에 자신이 가진 합리적 내용을 실현하고 변혁운동을 발전시키는 데 여러 난관을 조성했다.

PD는 분단을 외생 변수로만 간주하고, 남한 사회만을 급진적 변혁의 대상으로 삼았다. 진보진영 내에도 여전히 이러한 사고방식이 뿌리 깊게 남아 있다. 계급문제에만 초점을 맞추거나 '진보적 대중정당의 성장—경제 및 사회의 민주적 개혁'이라는 회로 내에서 한국 사회의 변혁을 이루려는 발상이 대표적이다. 여기에는 서구식 모델을 '진보성'의 평가기준으로 삼는 데 따른 병폐도 적지 않았다. 이 접근법은 한국 사회의 변혁적 에너지를 결집하는 데 성공하지 못했다. 한국의 현실, 그중에서도 가장 큰 영향을 미치는 분단이라는 현실을 전혀 고려하지 않은 탓이 크다. NL은 분단현실을 주요 문제로 삼지만, 실상 분단체제 극복에는 도움을 주지 못하는 통일지상주의로 경도되는 경우가 많았다. 이들이 주장하는 식의 통일, 예를 들어 미국으로 대표되는 외세가 물러나면 민족적 단결을 통해 통일이 실현될 수 있다는 식의 주장은 현실성이 극히 떨어지고, 설사 실현된다고 하더라도 바람직하지 않은 결과를 초래할 가능성이 높다. 더욱이 이들의 주장은 '민족자주를 실현시킨' 북한체제를 그대로 승인하는 결과를 초래해 분단극복이 진정한 변혁과는 거리가 먼 퇴행적 비전으로 비치게 만들 수도 있다는 데 더 심각한 문제가 있었다.

분단체제의 극복은 단순히 분단된 민족의 재결합이 아니라 남북 각기의 분단체제가 만든 기득권 구조의 청산을 포함한 개혁이 함께 이루어지는 과정이어야 한다. 여기서 진정한 변혁의 길이 만들어질 수 있다. 그런데 PD와 NL 모두 통일과 남(북)한사회 개혁 사이의 연관성을 제대로 고려하지 않은 채 일면만을 강조한 결과, 한국의 현실에 부합하지 않는 변혁과제를 설정했다. 그럼으로써 변혁운동을 잘못된 방향으로 이끌었을 뿐만 아니라 불필요한 분열을 초래했다. 변혁적 중도는 바로 변혁의 목표를 분단체제 극복이라는 지평에서 재구성함으로써 계급문제건 민족문제건 적절한 해결방안을 찾고 이들 세력의 협력을 이루려는 시도이다.

변혁과제를 이렇게 설정하면 변혁방법에 대해서도 새로운 발상이 요청된다. 이 점과 관련해 변혁적 중도는 분단체제 극복을 위해 급진주의적 운동과 온건개혁세력이 결합해야 한다는 점을 강조했다. 중도의 원칙이 필요한 주된 이유가 여기에 있다. 분단체제 극복이 분단체제의 진정한 변혁에 기여하기 어려운 혁명적 혹은 군사적 방식이 아닌 개혁운동을 통해 이루어져야 한다면, 이는 여러 상이한 정치적 지향 사이의 광범한 협력을 필요로 한다. 그리고 분단체제 극복에 기여하는 일이야말로 우리 사회의 근본적 변화에 기여하는 길이다. 그렇기 때문에 온건한 개혁처럼 보인다고 해서 개량주의라고 폄훼할 이유가 없다. 과거 민주정부의 극히 온건한 남북 화해 및 교류 정책에 대한 수구의 극렬한, 상식적 범주를 뛰어넘는 저항도 우리 사회에서 소위 '온건'개혁이 갖는 폭발성을 반증한다. 이러한 점에서 급진운동과 온건개혁세력의 결합은 중도의 실현이자 변혁적 움직임이기도 하다.

또한, 변혁적 중도라는 측면에서 보면 민주정부 시기 87년체제의 퇴행을 허용한 주체적 측면의 원인이 더 명확하게 규명된다.

첫째로, 역량과 위치를 보면 민주정부가 이러한 퇴행 추세를 막고 변혁적 중도의 원칙에 따라 한국 사회의 개혁을 주도해야 했는데 그렇지 못했다. 김대중정부는 분단체제 극복과 한국사회 개혁의 선순환을 출발시키는 데까지는 성공했다. 당시 김대중 대통령도 남북 화해와 협력을 평생의 지향으로 삼았고, 이를 통해 한국 사회, 나아가 한반도가 불행한 역사적 유산을 청산하고 새로운 발전단계로 진입하는 계기를 만들겠다는 의지도 분명했다. 하지만 김대중정부의 분단체제에 대한 인식에는 다소 안이한 면이 있었다. 분단체제 해체에 대한 내외의 저항을 과소평가했고, 이를 어떻게 극복해갈지에 대한 깊은 고민도 부족했다.

2001년 부시행정부 출범 이후 북미관계가 악화된 것에서 나타나듯, 한국이 이들의 행동을 제어하는 데에는 한계가 있었다. 그렇더라도 당시 한반도 내의 좋은 분위기를 활용해 남북의 화해·협력이라는 소극적 목표를 넘어 분단체제 극복이라는 큰 그림을 제시하고 이를 실현하기 위한 사회적 에너지를 모으는 노력을 더 적극적으로 전개하지 못한 점은 아쉽다. 예를 들어, 한반도 현실에 맞는 남북의 통합, 통일 방식에 대한 비전을 제시하고 이것이 당시 남북 사이에 존재하는 여러 문제를 어떻게 해결할 수 있을지를 보여주는 작업이 필요했다. 남북관계의 변화가 단순히 대북 화해·협력에 그치는 것이 아니라 한국 사회, 한반도, 나아가 세계적 전환을 위한 기획이라는 점에 대한 공감대가 넓어지면 국민들이 남북관계를 바라보는 기준도 달라질 수 있다. 그렇게 했더라면 햇볕정책에 대한 퍼주기 논란 등에 능동적으로 대처하기도 한층 쉬워질 수 있었다.

둘째로, 분단의 벽을 허무는 것이 한국의 개혁과 어떤 관계가 있는지, 또는 역으로 당시 추진했던 개혁이 우리 사회의 근본적 변화에 어떤 기여를 할 수 있을지에 대한 분명한 비전도 제시하지 못했다. 이에 따라 사회복지제도의 진전과 민주노총·전교조 합법화 등의 성과가 있었음에도 불구하고 IMF 구제금융위기 타개를 위한 구조개혁 등으로 신자유주의 정책을 추구했다는 비판을 받았다. 이는 김대중정부와 사회운동세력 사이의 관계를 악화시킨 주요 원인이 되었다.

이와 같이 여러 문제가 있었음에도 불구하고 이 시기에는 사회적으로 개혁동력이 강화되는 추세에 있었고, 2002년 대선에서도 노무현 후보가 승리했다. 노무현정부는 IMF 구제금융위기 속에 출범한 김대중정부보다는 훨씬 좋은 분위기에서 출범했다. 게다가 2004년에는 탄핵정국에 힘입어 당시 여당이었던 열린우리당이 과반 의석을 확보하며 의회에서도 주도권을 쥘 수 있었다. 그럼에도 4대 개혁입법의 동시추진 등 과욕과 무능으로 남한 사회의 개혁작업은 도리어 지지부진해졌을 뿐만 아니라 후퇴할 조짐이 출현했다.

우선 분단체제를 해체하는 작업의 어려움이 증가했다. 북미관계 악화가 일차적인 원인이었지만 노무현정부의 정치적 선택에도 문제가 있었다. 노무현정부는 출범 직후 '대북특검'을 수용하면서 햇볕정책의 정당성을 훼손했고 수구보수세력이 햇볕정책을 공격할 수 있는 빌미를 제공했다. 수구보수는 햇볕정책에 대한 공격을 민주정부의 정당성을 부정하는 수단으로 활용했고, 노무현정부와 민주개혁세력은 이에 효과적으로 대응하지 못했다. 그뿐만 아니라 이는 노무현정부의 지지기반을 균열시켜 2003년 새천년민주당이 열린우리당과 민주당으로 분당되는 사태가 벌어진다.

노무현정부의 초기 정책에 불만이 있었던 유권자들도 대통령 탄핵을 통한 수구보수세력의 복귀는 허용하지 않겠다는 의지가 더 강했기 때문에 2004년 총선에서 열린우리당을 다수당으로 만들어주었다. 그런데도 노무현정부하에서는 이후에도 대북특검이 초래한 민주개혁세력 내부의 균열과 혼란을 수습하려는 노력이 제대로 진행되지 않았다.[10] 당시 노무현정부는 오히려 당시 한나라당에 대연정을 제안하는 방식으로 정치적 돌파를 시도했다. 이는 한나라당의 주도세력이 보수라기보다 수구라는 사실을 착각한 발상이며, 수구보수의 긍정적 반응을 이끌어내지 못하고 민주개혁세력 내의 정치적 균열을 돌이킬 수 없을 정도로 악화시켰다.

정권 후반기의 핵심의제였던 한미FTA 추진도 올바른 선택은 아니었다. 전략적으로나 경제적으로 한미FTA가 한국에 필요한가 아닌가는 논의해볼 여지가 없지 않다. 문제는, 방향에 대한 논란의 여지는 크고 효과는 불분명한 정책에 모든 것을 쏟아부으면서 민주개혁세력 내의 분열을 더 키운 데 있다. 당시 정책방향의 혼란은 '좌회전 깜박이를 켜고 우회전한다'는 속설을 유행시켰다. 경제·사회정책과 관련해 전통적 좌우 개념을 넘어설 필요도 있었고 이를 위한 노무현정부의 시도들이 긍정적인 면도 있다. 그렇지만 '우회전'이 한국 사회의 총체적 개혁에 어떻게 기여할 수 있는가에 대한 종합적 전략이 부재한 것이 문제였다. 다시 말해 어디서 우회전을 하고 어디서 좌회전할지를 판별하는 변혁적 중도주의의 일관된 기준이 없었던 것이다.

이는 분단체제에 대한 인식 부족과 직결된 것이었다. 노무현 대통령은 임기 후반기였던 2007년 6월 8일 원광대 명예박사학위 수여식 강연에서 "민주주의를 위한 투쟁, 청산과 개혁은 상당 수준까지 간 것 같습니다. 지금 특권을 주장하는 사람들은 과거의 권력기관이 아니고 오로지 언론 하나가 남아 있습니다"라고 말한 바 있다. 한국 사회에 뿌리내린 분단체제 기득권세력의 성격과 힘에 대해 이같이 순진하게 생각했기 때문에, 햇볕정책 특검 수용이 정부에 대한 보수의 비판을 약화시킬 수 있고 대연정이 보수 내의 균열을 만들어내며 한미FTA 추진이 보수세력의 협력을 이끌어낼 수 있으리라는 등의 기대를 걸었던 것이다. 그리고 '오로지 하나' 남은 특권세력인 언론에 대해 과도한 적개심을 불태우면서 '기자실 대못질' 발언 같은 무리수를 서슴지 않았다. 당시 수구보수의 목표는 이미 민주적 거버넌스 자체의 부정으로 전화되고 있었는데도 말이다.

그런데 상황이 이같이 흘러간 데는 민주개혁세력 내의 소위 진보파들의 책임도 크다. 이들은 '변혁적' 중도를 주도해야 하는 위치에 있었음에도 그러한 자각이 부족하기는 마찬가지였다. 가장 큰 문제는 온건개혁을 어떻게 변혁적 방향으로 이끌어갈 것인가, 그리고 그 속에서 어떻게 자신의 정치적 역할을 제고할 것인가 등에 대해 고민하기보다, 당시 민주정부의 성격이 수구보수세력인 한나라당과 별 차이가 없다는 식으로 비판하고 이를 통해 온건개혁세력과의 차별성을 부각시킴으로써 자신의 정치적 입지를 강화하고자 했다는 것이다.[11] 이 시도는 결과적으로 볼 때 한국 사회를 진보적 방향으로 변화시키는 데 실패했을 뿐만 아니라 그들 자신의 진보성을 인정받는 데에도 긍정적이지 못했다.

진보파는 분단체제에 대한 인식에서는 민주정부에도 미치지 못하는 경우가 많았다. 민주정부는 그래도 남북관계의 변화를 한국사회 발전의 주요 의제로 삼았지만, 적지 않은 진보파가 이를 남의 일처럼 받아들이거나 민족 및 통일 문제를 퇴행적 사안처럼 다루기도 했다. NL의 분단문제에 대한 인식에 퇴행적 요소가 없지는 않았지만, 한국의 현실에서 민족문제 해결과 분단극복이라는 목표 자체가 퇴행적일 수는 없다. 분단체제의 현실을 고려하지 않은 채 신자유주의 반대만을 외치는 것도 문제였다. 분배 악화, 고용 불안정 등이 초래하는 문제는 중요하지만 한국 현실에서 이를 어떻게 극복할지에 대한 고려가 없다면 설득력 있는 대안을 제시하기 어렵다. 한반도경제권 형성, 동북아협력의 진전을 어떻게 신자유주의 극복에 활용할 수 있을까에 대한 고민이 필요한데, 남북경제협력은 신자유주의의 확장이라는 식의 비판까지 등장했다.[12] 수구보수의 햇볕정책 비판이 효과를 거둔 데에는 이러한 분위기도 일조했다. '햇볕정책 비판–종북청산–진보적·변혁적 사회기반 제거'라는 회로가 수구보수의 정치기획에서 핵심적 역할을 하고 있다는 점을 고려하면, 당시 진보파의 분단체제 극복에 대한 소극적 태도는 사실 자신의 발등을 찍는 일이었다.[13]

게다가 민주화 이후 한국 사회의 민주주의가 질적으로 악화되었다는 주장도 변혁운동의 방향에 큰 혼란을 초래했다.[14] 사회적·경제적 지표들 중 특히 불평등과 관련된 지표들이 악화된 것은 사실이다. 그러나 그 원인은 복합적이다. 기득권세력의 저항, 외부 환경의 영향, 기술적 변동, 정부의 의지 부족 등이 복합적으로 작용한 결과이다. 민주주의의 질적 측면에 대한 문제제기는 필요한 일이지만 이를 정치적 민주주의의 진전과 대립시키는 것은 잘못된 비판방식이다. 그같은 비판은 주관적 의도와 관계없이 민주주의 일반에 대한 부정적 태도를 조장하고 민주적 거버넌스에 대한 수구세력의 도전을 더 손쉽게 만들어주었다. 한국 사회에 출현했던 많은 문제들의 책임을 분단체제나 그에 기생하는 기득권세력의 문제가 아니라 민주정부에 묻는 분위기를 강화했기 때문이다. 예를 들면 민주정부가 잘못했으니 정권교체가 당연하다는 식의 주장이 그렇다.[15)]

이명박정부 출범 이후 한국 사회의 본격적인 역주행은 많은 사람들이 생각했던 수준을 훨씬 넘어섰다. 어떻게 이러한 역주행이 출현했는가에 대한 성찰이 뒤따랐고, 분단체제와 한국사회 개혁 사이의 연관성에 대한 인식에도 다소 진전이 있었다. 민주, 민생, 한반도 평화 등이 민주개혁세력의 핵심과제로 제기되었고 이를 완수하기 위해 한국의 여러 개혁세력들의 연합도 적극적으로 모색되었다. 2010년 지방선거에서는 오랜 침체와 후퇴를 딛고 민주개혁세력이 약진했고 정치적 주도권도 되찾아오기 시작했다.[16)] 그런데 2012년에 총선과 대선에서 패배하면서 정권교체에 실패했다. 특히 2012년 대선에서의 패배는 정치적 주도권을 다시 수구보수세력에 넘겨주었다는 점에서 민주개혁세력에게 매우 뼈아픈 결과였다. 이러한 결과는 상당부분 야권 내에 변혁적 중도를 통한 대전환이라는 과제에 헌신하기보다는 정부·여당의 실정에 따른 반사이익에 적당히 기대며 자신의 기득권을 연장하려는 분위기가 만연한 탓이었다. 그렇다면 2017년 대선에서는 민주개혁세력이 2016년 4월 총선에서 국민들이 준 기회를 제대로 살릴 수 있겠는가?

4. 대전환과 야권 새판짜기

지금까지 상황만 보면 '그렇다'고 답할 수 없다. 무엇보다 현재 야당들이 87년체제를 넘어 한국 사회의 대전환을 실현할 수 있는 비전과 능력을 쌓았다고 평가하기 어렵다.

더불어민주당(이하 '더민주당')은 오랫동안 계파, '친노 패권주의' 논란에서 벗어나지 못했다. '친노'나 '친문' 계파란 존재하지 않고 정치적 의도로 만들어낸 프레임이라는 반박도 있다. 하지만 조직과 체계를 갖추지는 않았어도 제1야당 내 의사결정에 상당한 영향력을 행사하는 세력이 존재해왔다. 그리고 2012년 총선 이후 이들이 대전환의 실현보다 자기 세력의 영향력 유지와 확장을 우선시한다는 의구심도 꽤 커졌다. 2015년 2월 문재인 대표 체제가 출범한 이후에도 이 문제를 해소하기 위한 진지한 노력이 제대로 진행되지 못했다. 국민의당과의 분당사태로 인해 큰 위기에 직면했던 더민주당은 2016년 4월 총선에서 제1당으로 부상하며 당장의 위기에서 벗어났다. 그렇다고 문제가 해결된 것은 아니다. 이른바 '비노'의 대대적 이탈로 주류 계파의 헤게모니는 오히려 강화되었는데 이에 대한 자성은 총선 승리로 더 희박해졌다고 볼 수 있다. 따라서 지금 이대로의 모습으로는 2017년 대선에서 긍정적 결과를 기대하기 어렵다.

지난 4월 총선에서 정당지지율이 3위에 머무른 것은 더민주당이 해결해야 할 문제가 얼마나 큰지 잘 보여준다. 이는 결코 갑작스럽거나 의외의 결과가 아니다. 안철수 현상, 무소속 후보였던 박원순의 서울시장 당선 등은 야권 지지자들이 이미 당시 민주당 등 야당에 대해 큰 불만을 가지고 있다는 사실을 반복해서 보여주었다. 2012년 대통령선거에서 민주개혁진영의 단일후보였던 문재인 후보가 꽤 높은 득표율을 기록했지만, 그에 투표한 이들 모두가 민주당이나 문재인 후보를 전적으로 지지했다고는 보기 어렵다. 그때에도 박근혜 후보를 반대하고 정권교체를 실현하기 위한 전략적 투표(안철수 현상에 지지를 표명했다가 대선에서 문재인 후보를 지지한 투표)의 비중이 높았다. 그런데 2012년의 실패 이후에도 전략적 투표를 적극적 지지로 전환시키고 여기에 새로운 지지를 더하기 위한 작업은 제대로 진행되지 못했다. 그 결과 많은 유권자들이 지역구 선거에서는 정부·여당의 실정을 심판하기 위해 한 표를 행사했지만 비례대표 선거에서는 더민주당에 경고의 메시지를 보낸 것이다.

국민의당은 제3당의 지위를 확보하고 정당지지율에서도 더민주당을 앞섰지만 이는 주로 더민주당에 대한 유권자들의 실망감에 기대어 얻은 성과이다. 유권자들이 3자구도를 만들어낸 것은 야당을 대전환이라는 과제를 감당할 수 있는 정당으로 재탄생시키기 위한 고육지책이었다. 그런데도 국민의당 내에서는 3자구도에 안주하거나 계속 새누리당과 더민주당의 중간적 위치에 둥지를 틀려는 경향이 강하다. 이런 식으로는 기존의 제3당 혹은 제4당이 겪었던 운명에서 벗어나기 어렵다.

정의당은 의석 수가 줄었지만 7%의 정당지지율은 정치적으로 여전히 의미있는 변수이다. 그렇지만 대전환을 감당하고 이를 위해 헌신하겠다는 주체적 의지는 여전히 약하다. 총선과정에서도 이같은 가능성을 보여주며 야권연합을 야권 전체의 재구성 의제로 제기하기보다는 지분 나누기 문제로 다루는 등 세 불리기에 더 연연한 인상이다. 이 시대의 참진보가 무엇인가를 중심으로 문제를 풀려고 하기보다 여전히 그때그때의 유불리에 너무 집착하고 있다. 앞으로도 연합과 독자노선 사이에서 명확한 기준이 없이 동요할 가능성이 많다. 그래서는 앞으로도 정치적 영향력의 축소를 피하기 어려울 것이며, 대전환을 주도할 수 있는 비전과 의지가 있는 강한 소수를 추구해야만 정치적 활로가 열릴 것이다.

결국 대전환을 감당할 정치적 힘을 만들기 위해서는 야3당이 자신의 문제를 극복하는 방식으로 야권 재구성 내지 새판짜기를 추진해야 한다. 이 작업은 무조건적인 통합이나 연합을 앞세우기보다 대전환의 비전에 대해 사회적 합의를 만들어내는 것에서 시작해야 하며, '변혁적 중도'라는 표현을 굳이 안 쓰더라도 그에 준하는 정치노선을 공유하려는 노력을 포함해야 한다.

최근 야권에서 이와 관련된 모색이 없지는 않다. 중도론, 중도개혁론, 합리적 개혁론 등의 화두가 제기되었다. 이념적 틀에 얽매이지 않고 현실에 부합하는 개혁방안을 만들어 그것의 실현을 위해 정파를 넘어서 사회적 힘을 결집시키고자 하는 중도의 원칙에 대한 공감대가 증가한다면, 이는 긍정적이다. 그렇지만 현재의 중도 논의에 대해서는 우려가 크다. 분명한 원칙을 세우지 못한 중도는 현실에서 기득권세력들 사이의 절충으로 전락할 가능성이 높다.

야당 내에서는 북의 4차 핵실험을 사실상 방관하고 이를 북풍공세에나 활용하려 하는 정부의 무능과 무책임을 제대로 추궁하지 못하고, 사실상 중단된 지 8년이 넘은 햇볕정책 수정 운운하는 태도가 중도로 포장되는 상황이 벌어졌다. 총선 시기 야당 내에서 소위 '운동권'을 수권정당으로의 발전에 부정적 존재로 간주하는 분위기도 확산되었다. 계파정치와 일부 부적절한 행태가 국민들에게 실망감을 준 것은 사실이다. 그러나 이는 진정한 운동성에서 벗어난 행태이며, 이를 운동 전체의 문제로 규정하는 것은 비약일 뿐만 아니라 기득권세력들 사이의 적당한 절충에 중도를 활용하려는 정치적 의도를 드러낼 뿐이다. 다시 강조하지만 중도가 대전환을 뒷받침하는 길이 되기 위해서는 분단체제 극복에 기여해야 하며, 그로써 변화를 갈망하는 사회적 에너지를 모아야 한다.

당장 남북관계의 악화와 그로부터 비롯되는 한국 내의 각종 퇴행적 행태들은 대전환의 가장 중요한 장애물이다. 이에 4월 총선 때와 그 이후 더민주당과 국민의당은 안보 중시를 중도의 핵심의제로 제기했다. 국민의 생명을 지키기 위한 안보가 중요하다는 사실에 이견이 있을 수 없다. 그렇지만 야권에 필요한 것은 분단체제에 기생하는 세력의 기득권을 보장하고 대외적으로 이른바 안보 딜레마를 조장하는 식의 안보를 넘어서, 국민의 안전에 대한 위협을 최소화하고 사회적 개혁을 적극적으로 추진할 환경을 만들어낼 수 있는 담대한 구상이다. '인간안보'(human security)[17] 같은 새로운 안보 개념을 주장하는 데까지 나가지 않고 전통적인 안보 개념을 따르더라도, 가장 확실한 안보는 분단체제 극복과정의 진전을 통해서만 실현될 수 있다.

경제와 복지 영역에서는 경제민주화와 복지증대 등이 주요 의제로 등장하는 등 긍정적인 방향으로 상황이 진행되고 있지만 문제가 없지는 않다. 가깝게는 야권이 2012년 박근혜 후보와의 복지 논쟁에서 밀린 바 있는데, 그 원인에 대한 성찰이 필요하다. 국민들은 단순히 복지, 민생 같은 구호에 끌리지 않는다. 분단체제라는 현실을 반영할 뿐 아니라 이를 극복하는 작업과 연관된 개혁방향을 제시하고 이를 실행할 수 있는 능력을 보여주어야만 야권이 이 문제를 성공적으로 해결할 수 있는 정치세력으로 인정을 받을 수 있다. 예를 들면 한반도경제권 형성과 그에 걸맞은 성장방식의 구축 같은 구상이 없이 한국 사회 내의 분배문제만을 제기한다면 무책임한 세력이라는 이미지를 주기 쉽다. 야당이 획기적인 대안을 가진 책임 있는 세력으로 다가오지 않을 때, 다수 국민은 차라리 '안전한' 여당에 기울게 되고 여당 후보가 내놓는 온갖 과대 또는 허위 공약에 쉽게 넘어가게 마련이다. 경제민주화와 복지증대가 다음 선거에서도 야당에 유리하게만 작용하지는 않을 것이다.

앞으로도 더민주당과 국민의당이 방향성을 상실하고 이슈와 분위기에 따라 좌고우면하는 태도를 보일 가능성이 적지 않다. 바로 그렇기 때문에 변혁적 지향에 더 충실할 수 있는 정의당과 시민사회의 역할이 중요하다. 현실적 힘은 더민주당과 국민의당에 미치지 못하지만, 이들이 대전환의 비전을 앞장서 만들고 그에 헌신한다면 더민주당과 국민의당을 진정한 변혁의 길, 즉 변혁적 중도로 나아가게 만들 수 있다. 이를 위해서 정의당, 시민사회 등도 새로운 자세로 대선과 그 이후를 준비해야 한다.

정의당은 야권연합 등 정치공학적 문제에 지나치게 집착하는 태도에서 벗어나, 더민주당과 국민의당의 중도가 어떤 한계가 있는지를 지적하고 이를 변혁적 성격의 중도로 만들어갈 수 있는 비전을 제시해야 한다.[18] 시민사회에도, 대전환론 등을 포함해 우리 사회의 비전에 대한 여러 발신들이 있었지만 대체로 이에 무관심하고 자기 일이나 열심히 하자는 태도가 만연해 있다. 그 결과 최근 시민사회의 중요한 성과라고 할 수 있는 풀뿌리조직의 활성화도 시민의 정치적 참여와 영향력 증대에 큰 도움을 주지 못하고 있다. 그리고 총선 시기에는 자신의 비전에 입각해 정치적 변화를 이끌어내는 역량을 발휘하지 못했다. 사실 '평시업무'(business as usual)적 사업에 자족한 인상이다. 이뿐만 아니라 4월 총선에서 시민사회 내의 일부 세력이 연합을 명분으로 내세웠다가 결과적으로는 정파 프레임에 종속되는 식의 활동을 전개한 것은 시민사회의 신뢰에 부정적 영향을 주었다.

야권 정당들과 시민사회가 변혁적 중도를 기준으로 미래의 비전을 가다듬는 데 적극적으로 나설 때 2017년 야권연대와 새판짜기가 성공적으로 진행될 가능성이 생긴다. 특정 인물을 중심으로 이합집산하는 행태들을 견제할 수 있는 명확한 기준이 있기 때문이다.

변혁적 중도라는 기준으로 볼 때 현재 야권의 주요 주자들이 모두 부족한 점이 있지만, 그렇다고 변혁적 중도에 기여할 가능성이 전혀 없다고 단정할 수는 없다. 총선 전 더민주당에서 안철수 후보와 국민의당을 정체성 문제로 비판하는 경우가 많았는데, 같은 기준으로 평가하면 더민주당 자신의 정체성도 큰 문제가 있다. 정체성에 대한 비판과 논의가 불필요하다는 것이 아니라 모호한 기준 혹은 개별적인 사안들을 특정인과 특정 세력을 배제하는 근거로 삼는 행태는 야권연대와 재구성에 도움이 안된다는 것이다. 변혁적 중도의 기준에 비추어볼 때 결정적인 결격사유가 없다면, 정권교체에 기여할 수 있는 모든 사람들이 공정하게 경쟁하는 가운데 야권연대와 재구성이 진행될 수 있도록 해야 한다.

물론 과거와 같은 방식의 연대는 쉽지 않다.[19] 그렇기 때문에 야권 내에서도 이미 '3자필승론'이 출현하고 각자 갈 길을 가려는 분위기가 등장하고 있다. 정치공학적으로 보면 모든 가능성을 배제하기 어렵다. 즉 이는 여권에 유리할 가능성이 가장 높지만, 현재처럼 여권이 지리멸렬하거나 야당 중에서 국민적 지지를 받는 후보가 나선다면 3자구도에서도 야권 유권자들의 전략적 투표를 통해 야권 후보가 승리할 수도 있다. 성급하게 당장 3자필승론이 맞나 틀리나 등의 논쟁을 벌일 일은 아니다.

3자필승론에서 가장 우려스러운 상황은 야권 후보들간의 분열이 지지층의 적대관계로 나아가고 그 결과 대전환에 불리한 정치적 환경이 만들어지는 것이다. 이렇게 되면 야권 후보가 선거에서 승리한다고 해도 대전환의 과제를 감당할 수 있는 정치적 힘을 만들기 어려워진다. 반면, 적어도 그러한 상황을 방지 내지 완화하고 야권 지지자들의 마음을 모아 승리할 수 있다면 상황은 크게 달라질 수 있다. 따라서 현재 우리 사회의 변혁을 원하는 이들은 정치공학에 매달리기보다, 어떤 세력과 후보가 변혁적 중도에 부합하는 비전을 제시하고 그 원칙을 더 충실하게 지키는가를 변별할 수 있는 지혜와 힘을 만들어내는 작업에 더 힘을 쏟아야 한다.

이와 함께 야권연대와 새판짜기 과정에 더 많은 인물과 아이디어가 공급될 수 있는 분위기를 만들어야 한다. 그리고 이들 중 대전환을 감당할 비전과 의지가 있는 후보가 야권 후보로 나서서 정권교체를 주도할 수 있도록 만들어야 한다. 야권에서 많은 후보들이 난립하면 야권 분열이 더 심해지지 않겠느냐는 우려도 있다. 그렇지만 실상은 그와 반대이다. 문재인과 안철수 양자구도가 강화되는 것이 오히려 분열을 더 고착화하고 승리의 가능성을 낮출 수 있다.

문재인 전 대표의 경우는 지난 대선에서의 패배를 넘어설 수 있는 비전을 아직 보여주지 못했다. 지지기반은 오히려 축소되었는데 그와 동시에 핵심 지지층의 배타적 열정은 오히려 더 거세진 면마저 있다. 적어도 현재로서는 야권 승리에 턱없이 모자란다고 하지 않을 수 없다. 그런데도 환골탈태는 못한 채 단순히 당내 세력 우위만을 앞세우려 한다면 더 큰 실패를 자초할 수밖에 없는 상황이다. 안철수 의원도 현실정치 내 힘을 키우기는 했으나 지지기반과 인적 기반이 제한적이다. 이 경쟁구도는 그동안 쌓인 사연과 감정들로 인해 정서적 대립과 배제 논리의 지배를 받기 쉽다.

다양한 스펙트럼에 걸쳐 있는 여러 후보가 참여함으로써 이같은 퇴행적 대결구도를 비전의 경쟁으로 만들어갈 수 있다. 그리고 누가 야권을 대표하는 후보가 되더라도 그는 대전환 실현을 위한 진정한 '협치'를 실시할 수 있는 비전을 유권자들에게 제시해야 한다. 시민사회는 그 과정에서 유권자들이 어떤 후보가 대전환의 과제를 더 잘 감당할 수 있는가를 판단할 기준을 제공해야 한다. 그러나 시민사회가 변혁적 중도의 큰 방향은 염두에 두지 않고 부분적 의제에 집착하거나 정파적 이익에 끌려다니게 되면 이러한 역할을 수행하기 어렵다. 이 점에서 시민사회도 정치권 못지않은 자기성찰이 필요하다.

현재로서는 2017년 정권교체를 실현할 수 있을지, 그 결과 탄생한 정부가 대전환이라는 과제를 감당할 비전과 역량을 갖출 수 있을지 등을 모두 낙관하기 어렵다. 민주개혁세력은 여전히 적공의 과정에 있다. 따라서 섣부르게 특정 인물이나 정치세력만이 우리의 미래라고 주장하는 식의 독선적 접근을 가장 경계해야 한다. 대전환을 위해 지금 해야 할 일이 무엇인가를 꼼꼼히 따져가며 적공을 수행해갈 때 진정한 변혁을 위한 힘을 만들어낼 수 있다. 지금보다 훨씬 어려운 상황이었던 2016년 4월 총선에서 국민은 자신에게 주어진 숙제를 현명하게 마무리했다. 이제 정치권과 시민사회가 응답할 때이다.

전환을 위한 새로운 연대, 새로운 주체

모두의 안녕을 위한 따뜻한 연대

이태호

1. 민주화 30년

내년이면 87년 6월항쟁이 일어난 지 30년이다. 1988년 개정된 헌법은 그 전문에서 "안으로는 국민생활의 균등한 향상을 기하고 밖으로는 항구적인 세계평화와 인류공영에 이바지함으로써 우리들과 우리들의 자손의 안전과 자유와 행복을 영원히 확보할 것을 다짐"한다는 1948년 제정 헌법 이래 변치 않는 목적 앞에 "임시정부의 법통과 불의에 항거한 4·19민주이념을 계승하고, 조국의 민주개혁과 평화적 통일의 사명에 입각"한다는 전제를 새롭게 추가하였다. 하지만 지금 '민주개혁과 평화적 통일의 사명'은 제 길로 나아가지 못하고 좌초하여 큰 혼돈에 빠져 있다. '국민생활의 균등한 향상'이라는 목표도 '헬조선' '금수저·흙수저' 등으로 묘사되는 양극화된 현실에 비추어 낯설고 멀게만 느껴진다. 남북관계는 지난 30년 이래 최악으로 단절되고 한반도의 군사적 긴장과 군비경쟁도 격화되어, 안으로는 종북몰이로 민주개혁을 질식시키고 밖으로는 (세계평화가 아니라) 세계분쟁의 도화선으로 구실하고 있는 형국이다. 가장 뼈아픈 대목은 헌정질서의 궁극적 목표로서 제시되고 있는 "우리들과 우리들의 자손의 안전과 자유와 행복을 영원히 확보할 것"이라는 다짐이다. 세월호 참사는 우리 사회가 과연 무엇을 위해 줄달음질쳐왔는지, 87년 이후 우리가 지향해온 '민주공화국'이 과연 어떤 모습인지 심각하게 되묻고 있다.

지난 한 세대 동안 적지 않은 법과 제도가 '개혁' 혹은 '민생'의 이름으로 도입되었고, 외국의 부러움을 살 만한 기념비적인 시민행동도 없지 않았다. 그럼에도 불구하고 민주적 협치는 고사하고 법치마저 흔들리고, 사회적 양극화가 극적으로 가속화되어 대다수의 삶이 위태로워졌으며, 나라 안팎이 불신과 혐오, 갈등과 분쟁의 도가니가 되어가고 있다면, 무언가 근본적이고 구조적인 문제가 있음에 틀림없다. 왜 이렇게 되었을까? 수구지배집단의 입장에서 보면 "아무것도 변하지 않게 하려면 모든 것을 바꿔야만 한다[1]"는 기득권 유지의 공식을 잘 적용한 셈이고, 사회운동과 민주진보 세력의 입장에서는 수많은 전술적 승리에도 불구하고 전략적으로는 실패한 셈이다. 사실상 '아무것도 변하지 않은,' 그로 인해 모든 것의 혼돈과 교착을 야기하는 세계화된 분단체제의 기득권 구조에 균열을 가하려면 이전과는 다른 상상력과 에너지를 발휘해야 한다. 허구적인 진영구도를 현실로 인정하면서 역시 허구적인 산술적 평균값을 추구하는 정태적인 현실추수나 정치공학적 '중도'에 머물러서는 안된다. 소수에게 부와 권력이 집중되는 1:99의 양극화 사회를 넘어서자면, 99까지는 아니더라도 절대다수의 공감과 연대를 이끌어낼 새롭고 대담한 사회운동전략·정치전략이 모색되어야 한다.

2. 전환의 토대와 상상력

다른 세상은 가능한가

왜 대담해져야 하고 무엇으로부터 새로운 상상력을 공급받을 것인가? 이와 관련해 생각할 점을 짚어보자.

우선 지난 시기 일어난 일들을 살펴보면, 어떤 것은 더디 변하고 어떤 것은 퇴행하지만 세상엔 생각보다 빨리 바뀌는 것이 적지 않다는 것을 알 수 있다. 1989년 베를린장벽이 무너졌을 때, 불과 20년 뒤인 2008년에 신자유주의의 아성인 월가가 무너지리라고 상상하기 힘들었다. 2003년 미국이 이라크를 침공했을 때, 점령군의 패배로 귀결될 그 전쟁이 남긴 재정적자로 인해 미국과 세계 경제가 휘청거리고 미국의 패권이 흔들릴 것이라고는 상상하기 힘들었다. 이명박 대통령이 747공약을 말하고 총선에서 여야 모두 뉴타운 재개발을 외치고 있었을 때, 불과 5년 뒤 대선에서 여당의 색깔이 붉은색으로 바뀌고 모든 정당이 경제민주화를 주장하게 될 거라 기대하기 힘들었다. 마찬가지로 2016년 4·13총선 직전만 해도 대다수 사람들은 박근혜 대통령의 콘크리트 지지율이 이렇게 심하게 흔들릴 줄 예상하지 못했다. 5년 전 환경운동가들은 부산과 울산의 진보·보수가 한목소리로 '고리원전 폐쇄'를 외치는 상황이 이렇게 빨리 오리라고 예측하지 못했었다. 소위 '진보'로 자처하는 사람들조차 자신들의 근시안과 빈약한 상상력을 현실주의라는 이름으로 포장하고 왜곡된 현실에 안주한 경우가 많았다는 걸 잊지 말아야 한다.

둘째, 사회운동과 정치가 왜곡된 현실에 안주하거나 기존의 틀에 얽매여 퇴행과 혼돈을 야기할 때, 상상 밖의 변화를 이끌어낸 것은 독립적으로 행동하는 시민들이었다. "우리가 인민이다"(We are the people).[2] 동구 사회주의체제가 인민의 저항에 직면해 무너져내릴 때, 신자유주의 경제모델이 가져온 참혹한 결과에 성난 사람들이 뉴욕의 월가를 점거했을 때 공통적으로 외쳐진 구호였다. 어떤 체제나 권력도 구성원의 동의와 지지가 사라지면 반드시 위기를 맞고, 어떤 민주주의도 시민이 참여하고 연대하여 '닦고 조이고 기름 치지' 않으면 반드시 퇴행한다. '우리가 바로 인민'이고 '우리가 곧 국가'라는 선언은 아직까지 어떤 체제나 권력도 인민을 위한 것은 아니었다는 자각이고, 어떤 권위에도 결코 맹목적으로 순응하거나 자기결정권을 통째로 넘겨주지 않겠다는 다짐이며, 인민의 이름으로 인민의 우선순위를 관철하겠다는 영구적인 민주변혁의 선언이다.

셋째, 이기심이나 약육강식이 역사 발전의 동력이며 궁극적으로

조화로운 발전을 이끌 것이라는 이론들이 점점 영향력을 잃는 반면, 협동과 공생이 생명과 문명의 기본원리임을 설명하는 이론과 발견들이 점점 늘어나고 실제 정책에도 적용되고 있다. 예를 들어 최근에는 "이기적인 개인이 이타적인 개인을 이기는 반면, 이타주의자의 집단은 이기주의자의 집단을 이긴다"[3]는 새로운 '적자생존' 이론이 제시되고 있다. 또한 정글의 법칙을 무한 생존경쟁이 아니라 상리공생(相利共生, mutualism)과 소통[4]으로 설명하는 이론적 작업도 활발하다. 실제로 세계 경제위기 이후 신자유주의가 비판받는 반면, 새로운 대안으로 협동조합, 사회적 기업, 공정무역, 공유경제, 사회적 연대, 소득 주도 성장, 분수경제 등이 관심과 주목을 받고 있다. 유엔 차원에서 '단 한 사람도 소외되지 않게'(Leave no one behind)라는 구호 아래 지속 가능 개발목표[5]가 선포되는 것도 그 실효성을 떠나서 주목할 만한 변화다.

세계화된 분단체제 변혁: 그 경계와 범위

우리 시대에 와서 변혁의 범위와 경계를 설정하는 것은 훨씬 까다로운 일로 되었다. 특히 문제의 복잡함은 남한이 분단 한반도의 반쪽이라는 점에 있다. 두개의 분단국가로 구성된 한반도 분단체제는 하나의 국민(민족)국가의 그것과는 훨씬 복잡한 다차원의 행위자-네트워크인데, 최근에는 세계화의 진전과 한반도 분단체제의 불안정성 증가로 인해 그 연관이 한층 복잡해지고 있다.[6] 그 원인은 대개 두가지다.

우선, 한반도 분단문제는 오랫동안 한국 사회운동에서 변혁의 범위와 경로를 둘러싼 토론의 가장 중요한 쟁점이라 할 수 있다. 1945년 해방과 함께 외세에 의해 분단된 남과 북은 하나의 언어, 역사와 풍습, 한민족이라는 정체성을 공유하면서도 한국전쟁 이후 세계 최고 수준으로 군비가 집결한 휴전선을 사이에 두고 서로 적대하는 이질적인 사회제도를 발전시켜왔다. 그런데 적대하는 남과 북의 체제는 서로 상대로부터의 위협을 핑계로 국가안보라는 예외상태를 일상화[7]하여 내부의 비판자들을 억압, 배제함으로써 특권적 지배구조를 재생산해왔다는 점에서 상호의존적인 체제다. 한편 탈냉전 이후 심화되어온 남북간 불균형은 남쪽에서는 '불량국가 개조론' 같이 우월감에 사로잡힌 위험천만하고 비현실적인 군사주의에 자양분을, 북쪽에서는 억지력 균형 회복을 위해 핵무장 등 '비대칭 억지수단'이라도 확보해야 한다는 군사주의에 자양분을 제공해왔다. 게다가 최근 미일동맹과 중국 간 대결구도가 본격화되면서 이들 국가가 패권경쟁을 위해 한반도 갈등을 빌미로 삼거나 심지어 부추기는 경향이 뚜렷해지고 있다. 그 때문에 현재의 대결상태를 그대로 놔두고 '확고한 안보태세' 속에 남한만의 개혁이나 번영을 꾀하자는 현상유지책은 성공하기 어렵다. 이 점에서 변혁의 범위와 대상을 한반도와 분단체제로 확장하여 한반도의 적대관계 청산과 남과 북 각각에서의 독자적이면서도 상호작용하는 민주변혁 과정이 불가분으로 연결되도록 해야 한다는 백낙청의 한반도 변혁론[8]은 많은 시사점을 준다.

둘째, 세계화는 나라간 연계, 특히 사회적·경제적 재생산체제와 정책결정구조의 연결을 강화시킴으로써 일국 차원의 사회변화 면에서 국제관계나 국경 밖 행위자들이 미치는 영향을 상대적으로 강화시켰다. 한국 사회 역시 정부가 체결한 군사동맹, 거대경제권과의 자유무역협정(FTA)과 기타 다자간 경제협정, 그리고 다른 지리적 요인들로 인해 각국의 정부, 기업, 시민사회, 기타 국제기구들과 긴밀한 상호작용 속에 존재하고 재생산되고 있다. 문제는 외교·통상·안보협상을 통해 한 사회의 재생산구조가 점차 세계화되고 주권이 상대화되어가고 있는 데 반해, 외교·통상·안보정책에 대한 시민의 통제권은 취약하고, 이를 보완할 지구적·지역적 권력 감시체계 혹은 민주적 협치구조의 발전은 더디다는 점이다. 특히 한국에서는 대다수 국민의 경제기반이나 안전에 심대한 영향을 미치는 사안에 대해서조차 국민투표는 고사하고 국회 비준동의나 심지어 공청회도 없이 사실상 행정부가 독단적으로 결정하는 일이 비일비재하다. 세계화라는 환경 속에서 사회운동을 전개함에 있어서 국가 범위 내에서는 국익·국가안보·국가기밀에 대한 해석의 민주화와 대외관계에 대한 시민적 통제의 강화, 밖으로는 지역적·지구적 시민사회의 연대와 협력, 즉 사회운동의 세계화가 점점 더 중요해지고 있다.

3. 안녕하지 못한 이들의 연대

부국강병의 미몽을 넘어

구조개혁과 사회변혁의 잠정적 목표는 어디에 두어야 할까? 로마 교황까지 나서서 자본주의 세계체제가 새로운 형태의 가난과 죽음의 문화를 만들어내고 있다고 직설적으로 비판하고 있지만,[9] 아직 자본주의를 역사적으로 넘어서는 근본적인 체제 전환을 상상하기 쉽지 않고 그것을 한 국가 차원에서 실현하기도 어렵다. 게다가 2008년 리먼브러더스 사(社)의 파산과 더불어 신자유주의에 대한 반성이 본격화되었지만, 보다 인간적이고 민주적이며 평화롭고 생태적으로 조화로운 세계로 나아가기보다는 극단주의와 군사주의가 악순환하면서 재난자본주의[10]의 탐욕과 감시국가[11]의 통제가 강화되는 신자유주의의 말기적 퇴행 혹은 전환의 교착현상이 나타나고 있는 것도 사실이다. 낡은 것은 위기를 맞았지만 새로운 건설적 대안이 형성되지 못한 상황은, 비록 정도의 차이는 있으나 한반도만이 아니라 전세계적인 현상이다.

이런 맥락에서 우선은 1 : 99의 사회에서 위기를 겪는 절대다수를 대변하고 신자유주의 말기 현상의 폐단을 최소화할 민주주의적 변혁모델에 대해 관심이 모아지고 있다. 사회민주주의와 복지국가를 추구하는 것이 바람직하다는 견해도 그중 하나로, 이미 제도정치권에서도 적극 검토되고 있다. 경제민주화와 모두를 위한 복지를 추구하는 민주주의체제에 대한 논의가 활발해지고 있는 것은 크게 환영할 만한 일이 아닐 수 없다. 다만 그 지향을 '사회민주주의'로 특정하는 것에는 신중할 필요가 있다고 본다. 전후 유럽이라는 특정한 시대적·지역적 배경 위에 정립된 구체적 모델인 사회민주주의를 전혀 다른 배경을 가진 분단 한반도나 동북아시아에 그대로 구현하기는 어려울 것이다. 또한 세계화·정보화·생태위기 등에 대응하기 위해 기존 사회민주주의나 진보적 민주주의 진영 내에서 축적된 여러가지 고민과 모색들도 담아내야 하리라고 본다. 이 문제를 상세히 다루는 것은 필자의 역량 밖이고 이 지면의 목적도 아니다. 다만, 사회민주주의든 복지국가든 현재 우리 사회가 직면한 문제를 구조적으로 개혁할 전환점을 만들기 위해 우리가 넘어서야 할 지배적인 고정관념들, 그리고 이를 대체할 새로운 우선순위 혹은 가치들에 대해서는 짚고 넘어갈 필요가 있다.

우리 사회를 구조적 악순환에 빠뜨리고 있는 지배적인 고정관념의 핵심은 한마디로 부국강병론이다. 돌이켜보건대, 보수정권은 물론 민주정부를 자처한 정부도 부국강병의 프레임에서 결코 자유롭지 못했다.[12] 개발연대와 87년체제를 지배했던 이 미몽(迷夢)에서 벗어나지 않으면 87년체제를 넘어설 수도, 복지국가로 나아갈 수도 없다. 부국강병의 다른 말인 발전·안보는 본질적으로 냉전시대에 고안된 개념이다. 발전·안보국가는 국민의 주권을 추상화한 국가의 대외적 자율성을 거꾸로 국내적으로 투사해 물신화한 국가 중심의 국가론[13]이다. 발전·안보국가 패러다임은 국익·국부·국가경쟁력·국가안보를 다른 가치보다 우선시하고 국가를 다른 행위자보다 우위에 둔다. 이제 발전의 개념과 주체, 안보의 개념과 주체를 재정의해야 한다.

성장에서 행복으로, 안보에서 안녕으로

우선, 성장프레임에 도전하여 발전 혹은 개발을 구성원의 행복하고 지속 가능한 삶을 중심으로 재정의해야 한다. 총량지표의 성장에 초점이 맞추어진 재벌 대기업 중심의 수출입국, 낙수경제론은 수출증대와 고도성장이 실질임금의 성장과 완전고용을 보장해줄 것으로 기대하던 개발연대의 미몽에 불과했다. 그 한계는 이미 고용 없는 성장, 기업소득과 가계소득의 격차를 통해 충분히 확인되었다. 지역의 대규모 토건개발 역시 지역주민을 위해 기여하기보다 대기업과 몇몇 토호들을 위해 봉사하고 지방자치단체에 거대한 빚을 남기기 일쑤다. 신자유주의와 국가주의가 착종하면 그 부작용이 증폭된다. 신자유주의는 정부가 국민 대신 자본의 이윤추구를 돌보도록 국가를 공동화하고, 국가주의는 신자유주의에 의해 이미 공공성을 상실한 통제장치에 불과한 국가를 물신화하고 절대화함으로써 시민의 권리주장을 제약하기 때문이다. 그 결과는 세계에서 가장 빠르고 가장 가혹한 각자도생의 양극화 사회로의 추락, 세계 최고의 자살률과 저출산으로 표현되는 공동체 자체의 급속한 붕괴였다. 이제 안전망 없이 벼랑 끝에 몰린 구성원들의 안전과 자유와 행복, 생명과 존엄, 해체된 마을과 사회공동체들의 복구와 복원, 경제의 민주화와 모두를 위한 복지에 국가정책의 우선순위를 두고, 정부가 공적 도구로서 여기에 봉사하도록 감시하고 압박해야 한다.

더불어, 안보에 대해서도 구성원의 안전과 폭력으로부터의 자유에 초점을 두고 재정의해야 한다. '안보=안전보장'의 개념에서 국가라는 추상적 행위자에게 입혀진 고정관념의 외피를 걷어내고 그 본질적 의미를 되살려 새롭게 정의해야 한다. 한마디로 국가안보·군사안보 중심의 논리에 도전해야 한다. 국가안보, 강력한 억지력, 확고한 동맹과 군사대비태세 등이 과연 중요하고 효과적인 것인지에 대해서도 새롭게 물어야 한다. 예를 들어 우리는 다음과 같은 질문을 던질 수 있다. 현실에서 얼마나 많은 사회구성원들이 외적의 침입이 아닌 사회안전망의 부재와 그에 따른 절망이 내몬 자살로 고통받고 죽어가고 있는가?, 왜 외부의 위협에 대한 분석과 군비에 대한 요구는 비판 없이 수용되는 반면, 우리가 실제 직면한 위협들과 적정한 사회보장 지출에 대한 요구들은 늘 비현실적인 주장으로 치부되어야 하는가? 왜 국가안보를 위해 연 40조 이상의 세금을 사용하는 정부가 세월호에서 국민을 구조해내지 못했고 심지어 언딘이라는 민간 인양업체에 뒤늦게 구조작업을 전담케 했나?[14] 왜 청와대 국가안보실도, 해군도, 심지어 해경도 구조구난은 자신의 일이 아니라고 부인했나? 국가안보는 재난에 처한 국민들을 구조하는 일과는 근본적으로 다른 일인가?[15] 북한의 핵무기가 가져올 수 있는 방사능 위협과 내 뒷마당의 핵발전소가 야기할 수 있는 방사능 위협 중에 더 실감나는 것은 무엇인가? 국가안보[16]라는 이름만 붙이면 왜 성역이 되는지, 왜 묻지마식 '예외상태'가 일상적으로 용납되어야 하는지 꼼꼼하게 따져야 한다. 그리고 국가안보(National Security)에서 공동체 구성원의 안전(People's Safety)으로 안보의 목표와 중점을 재정의해야[17] 한다. 안보 프레임을 안녕 프레임으로 바꿔야 한다.

'안녕들 하십니까?'

그런데, 발전·성장 프레임을 행복 프레임으로, 위협·안보 프레임을 안녕 프레임으로 바꾸는 것은 과격하고 뻣뻣한 이론의 주의주장에서 시작될 수 있는 것은 아닐 것이다. 실천적으로는 오히려 낯익은 고정관념이 자아내는 낯설고 비현실적인 결과들을 드러내고 지적하는 방법, 혹은 일상에서 이미 일어나고 있는 작은 변화들에 주목하여 새롭게 조명하고 공감과 연대를 표시함으로써 그 의미와 효과를 증폭해내는 작업일 터이다.

예를 들어 어버이연합의 경우를 살펴보자. 어버이연합이 정권의 사주를 받는 단체건 아니건, 어버이연합에 참여하는 '어버이' 세대 일반에게 부국강병을 위한 멸사봉공(滅私奉公) 즉, 국가의 성장과 발전을 위해 개인의 복지와 후생을 유보하는 것, 국가안보를 위해 개인의 권리를 희생하는 것, 자식 세대를 위해 당신의 행복을 희생하는 것 등은 너무나 익숙한 가치임에 틀림없다. 하지만 역설적으로 어버이연합에 동원되는 대다수의 '어버이'들은 극심한 노인빈곤에 허덕여 집회 참가로 얻는 일당이 생계에 적지 않은 도움이 되는 빈곤층이기도 하다. 이들이 만약 멸사봉공하느라 평생을 유보해왔던 행복추구권을 되찾기 위해 새로운 어버이연합을 조직하는 일이 발생한다면, 혹은 스스로의 처지와 무관한 진충보국(盡忠報國)에 대한 판에 박힌 설교를 그만두고 노인에 대한 사회안전망을 요구하기 시작한다면 이것이야말로 혁명적 변화라 할 것이다. 그 혁명은 엄숙하고 거룩한 어떤 것이 아니라 즐거운 자중자애의 혁명이라 말할 수 있다.

작은 전환의 본보기가 될 수 있는 또다른 사례는 2013년 겨울에 일어난 '안녕들 하십니까?'라는 청년들의 대자보 열풍이다. 2013년 하반기 박근혜정부는 국정원과 군의 대선개입 사건의 파장을 은폐, 축소하기 위해 국정원과 검찰을 동원해 통합진보당 내란음모 사건, 조선족 간첩조작 사건 같은 공안사건을 기획하는 등 이명박정부 이래의 종북몰이를 이어가고 있었다. 이 과정에서 박근혜 대통령이 후보 시절 내세웠던 경제민주화와 민생복지의 약속은 어느새 경제활성화와 규제완화 같은 익숙한 용어들로 은근슬쩍 대체되고 있었다. 그리고 이 모든 것들이 '비정상화의 정상화'라는 고압적인 언어로 정당화되고 있었다. 어느 대학가에 "안녕들 하십니까?"라는 대자보가 나붙은 것은 그즈음이었다. 미래를 저당잡힌 동료 청년들에게 안부를 묻는 형식의 이 대자보 운동은 청년들의 뜨거운 동참과 기성세대들의 반성 속에 SNS를 타고 전국의 대학가와 거리로 삽시간에 퍼져나갔다. 지금 돌이켜보면, 그 대자보는 다가올 더 큰 충격을 경고하고 전환을 촉구하는 리트머스 시험지 같은 것이었다. 그후 몇개월 지나지 않아 세월호 참사가 일어났다. 대다수 국민이 우리가 어떤 나라에 살고 있는지, 우리가 안녕하지 못한 이유가 무엇인지 확연히 깨달았다.

4. 권리 기반 접근

세월호 참사 초기 국민 대다수가 큰 충격 속에 함께 상심하고 공감을 표시했었다. 하지만 곧이어 이 사건을 두고 극심하고 격렬한 정치적·사회적 갈등이 표출되었다. 세월호 참사 이후 돈보다 소중한 것, 국가의 존재 이유, 피해자의 권리, 그리고 잠재적으로 피해자가 될 수 있는 모든 사람이 마땅히 누려야 할 최소한의 존엄과 안전에 관한 권리[18]에 대한 시민사회의 자각이 '반드시 기억하고 행동하겠다'는 결의와 함께 봇물처럼 터져나왔고, 기성의 질서와 고정관념, 정치적 이해관계와 격렬히 부딪혔다. 그리고 그것은 우리 사회의 민낯을 적나라하게 보여주었다.

'순수한' 유가족과 '외부 세력'

세월호 참사 후 희생자 가족들의 진상규명운동이 국민의 호응을 얻기 시작하자마자 정부와 수구기득권세력은 동원할 수 있는 모든 공권력과 언론 통제수단, 기타 극우보수사회세력 네트워크를 동원하여 '외부 세력'이 '순수한' 유가족을 선동하여 벌이는 반정부투쟁으로 이 운동의 본질을 호도했다. 또한 몇몇 보수언론은 참사가 터지자마자 가족들이 받게 될 보상액수를 부풀려 소개하는 의도적 오보를 시작으로 특별법 제정운동이 진행되는 내내 이 운동이 마치 더 많은 특혜적 보상을 받기 위한 집단행동인 것처럼 묘사하는 기사를 생산했다. 더불어 '세월호참사국민대책회의'나 '4·16연대'에 참여하는 활동가와 단체들을 '종북' '반미' 성향의 외부 세력으로 묘사하는 데 치중했다. 극우보수단체는 이를 더 자극적으로 부풀려 SNS를 통해 조직적으로 퍼날랐다. 당국의 사주 혹은 비호 아래 조직적으로 동원된 극우보수단체들은 세월호 참사 진상규명운동을 '세월호 빨갱이'의 사주를 받은 반정부투쟁으로, 피해자들은 '시체 장사'로 한몫 챙기려는 파렴치한 가해자로 둔갑시켰다. 그 결과 진상규명운동은 적지 않은 타격을 받았다. 여당 지지자의 상당부분이 이 운동에 등을 돌렸다. 초기에 호응하는 것처럼 보였던 야당마저도 곧 이 문제를 '정쟁 프레임'으로 인식하고 소극적으로 대응하게 되었다.

상황이 이렇게까지 정치화되고 극단화된 직접적인 이유는 잘 알려진 대로 진상규명 작업이 불가피하게 현직 대통령의 참사 당일 행적에 관한 조사를 포함하게 된 것과 관련이 있다. 그러나 보다 본질적인 이유는 진상규명운동이 '순수한' 유가족에게 '합당한' 피해구제의 내용과 방식에 있어 우리 사회에서 오랫동안 강요되어온 고정관념과 충돌했기 때문이 아닐까 생각한다. 정권과 극우세력들은 이 사건을 '수학여행 가다가 우연히 일어난 교통사고'로 정의했고, '국가유공자도 아닌 아이들[19]에게 웬 특혜냐'라는 논리, '이제 그만 애도하고 경기를 살려야 한다'는 논리로 대응했다. 안보 프레임과 성장 프레임을 바탕에 깔면서 희생자 가족들을 특혜를 추구하는 몰염치한 사익 추구자로 폄하함과 동시에 국민들의 경제적 이기심도 함께 자극함으로써 희생자 가족과 국민들의 연대를 분열시키려 한 것이다. 반면, 세월호 희생자 가족들은 이 참사를 '국가가 국민을 구조해야 할 책무를 이행하지 않은 사건'으로 간주해 진상규명과 책임자 처벌, 근본적인 재발방지대책 마련을 호소하는 국민운동을 시작했다. 그후 권력이 진실을 은폐하려 하자 진실을 위해 국민과 더불어 정치적인 투쟁으로 나아갔다. 가족들은 자신들이 요구하지도 않은 보상규모가 정략적 공격의 대상이 되자, 경제적 보상과 진상규명을 맞바꿀 수 없고, 굳이 선택해야 한다면 보상보다 진상규명이 먼저라고 공개 선언하기까지 했다.

「진실, 정의, 배상, 재발방지 보장에 관한 유엔 특별보고관 보고서」[20]는 피해자에게 가장 중요한 권리는 진실·정의·보상이고 이중 어느 것도 교환될 수 없다고 명시하고 있다. 또한 실제 재난이나 국가폭력으로 인한 희생자 가족의 대다수가 보상보다 진실을 우선적으로 원하는 것[21]으로 알려져 있다. 세월호 가족들의 행동은 피해자들에게서 나타나는 자연스럽고 전형적인 행동이었지만 적어도 한국사회에서는 확실히 새로운 권리 주장이었고 보기 드문 집단행동이었다. 그전에도 재난·참사나 공공갈등의 피해자들은 같은 염원을 갖고 동일한 권리를 주장했을 터이지만 세월호 진상규명운동만큼 사회적으로 충분히 주목받지 못했었다. 이 점에서 '시체 장사'라고 공격했던 극우세력들만 유별나게 반인륜적인 심성을 가진 것으로 비난할 경우 본질을 놓칠 수 있다. 모든 것을 돈으로 계산해온 우리 사회에 살아온 우리 중 어느 누가, 은연중에 피해자와 경제적 보상을 등식으로 연결하는 속물적 고정관념에서 자유로웠다고 장담하겠는가?

인권 기반 접근과 따뜻한 연대

돌이켜보면 '순수한' 피해자, '적절한 보상' '외부 세력' '정치적 악용'이라는 도식은 모든 경우의 공공갈등에서 주민이나 피해당사자들의 권리를 억누르기 위해 사용되는 덫이었다. 재난·참사는 물론이고 기타 공공갈등이 발생하면, 권력자들은 우선 '외부 세력'이 '순수한' 피해자들을 이용할 수 있다고 갈등현장 내외에 공표하여 피해당사자들을 고립시킨 후, 그다음 단계로 피해당사자들을 분수에 넘는 보상을 요구함으로써 국책사업 등 공익을 해치는 파렴치한 사익 추구자로 매도한다. 그렇게 피해자는 가해자로 공격받고, 자신의 권리를 포기하도록 강요받는다.

이 점에서 세월호 참사는 '인권 기반 접근'(human rights based approach)[22]이라는 큰 화두를 한국 사회운동에 던져놓았다. 인권 기반 접근은 빈곤층이나 사회적 약자를 낙오자로 보고 자선의 대상으로 보는 자선 기반 접근(charity-based approach)이나 사회적 약자에 대해 도덕적으로 판단하는 것을 삼가고 개개인의 현상적 요구 혹은 기본적 욕구를 충족시킬 필요성에 대해 강조하는 요구 기반 접근 혹은 수요 기반 접근(need-based approach)과는 구분된다. 인권 기반 접근은 빈곤층 혹은 사회적 약자들을 권리의 보유자(rights holder)이자 문제 해결의 주체로 보고, 그들의 개인적 권리뿐만 아니라 집단적 권리를 존중하며, 문제를 야기하는 구조적 원인의 해결에 집중하는 접근[23]을 의미한다. 한편, 국가기구나 기업체, 국제기구들은 이들의 권리를 충족시켜야 할 의무를 지닌 존재(duty bearer)로 규정된다.

권리보유자인 빈곤층과 사회적 약자는 정부와 국제기구에 권리를 주장할 수 있고, 정부와 국제기구는 의무를 이행할 책무를 지닌 것으로 이해되는 것이다. 인권 기반 접근은 사회적 약자와 소수자의 목소리에 대한 경청, 권리 존중과 권한 강화(자력화), 차별과 배제에 대한 사회적 감수성 강화, 성(性)인지적 접근을 통한 가부장적 우선순위의 재구성, 구조개혁과 정부 책임에 대한 강조 등을 포함하는 다양한 색깔의 따뜻한 연대가 형성되는 데 기여할 수 있다.[24]

만약 현실에서 가장 주변화되거나 배제당하거나 차별당하는 사회적 약자 집단이 낙오자나 민원인이 아니라 '권리의 보유자'로, 국가가 일방적 보상이나 시혜의 주체가 아니라 '의무의 담지자'로 인지된다면,[25] 지금 전국 방방곡곡에서 일어나는 크고 작은 공공갈등과 각종 생존권투쟁은 전혀 다른 양상을 띠게 될 것이다. 예를 들어, 사드 배치에 반대하는 성주의 주민들에게 국가안보와 안전 등을 충분히 고려해서 최적지로 결론 났으니 '불필요한 논쟁'은 중단했으면 한다는 식의 대통령 발언은 결코 용납될 수 없을 것이다. 주민들의 항의는 외면한 채 '외부 세력 개입 불용' 따위의 주제넘은 협박을 앞세우는 일도 아무런 효력을 발휘하지 못할 것이다. 이것은 다른 권리에 대해 국가안보나 국익 따위가 당연히 우선적으로 인정되어야 한다는 전제가 사라지는 것을 의미한다. 국가가 국가안보나 국익 등을 이유로 자치권, 참정권, 평화적 생존권, 발전권, 여성의 권리, 노동자의 권리, 장애인의 권리, 성소수자의 권리, 이주자의 권리 등을 제한하기 위해서는 그러한 '예외적 의무 불이행'이 불가피하고 긴급한 이유를 정부가 입증하고, 다른 모든 수단이 소진되었음을 입증하며, 그후에도 권리보유자들이 납득할 만한 최선의 타협방안이 도출되기를 기다려야 한다. 환경영향평가제도, 기술영향평가제도, 기타 갈등영향평가제도, 차별방지제도, 성주류화제도 등 사회적 약자의 권리를 보호하고 공공갈등을 민주적으로 해결하기 위한 사회적 제도와 관행을 다각적으로 개발하고 적용해야 함은 물론이다.

'내가 춤출 수 없다면 혁명이 아니다'[26]

한편, 인권을 중시하는 접근법을 취하다보면 구체적인 권리에 대한 섬세한 공감에 바탕을 두게 되고, 위계나 서열을 중시하는 권위주의, 엄숙주의 같은 가부장적인 프레임과 충돌할 수밖에 없다. 양성평등과 성인지적 접근은 인권 기반 접근의 본질적인 구성요소[27] 중 하나이다. 현실에서 호명되는 가장 큰 권리주체이자 자력화의 당사자 역시 여성이다. 인권 기반 접근의 이런 특징은 우리 사회운동의 교착지점과 새로운 돌파구와 관련하여 큰 시사점을 준다. 최근 예상 밖의 큰 반향을 일으킨 사회운동이 주로 여성들의 적극적인 참여에 의해 주도되었다는 점에 주목할 필요가 있다. 세월호 참사 진상규명운동, 탈핵운동, GMO식품 반대운동, 동물권운동, 성소수자운동 등의 주된 동력은 주로 여성에게서 나왔고, 이 의제들 자체가 대체로 주류 가부장적 프레임에서는 주변화되어온 의제들이다. 최근 급성장하고 있는 협동조합운동, 대안교육운동, 마을 만들기 등 풀뿌리 시민자치의 주체도 주로 여성이다. 대규모 촛불집회 등에서 여성 인터넷 까페

등이 중심적 역할을 한 지 이미 오래다. 또한 한진중공업 정리해고에 반대하는 희망버스운동, 쌍용자동차 정리해고자 복직을 위한 운동, 제주 강정마을 해군기지 반대운동, 밀양 송전탑 반대운동 등 전통적인 '생존권'투쟁에서 과거와 달리 새롭게 등장한 주목받는 주체들 역시 여성들이었다. 여성들의 동참은 전통적인 운동의 내용과 형식의 변화에도 영향을 미치고 있다. 전통적인 생존권투쟁에서 종종 나타나던 천편일률적인 특징들, 예컨대 격앙되고 비장하며 전투적인 분위기 등을 문화적으로 보다 다양하고 보다 섬세한 울림을 지닌 것으로 바꾸어내는 것이다.[28] 사회적 약자이자 돌봄의 주체로서 여성들이 발휘하는 공감능력은 연대운동에서 나타나던 선도적 투쟁-지원, 주장-지지의 위계적 관계를 자발적이고 다양하며 수평적인 협력으로 바꿔내고 있다. 이 변화는 사회운동과 정치가 갇힌 국가주의·집단주의·가부장주의 프레임에 균열을 일으켜 보다 따뜻하고 다양한 연대, 모두의 행복과 안녕을 향한 생활정치가 작동할 수 있는 새로운 변혁의 공간을[29] 열고 있다.

시민노동자와 무지개의 연대

이제 공감과 연대는 도구적 의미를 넘어 그 자체로 중요한 목적과 가치가 되어야 한다. 또한 연대를 실천하면서 각 행위자들과 의제의 고유성, 협동의 방식과 네트워크의 다양성이 강조되어야 한다. 연대는 다양한 주체들에게 권한을 부여하고 다채롭고 창조적인 협력이 일어나는 과정이어야 하고, 네트워크의 네트워크가 작동하는 장벽 없는 소통의 공간이어야 한다. 고유성과 다양성을 연결하는 일이야말로 사회운동의 생태계를 건강하고 지속 가능하게 하는 일이며, 획일·혐오·차별·종북몰이를 특징으로 하는 수구보수에 대항하는 효과적인 대항연합과 주체를 형성하는 전략이다. 이 전략은 국가(정부), 시장(자본)뿐만 아니라 사회와 공동체, 소통과 공론장에 주목하고 구조개혁을 위한 사회연대에 대한 집중력을 잃지 않되 진보적 시민공동체의 협동과 자치, 자율과 책임을 촉진한다.

이런 맥락에서 볼 때, 노동운동은 중대한 전환점에 놓여 있다. 불행하게도 한국 사회에서 노동운동이 경제민주화나 모두를 위한 복지를 위한 운동, 기타 시민권리운동의 중심에 서 있다고 말하기는 힘들다. 일상화된 대기업 노조의 기업별 임금·노동조건 교섭은 말할 것도 없고 거의 일상화된 정권퇴진운동도 사회변혁적 에너지를 담고 있다고는 볼 수 없다. 이것은 노동운동의 책임만은 아니다. 안보국가가 노동조합운동과 노동운동의 정치적 세력화를 불온시하고 억압하면서 경제적 이해관계에 한정되도록 기업별 노조주의를 강요해온 탓이 크다. 이런 상황은 우리 사회의 경제민주화나 복지국가 실현의 경로에도 중요한 영향을 미칠 것으로 보인다. 노동운동·진보정당이 주도하는 사회적 협약을 중심으로 이루어질 가능성보다는 노동운동과 다른 사회적 가치를 추구하는 사회적 주체들이 수평적으로 협력하는 사회적 연대를 통해 추진될 가능성이 더 높다. 노동이 다양한 시민적 정체성으로 녹아들어 대항연합 속에 편재하는 사회적 연대를 상정하는 이 경로는 한국적 경로일 뿐만 아니라 1:99의 재난자본주의와 사회의 해체, 극단주의와 군사주의의 만성화와 국민 없는 감시국가, 지구환경위기 등으로 표현되는 신자유주의의 말기적 혼돈 속에서 대부분의 주변부 자본주의 국가의 사회운동이 공유할 수밖에 없는 경로라 할 수 있다.

여기서 노동운동에는 두가지 숙제가 주어지는데 첫째, 노동계 내의 단절과 격차를 넘어서는 것,[30] 둘째, 시민노동자—노동자시민으로서 사회적 연대의 중심을 회복하는 것이 그것이다. 우선, 노동자간 소득격차를 줄이고 좋은 일자리를 창출하는 일에 민주노총·한국노총 등 노동운동 중심조직들이 보다 적극적이고 담대한 사회연대적 해결방안을 마련하고 실천에 옮길 필요가 있다. 노동계 내부의 소득격차와 차별은 비록 자본과 국가가 강요한 구조라 할지라도 노동 내부의 현실임에 틀림없다. 노동운동은 비정규직 축소, 최저임금 인상, 노동시간 단축과 일자리 확대 등을 위한 사회적 연대를 대기업 개별사업장 노조들의 임금인상이나 노동조건 개선보다 더 중시한다는 것을 구체적인 정책대안과 연대적 실천으로 보여줘야 한다.[31] 여기에는 자본과 국가에 대한 요구만이 아니라 한국판 연대임금정책 같은 노동자간 나눔과 연대의 요소가 포함될 필요가 있다.

더불어 노동운동은 노동자가 생산자일 뿐만 아니라 소비자로서, 주민으로서, 유권자로서, 돌봄과 나눔의 주체로서 시민적 정체성을 확보하고 행동할 수 있도록 도와야 한다. 예를 들어 남성 조합원이 단위사업장에서 파업을 하는 것은 가장 자연스럽고 쉬운 실천이다. 하지만 그 노동자가 환경적·정치적으로 올바른 소비자로서 행동하는 것, 성인지적 관점(gender perspective)을 갖고 가정과 사회에서 양성평등과 돌봄을 실천하는 것, 주민으로서 지역사회와 마을의 풀뿌리 민주주의 실현을 위해 실천하는 것은 매우 중요한, 하지만 의식적인 노력이 없으면 쉽지 않은 일이다. 이와 관련하여 세월호 진상규명운동에서 민주노총과 한국노총 사업장 노조원들이 진상규명 서명운동을 필두로 희생자 가족들과의 교류와 연대에 적극 앞장섰던 것은 좋은 협력사례였다. 그밖에 민주노총 금속연맹의 지역 지부에서 인권 강좌와 탈핵 강좌를 연 사례, 아이쿱생협에서 민영화 등에 반대하는 공공성 교육자료를 제작하여 조합원들과 공유한 사례처럼 이질적인 것으로 간주되던 운동부문과 실천양식들을 연결하는 운동판 '크로스오버'(crossover)가 시도되고 있는 것은 매우 긍정적이다.

5. 정권교체와 시대의 교체

정권교체와 정치교체의 조건

우리 사회 변혁에서 가장 치명적일 수 있는 도구적 연대의 함정은 어떻게든 일대일 구도만 만들면 정권교체가 가능하다는 맹목적 연합정치-후보단일화의 함정이다. 이 문제를 지적하는 것은 정권교체를 가볍게 여겨서가 결코 아니다. '이명박근혜'정부에서의 심각한 민주주의 퇴행과 사회 양극화, 남북관계 파탄과 군사적 긴장 고조 등을 생각하면 정권교체는 절박한 과제이다.

문제는 지난 2012년 대선에서 드러난 것처럼 상대 정권의 실정이 야당연합의 승리를 자동으로 가져다주는 게 아니라는 데에 있다. 야권 후보를 단일화하는 것과 국민에게 정치적 신뢰를 얻는 것은 별개임을 지난 대선은 결과로 보여주었다. 특히 지난 대선의 쟁점이 기본적으로 야권에 유리한 경제민주화와 복지였음에도 빨간색으로 당의 상징색을 변경한, 거칠게 말해 빨갛게 분칠을 한 여당에게 대선기간 내내 고전하고 결국 정권을 내주게 된 이유를 깊이 성찰해봐야 한다. 종북몰이 탓으로 돌리기엔 과거 '민주정부 10년'이 많은 이들에게 결코 경제민주화나 복지를 자동으로 연상시킬 만한 따뜻한 시절이 아니었다.[32] 그 결과 민주진보세력이 신뢰할 만한 세력으로 인정받지 못하고 상당수 국민들로부터는 집권기득권세력으로 간주되기도 했다. 이번 대선도 마찬가지일 수 있다. 새로운 권리영역과 권리주체를 불러내고 새로운 정치적 에너지를 일으키지 못하는 기계적 연합에 치중하면, 연합도 승리도 장담할 수 없다. 정권 재창출을 위해서라면 공안기구를 비롯한 수구 권력자원을 총동원한 종북몰이와 정치공작으로 야권에 대한 정치적 불신과 내부로부터의 균열을 부추기는 데 수단과 방법을 가리지 않을 저들의 온갖 공작을 넘어설 수 없을 것이다.

'경제는 진보, 안보는 보수'라는 허구

박근혜정부의 실정과 약속 위반으로 인해 경제민주화와 복지 실현은 절박한 미완의 과제로 남아 있다. 국정원 등의 선거개입과 세월호 참사의 진실을 은폐하기 위해 종북몰이와 공안통치에 집착하여 이렇다 할 국정운영 성과를 남기지 못하고 갈등·적대·혐오만 만연하게 만든[33] 박근혜정부의 독선과 무능함에 실망한 지지자들도 빠르게 이탈하고 있다. 더불어 변화에 대한 사회적 기대치와 절박함도 높아졌다. 이는 만약 야권과 민주진보진영이 경제민주화와 모두를 위한 복지, 안전한 사회와 평화로운 한반도 정착 등 대담한 변화를 향한 사회적 연대를 일관성과 열성을[34] 갖고 지속할 경우, 새로운 전환을 주도하는 주체로 인정받을 가능성이 있음을 의미한다.

그런데 더불어민주당과 국민의당 두 야당 원내교섭단체 지도부는 우려한 대로 '경제는 진보, 안보는 보수'라는 손쉬운 말로 자신들의 소극성과 무사안일을 포장하면서 근시안적인 '중도 경쟁'에 치중하고 있다. 논란이 될 만한 일은 민생 사안이 아니라는 이유, 혹은 안보 쟁점 또는 정쟁 사안이라는 이유로 비껴가려 한다. 두 야당은 '경제적으로 진보적인' 유권자들을 어떻게 권리의 주체로 등장시키고 정치적 힘으로 전환시킬지, 안보에 보수적인 유권자들에게는 거꾸로 선 안보를 어떻게 재인식하게 만들지 전략과 비전을[35] 마련하지 않고 민생과 강한 안보라는 '부국강병'의 메뉴판을 개선 없이 내놓고 있다. 하지만 이런 방식에서는 집권수구세력이 한수 위일 수 있다. 수구세력도 곧 빨간 분칠을 하고 등장해 야당보다 훨씬 더 현란하게 민생복지와 안보태세를 강조할 것이다.

야당은 지난 수년간 시민들이 보여온 민주적 역동성을 인정하는데 인색하고 그것을 정치적 의제로 설정하는 데 소극적이며 지독한 근시안마저 보이고 있다. 국민 650만명이라는 전무후무한 기록적 서명으로 설립된 세월호특별조사위원회를 지키는 데 여론의 뒷받침이 없다며 주저하는 것,[36] 테러방지법 반대 필리버스터로 분출한 '진짜 정치'에 대한 열망과 시민권에 대한 관심을 '테러 문제는 안보담론'이란 야당답지 못한 이유로 중단시킨 것 등은 지독한 보신주의와 근시안을 보여준다. 경제민주화를 하겠다면서도 경제민주화를 위해 시위를 조직한 민주노총 위원장에 대한 무리한 법적용이나 경찰 폭력으로 사경을 헤매는 농민 백남기 씨 문제를 정치의제로 삼는 데 소극적이다. 위협과 안보를 국민의 관점에서 재조명하는 안보의 민주화 없이, 모이고 말하고 행동할 권리의 신장 없이 어떻게 경제민주화가 가능하겠는가?

게다가 야당은 분단체제의 안보 프레임이나 재난자본주의적인 충격요법의 위력을 간과하고 자신들이 그 덫에서 비껴설 수 있다고 착각하는 오류를 범하고 있다. 민주정부에서도 안보 전문가를 자처하는 공안기구와 군 같은 안보권력들을 제대로 통제한 적 없으면서 '강한 안보' 운운하는 것이야말로 저들이 쳐놓은 안보 프레임에 갇히는 길이다. 여야 모두 말하는 '강한 안보'란 결국 국방은 '군의 전문가'에게, 대외관계는 외교부와 산자부의 '외교통상 전문가'에게, 정세판단은 국정원의 '정보 전문가'에게 맡기는 것인데, 그것은 안보괴물이 맘껏 활보할 수 있는 성역을 보장하는 것과 마찬가지다. 강한 안보라는 이름으로 낡은 군사주의를 좌충우돌 뒤쫓아가면서 그들의 종북몰이와 정치공작에 먹잇감이 될 것이 틀림없다. 오히려 '당면한 위협'과 '시급한 안보'를 민주적으로 재해석해 국가가 시민의 안전과 안녕에 우선을 두게 해야 한다. 또한 군사안보가 야기하는 위협의 악순환 대신 평화와 협력의 선순환구조를 만들겠다는 지향을 명확히 해야 한다. 외교와 안보를 민주화하고, 경제를 민주화하고, 민생복지를 민주화해야 하며, 자신들이 하는 정치행위도 민주화해야 한다. 그래야 안보 프레임에 엮이지 않고 시대도 교체할 수 있다. 그것이 야당의 사명이며 추락하는 이 사회를 변혁하여 '민생'을 살리기 위해 정치가 해야 할 역할이다.

6. 나오며

세월호 참사 이전처럼 살 수 없다는 다짐을 이제 실천해야 한다. 이제 성장에서 나눔과 행복으로, 국가안보에서 시민의 안전과 안녕으로, 부국과 강병이 숭상되는 엄숙한 가부장의 사회에서 모두가 존엄하고 서로의 행복을 보살피는 따뜻한 공감과 연대의 사회로 바뀌야 한다. 어디서부터 출발할 것인가? 재난자본주의의 탐욕과 분단체제의 폭력성에 대항하기 위해 우리가 의지하고 기대를 걸어볼 만한, 그리고 실제 현실에서도 확인할 수 있었던 힘은 결국 폐허 위에서 재난유토피아[37]를 만들어내곤 했던 평범한 사람들의 공감과 연대의 힘이었다. 거기서 시작해야 한다. 그리고 더 집요하게 물어야 한다. 안녕들 하십니까?

주

서장 변혁적 중도의 실현을 위하여 • 정현곤

1 백낙청 「변혁적 중도주의와 소태산의 개벽사상」, 『어디가 중도며 어째서 변혁인가』, 창비 2009, 320면

2 같은 책 321면.

3 백낙청 「큰 적공, 큰 전환을 위하여」, 『백낙청이 대전환의 길을 묻다』, 창비 2015, 57면 주 38.

4 백낙청이 꼽은 극복해야 할 세력들은 여섯가지로 특징지어진다. 백낙청 「2013년체제와 변혁적 중도주의」, 『창작과비평』 2012년 가을호 22~23면 참조. 또한 본서 제1부 제3장 96~97면 참조.

5 백낙청 「변혁적 중도주의와 소태산의 개벽사상」, 앞의 책 321면.

6 백낙청 『흔들리는 분단체제』, 창비 1998, 17면.

7 정대화 「통일체제를 지향하는 '분단체제'의 탐구」, 『창작과비평』 1993년 가을호 294면.

8 김종엽이 '87년체제'라 말할 때 사용되는 확장된 레짐 개념이 그것이다. 김종엽 「87년체제론에 부쳐」, 김종엽 엮음 『87년체제론』, 창비 2009, 12~13면.

9 이에 대해서는 백낙청 『2013년체제 만들기』, 창비 2012, 138~39면 및 각주 4; 그에 앞서 백낙청 『분단체제 변혁의 공부길』, 창작과비평사 1994, 42~43면; 『흔들리는

분단체제』 90~91면 등 참조.

10 백낙청 「분단체제와 '참여정부'」, 『한반도식 통일, 현재진행형』, 창비 2006, 68~69면.

11 이에 대해서는 이남주도 동일한 이해를 하고 있다. 이남주 「분단체제론」, 창비50년사편찬위원회 엮음 『한결같되 날로 새롭게: 창비 50년사』, 창비 2016, 573~74면.

12 사회분석의 기본단위가 세계체제라는 의미가 실체로서의 국가를 사상하는 것은 아니다. "다른 한편으로, 시장 범위 안에 여하튼 어떠한 국가도 존재하지 않는다면 준독점을 획득하는 것은 불가능할 것이다. 자본가들이 '세계경제'—즉 그 안에 복수의 국가들이 있는 체제—안에 있을 때에만 기업가들은 자본의 끝없는 축적을 추구할 수 있다." 이매뉴얼 월러스틴 「구조적 위기, 또는 자본주의가 자본가들에게 더이상 이득이 되지 않는 이유」, 이매뉴얼 월러스틴 외 『자본주의는 미래가 있는가?』, 성백용 옮김, 창비 2014, 32~33면 참조.

13 이남주, 앞의 글 573면.

14 백낙청 「분단체제의 인식을 위하여」, 『분단체제 변혁의 공부길』, 18면; 본서 제1부 제1장 43면.

15 2항은 다음과 같이 되어 있다. "남측의 연합제 안과 북측의 낮은 단계의 연방제 안이 서로 공통성이 있다고 인정하고, 앞으로 이 방향에서 통일을 지향시켜 나가기로 하였다."

16 「백낙청 "정부가 통일대박론과 종북몰이 결합해 흡수통일 몰고 갈 우려"」, 『한겨레』 2014.3.11.

17 백낙청의 '2013년체제론'은 세개의 글로 구성된다. 골격은 2011년 3월에 발표한 「'2013년체제'를 준비하자」와 2011년 12월에 집필한 「다시 2013년체제를 생각한다」라는 두편의 글에서 완성되었고, 한참의 휴식 후 『창작과비평』 2014년 겨울호 지면에서 「큰 적공, 큰 전환을 위하여: 2013년체제론 이후」가 발표되면서 그 내용이 보완되었다. 앞의 두 글은 백낙청 『2013년체제 만들기』에, 뒤의 글은 『백낙청이 대전환의 길을 묻다』에 실려 있다.

18 그 중요한 증표로 2011년 7월 24일 아세안지역안보포럼에서의 박의춘 북한 외무상 연설과 7월 27일 조선중앙통신의 '정전협정과 조선반도'라는 논평을 들었다. 정현곤 「2013년체제 건설에서의 북한 변수」, 『창작과비평』 2012년 봄호 46~47면.

19 이 연구는 2003~12년 성균관대학교 서베이리서치센터가 시행한 한국종합사회조사 원재료를 토대로 이루어진 것이다. 장지연 「누구와 함께 평화복지국가를 도모할까: 평화복지국가 지지세력의 지형」, 조흥식·장지연 엮음 『평화와 복지, 경계

를 넘어』, 이매진 2014, 211면.

20 '희망 2013 승리 2012 원탁회의'는 2011년 7월 26일에 발족했고 9월 4일에 야 4당 대표와 함께 10·26서울시장 보궐선거 공동대응 합의를 도출하였으며 정당-시민사회 공동정책팀을 운영, "새로운 대한민국, '함께 행복한 세상'을 위한 희망 2013선언: 민주진보진영이 제안하는 대한민국의 비전"을 완성한다. 당시 원탁회의에는 시민사회 및 종교계 원로와 정치 참여를 준비하던 문재인 등의 인사가 포함되어 있었다. 희망 2013 승리 2012 원탁회의 엮음 「희망2013 승리2012 활동백서」 자료집 참조.

21 백낙청 「큰 적공, 큰 전환을 위하여: 2013년체제론 이후」, 앞의 책 31~32면.

22 같은 글 33면.

23 김종엽·은수미·이철희·정현곤 「대화: 박근혜 1년과 민주파의 대응」, 『창작과비평』 2014년 봄호 82면. 은수미의 주장에 대해서는 2016년 4·13총선이 평가의 지표가 될 수 있다. 당시 여권에서 중국 소재 북한 식당 종업원의 탈북-입남 이벤트를 실행했는데, 이에 대해 여러 비판들이 제기되었고 여론에 영향을 주었다. 북한문제는 회피할 것이 아니라 연마해서 대응할 문제라 볼 수 있다.

24 이에 대해서는 백낙청 「분단체제와 '참여정부'」, 앞의 책 69면.

25 국제인권단체 프리덤하우스가 2015년 한국의 언론자유지수를 33점으로 평가, 아프리카의 나미비아와 함께 세계 공동 67위로 랭크되면서 한국은 '부분적 언론자유국'으로 분류되었다. 한국의 부분적 언론자유국 지정은 2011년 이후 5년째 계속되고 있다. 『경향신문』 2015.5.1.

제1부 분단체제와 변혁적 중도론의 제기

분단체제의 인식을 위하여 • 백낙청

1 졸고 「민족문학론과 분단문제」, 『민족문학의 새 단계』, 창작과비평사 1990, 161~63면 참조.

2 1988~90년 사이의 예로는 『창작과비평』 1988년 가을호의 좌담 「민족통일운동과 민주화운동」과 『민족문학의 새 단계』 제1부의 글들 참조.

3 일본 『世界』 1991년 6, 9, 12월호 및 1992년 4월호. 『世界』 1992년 4월호에 기고한 원제는 '남북 합의서 이후의 통일운동'이다. 〔같은 제목으로 『분단체제 변혁의 공부길』 창작과비평사 1994에 수록되었다.〕

4 졸고 「민중운동과 통일운동」, 『사회평론』 1992년 4월호.

5 졸고 「개량되는 분단체제와 민주화세력의 대응」, 『世界』 1991년 12월호 224면; 졸저 『분단체제변혁의 공부길』 163면.

6 월러스틴의 세계체제론에 대한 국내의 간명한 소개로는 『창작과비평』 1992년 여름호에 번역된 I. 월러스틴, 성백용 옮김 「1980년대의 교훈」과 나종일·백영경 옮김 『역사적 자본주의/자본주의 문명』, 창작과비평사 1993 및 나종일 사론집 『세계사를 보는 시각과 방법』, 창작과비평사 1992 중 「월러스틴의 자본주의 세계체제론」 참조.

7 『민족문학의 새 단계』 128~29면.

8 좌담 「민주주의의 이념과 민족민주운동의 성격」, 『창작과비평』 1989년 겨울호 55면.

9 졸고 「개편기를 맞은 한국의 민족민주운동」, 『世界』 1991년 6월호 350면; 『분단체제 변혁의 공부길』 150면.

10 이러한 검토의 필요성에 대해서는 졸고 「분단시대의 계급의식을 다시 생각한다」, 『동향과 전망』 1991년 가을호 12~13, 18~19면; 「분단시대의 계급의식」, 『분단체제 변혁의 공부길』 136, 143면 등 참조.

11 브루스 커밍스·백낙청 「대담: 세계사 속의 한국전쟁과 통일한국」, 김영희 옮김 『창작과비평』 1992년 봄호 378면 참조.

12 정대화 「통일운동론의 분화와 논쟁의 두 지점」, 지면토론 '통일운동과 민족대단결론을 어떻게 볼 것인가', 『경제와사회』 1992년 여름호 231~32면.

13 김세균 「연방제 통일방안의 모순」, 『사회평론』 1992년 7월호 232면.

14 같은 글 233면.

15 정대화, 앞의 글 233면.

16 같은 글 239면.

17 같은 글 230면.

18 같은 곳.

19 「개편기를 맞은 한국의 민족민주운동」 참조.

20 『민족문학의 새 단계』 169면.

21 이만수 「다가오는 통일시대와 노동운동의 새로운 임무」, 『노동운동』 1992년 2·3월 합본호.

22 「민중운동과 통일운동」 54면; 『분단체제 변혁의 공부길』 174면.

23 같은 곳.

24 한국기독교교회협의회 배포자료 『통일을 앞당기는 그리스도인의 삶』(1992) 참조.

25 「분단체제의 인식을 위하여」 및 「분단시대의 계급의식」 참조.

26 이 점은 국내 사정에 생소한 외국 독자들을 상대로 쓴 「개편기를 맞은 한국

의 민족민주운동」과 영문 졸고 “South Korea: Unification and the Democratic Challenge,” *New Left Review* 197호, 1993년 1~2월호에 비교적 자세하게 설명했다.

27 전태일기념관건립위원회 엮음 『어느 청년 노동자의 삶과 죽음』, 돌베개 1983, 170면.

2013년체제와 변혁적 중도주의 • 백낙청

1 백낙청·윤여준·이해찬 대화 「4·11총선 이후의 한국정치」, 『창작과비평』 2012년 여름호 183면. 비슷한 반성적 발언을 총선 직후 4월 19일에 이루어진 〈프레시안〉 인터뷰에서도 내놓은 바 있다. 「2013년체제, 어떤 대통령 나오느냐가 관건」, 〈프레시안〉 2012.4.23.

2 마음공부가 비록 중요하다 생각할지라도 일반 독자나 청중을 상대할 때 그 이야기를 길게 하기는 조심스럽다. 그러던 중 지난 5월 24일 조계종 선림원(禪林院)의 초청으로 강의할 기회를 얻은 김에 「2013년체제와 중도공부」라는 제목으로 불교적 중도공부에 대해 조금 자세히 언급했는데, 그중 상당부분을 여기 원용한다.

3 졸고 「통일시대·마음공부·삼동윤리」, 『어디가 중도며 어째서 변혁인가』, 창비 2009, 292면 참조. 그간의 내 작업에 다소나마 친숙한 독자에게 ‘분단체제’의 개념을 새삼 설명할 필요는 없을 것이다. 그렇지 못한 독자를 위해서는 『만들기』 제7장 「한국 민주주의와 한반도의 분단체제」에 비교적 상세한 소개가 있음을 밝히는 것으로 설명을 대신한다.

4 졸고 「북의 핵실험 이후: 남북관계의 ‘제3당사자’로서 남쪽 민간사회의 역할」, 『어디가 중도며 어째서 변혁인가』, 141면.

5 용수보살(龍樹菩薩) 『중론(中論)』, 김성철 역주, 경서원 2001(3차개정판) 「역자후기」 참조.

6 이런 논지를 녹색담론과 관련해 펼친 것이 졸고 「근대 한국의 이중과제와 녹색담론」, 이남주 엮음 『이중과제론』(창비담론총서 1), 창비 2009이다. 특히 3절 ‘분단체제 극복운동이라는 매개항’ 참조.

7 졸저 『한반도식 통일, 현재진행형』, 창비 2006, 제2장 「6·15시대의 대한민국」 중 ‘6·15시대의 참 진보는 “변혁적 중도주의”’ 대목(30~31면) 참조. 이 논지는 같은 책 제4장 「분단체제와 ‘참여정부’」의 덧글 ‘변혁적 중도주의와 한국 민주주의’(58~61면)에서 부연된다.

8 졸고 「통일운동과 문학」, 『창작과비평』 1989년 봄호; 졸저 『민족문학의 새 단계』, 창작과비평사 1990, 124~29면 참조.

9 같은 호에 백낙청·조효제 대담 「87년체제의 극복과 변혁적 중도주의」도 실렸다.

나 자신이 그 주장을 계속해왔음은 물론이다. 『어디가 중도며 어째서 변혁인가』에 이르면 '변혁적 중도주의'는 책 전체를 관통하는 주제어에 가까워지며, 서장 「시민참여 통일과정은 안녕한가: 중도 공부, 변혁 공부를 위하여」, 7장 「변혁과 중도를 다시 생각할 때」, 13장 「2009년 분단현실의 한 성찰」, 15장 「변혁적 중도주의와 소태산의 개벽사상」 등에서 집중적으로 거론되었다.

10 다만 그가 설정한 X(진보↔보수), Y(개혁↔수구), Z(평화협력↔긴장대결)라는 3개 축이 '한국 사회의 이념·정책지형'의 분석도구로서 얼마나 유용한지는 모르겠다. 이 그림의 큰 미덕은 한국 사회과학자들의 현실분석에서 곧잘 무시되는 '남북관계'를 추가함으로써 2차원적 평면도로는 파악하기 어려운 3차원의 입체적 인식을 요구한 점이고, 통상적인 '보수 대 진보'의 구도가 현실 속의 '수구 대 개혁' 전선과 일치하지 않는다는 것은 김기원의 오랜 지론이자 탁견이다. 그러나 객관적인 분석도구로 기능하려면 Y축과 Z축도 X축처럼 양극이 "선악이 아니라 조화로운 균형을 달성해야 하는 관계"(210면)로 설정되어야 하지 않을까 싶다. 이에 대한 논의는 다른 기회로 미룬다.

11 당일 배포된 강연 요지문 및 『통일뉴스』(www.tongilnews.com) 2012년 4월 26일 기사 「진보진영, 폐쇄적인 조직문화 쇄신해야」 참조.

12 "끝으로 '변혁'과 '중도주의'라는 얼핏 상충되는 개념들의 결합이 가능한 것은 우리가 한반도식 통일이라는 특유의 역사 한복판에 자리하고 있기 때문임을 상기하고자 한다. 남북은 6·15공동선언을 통해 기왕의 어떤 분단국가도 못 가본 평화적일뿐더러 점진적이고 단계적인 통합의 길에 합의해놓은 상태니만큼, 이 합의의 실천에 양극단이 배제된 광범위한 세력이 동참할 때 전쟁이나 혁명이 아니면서도 점진적인 개혁의 누적이 참된 변혁으로 이어지는 일이 가능할 것이다."(졸고 「변혁과 중도를 다시 생각할 때」, 『어디가 중도며 어째서 변혁인가』 178~79면)

13 『만들기』 제4장 「다시 2013년체제를 생각한다」 중 73~75면 '본격적 사회통합은 2013년체제의 숙제로' 참조.

제2부 분단체제론의 지평

한반도 분단체제의 독특성과 6·15시대 • 유재건

1 2007년 2월 13일 6자회담 결과 나온 '2·13합의'는 조선민주주의인민공화국의 핵시설 폐쇄와 불능화, 핵사찰 수용, 중유 100만톤 상당의 경제적 지원 등을 골자로 한다.

2 통일 및 북한에 관한 언급으로는 박명림이 한국 진보담론의 위기상황을 규정하는 세가지 중의 하나로 "한국 진보담론의 재구성은 민족문제와 직결되어 있는데, 통일문제 및 북한의 현실에 대한 곤혹스러움이 있다. 북한의 체제 이데올로기는 현재 총체적인 파탄을 맞았다"고 지적하는 한 대목이 있다. 『한겨레』 2006.1.3.; 1.4.

3 김동춘 『한국 사회과학의 새로운 모색』, 창작과비평사 1997, 262면.

4 권혁범 「통일에서 탈분단으로」, 『당대비평』 2000년 가을호 159면.

5 김세균 「남북정상회담 이후의 남북한관계 및 남북한사회」, 『진보평론』 2000년 가을호 179~88면.

6 E. J. Hobsbawm, *The Age of Extremes: A History of the World, 1914-1991*, New York: Vintage 1996, 제8장(이용우 옮김 『극단의 시대』, 까치 1997).

7 B. 커밍스, 「70년간의 위기와 오늘의 세계정치」, 『창작과비평』 1995년 봄호 74~75면.

8 I. Wallerstein, *After Liberalism*, New York: The New Press 1995, 180~83면(강문구 옮김 『자유주의 이후』, 당대 1996); 김정배 『미국과 냉전의 기원: 공존과 지배의 전략』, 혜안 2001. 김정배는 여기서 미국이 일차적으로 겨냥한 대상이 소련이 아니라 서유럽과 일본이었다고 주장한다.

9 I. Wallerstein, 앞의 책 183면.

10 같은 책 191면.

11 B. 커밍스, 앞의 글 80면; Chalmers Johnson, *The Sorrows of Empire: Militarism, Secrecy and the End of the American Republic*, New York: Metropolitan Books 2004, 83~85면(안병진 옮김 『제국의 슬픔: 군국주의, 비밀주의, 그리고 공화국의 종말』, 삼우반 2004).

12 백낙청은 월러스틴이 한반도 분단의 독특한 성격, 동서대립+제3세계 통제의 복합적 면모를 간과하고 독일 분단과 유사한 것으로 간주한다고 비판한다. 백낙청 『흔들리는 분단체제』, 창작과비평사 1998, 93, 179~80면.

13 Alex Callinicos, *New Mandarins of American Power: The Bush Administration's Plans for the World*, Oxford: Blackwell 2003, 106면(김용욱 옮김 『미국의 세계제패 전략』, 책갈피 2004).

14 "Remarks by National Security Advisor Condoleezza Rice on Terrorism and Foreign Policy" (2002.4.29.), www.whitehouse.gov/news/releases/2002/04.

15 Emmanuel Todd, *Après L'Empire*, Paris: Gallimard 2002(주경철 옮김 『제국의 몰락』, 까치 2004). 또드는 두 시기의 극적인 대조, 전도 내지 도치를 다음과 같이 표현한다. "따라서 전세계는 이중의 도치에 직면해 있다: 세계와 미국 사이의 경제적

종속관계의 도치가 첫번째 것이고, 유라시아에서 긍정적으로 되고 미국에서 부정적으로 되는 민주주의의 역동성의 도치가 두번째 것이다"(34면).

16 Michael Mann, *Incoherent Empire*, London: Verso 2003, 13면.

17 Chalmers Johnson, *Blowback: The Costs and Consequences of American Empire*, New York: Metropolitan Books 2000(이원태 옮김 『블로우백』, 삼인 2003).

18 Patrick Tyler, "A New Power in the Streets," *New York Times* 2003.2.17.; Alex Callinicos, 앞의 책 23면에서 재인용.

19 미국 패권의 쇠락에 대해서는 졸고 「미국패권의 위기와 세계사적 전환」, 『창작과비평』 2005년 봄호 참조.

20 이 두가지 입장에 대한 비판으로는 졸고 「통일시대의 개혁과 진보」, 『창작과비평』 2002년 여름호 참조.

21 송주명 「탈냉전기 동아시아 태평양의 안보·경제체제와 한반도」, 『역사비평』 2000년 겨울호 72면. 강조는 인용자.

22 임지현 「다시, 민족주의는 반역이다」, 『창작과비평』 2002년 가을호 185면.

23 같은 글 201면; 송주명, 앞의 글 73면.

24 Alex Callinicos, "The Grand Strategy of the American Empire", *International Socialist Journal*, 2002 Winter (http://pubs.socialistreviewindex.org.uk/isj97/callinicos.htm).

25 Michael Hardt and Antonio Negri, *Empire*, Cambridge, MA: Harvard University Press 2000, 81, 433면(윤수종 옮김 『제국』, 이학사 2001).

26 Immanuel Wallerstein, *The Decline of American Power: The U.S. in a Chaotic World*, New York: The New Press 2003, 376, 368면(한기욱·정범진 옮김 『미국 패권의 몰락: 혼돈의 세계와 미국』, 창비 2004). 한글판에서는 'an integrated'를 '통합된'으로 번역했으나 인용자가 '하나로 통합된'으로 고쳤다.

27 남구현 「편집자의 글」, 『진보평론』, 2005년 여름호; 임지현, 앞의 글 200면.

28 Marshall Auerback, "What Could Go Wrong in 2005?"(2005.1.21.), TomDispatch.com (www.tomdispatch.com/index.mhtml?pid=2141); I. Wallerstein, 앞의 책 400~01면.

29 백영서 「제국을 넘어 동아시아 공동체로」, 백영서 외 『동아시아의 지역질서』, 창비 2005, 25~26면.

30 백낙청 「21세기 한국과 한반도의 발전전략을 위해」, 백낙청 외 『21세기의 한반도 구상』, 창비 2004, 24~25면.

31 Immanuel Wallerstein, "East Asia and the World: The Decades Ahead," *Comment*, no. 157 (2005.3.15.), Fernand Braudel Center (http://fbc.binghamton.edu/comment.

htm).

32 와다 하루키 『동북아시아 공동의 집』, 이원덕 옮김, 일조각 2004, 130면.

33 민경우 「6·15 선언과 조국통일의 경로」, 〈민중의소리〉 토론회 발제문(2005.9.); 민경우 『민족주의, 그리고 우리들의 대한민국』, 시대의창 2007.

34 최장집 「해방60년에 대한 하나의 해석 — 민주주의자의 퍼스펙티브에서」, 참여사회연구소 해방60주년 기념 심포지엄 발제문(2005.10.).

분단체제와 87년체제의 교차로에서 • 김종엽

1 보수와 진보 혹은 우파와 좌파 같은 용어들은 정치적 구별의 용어이다. 이런 구별과 관련된 우리 사회의 맥락을 수용하기 위해 필자는 보수와 진보 대신 보수와 민주라는 구별을 사용했다. 이런 구별은 '민주정부 10년' 같은 표현에 잠재된 것이기도 하다. 물론 민주파보다는 진보개혁파 또는 진보개혁진영 같은 표현이 더 널리 사용되며, 그런 표현도 설득력을 가진다. 하지만 필자는 민주파라는 용어가 간결함 이상의 장점이 있다고 생각한다. 구별의 두 항은 각각 상대가 아닌 것을 통해서 의미를 획득한다. 보수·진보의 구별도식에서 진보는 보수가 아닌 것이고, 보수는 진보가 아닌 것이다. 같은 선상에서 보수·민주에서 보수는 민주가 아니고, 민주는 보수가 아니다. 이렇게 구별하면 분단체제 아래서 보수가 민주적 법치를 온전하게 수용하지 않는 집단임을 보여줄 수 있다. 그런 보수를 수구라고 명명하는 것도 한 방법이다. 하지만 수구라는 말은 보수 내의 일부 집단(우리 사회의 보수 내에서 헤게모니를 가진 집단)을 넘어서서 그 집단 전반을 지칭하기는 무리가 있다고 생각된다.

2 1961년에서 1987년 민주화 이행 이전까지를 '긴 박정희체제'라고 부르는 것은 불편하다. '군사독재체제'나 '61년체제'라는 명칭을 쓰는 것이 더 나은 면이 있다. 하지만 군사독재체제는 문자적 의미로는 군부가 쿠데타를 통해서 권력을 장악한 후 군부라는 틀을 유지하며 독재를 한 남미 사례에 가장 잘 맞는다. 그래서 이 표현을 쓰려면 계속 따옴표를 써야 한다. 61년체제의 경우 지칭의 면에서는 깔끔하지만, 박정희의 부정적 유산과 대결이 필요한 우리 상황이 요청하는 역사의식을 형성하기 어렵다. 그래서 난점이 있지만, 박정희체제라는 표현을 택했다. 이하의 모든 박정희체제라는 표현은 '긴 박정희체제'를 지칭한다.

3 '흔들리는 분단체제'에 대해서는 백낙청 『흔들리는 분단체제』, 창작과비평사 1998 참조. 그리고 분단체제의 관점에서 이루어진 시대구분에 대해서는 백낙청 『한반도식 통일, 현재진행형』, 창비 2006, 46~48면 참조.

4 최근 북미간 그리고 남북간 긴장고조 과정에 대한 상세한 분석은 서재정 「북

의 3차 핵시험과 한반도 비핵화평화체제의 전망」, 『창작과비평』 2013년 여름호 386~411면 참조.

5 필자는 2010년 발표한 「이명박 시대, 민주적 법치와 도덕성의 위기」, 『창작과비평』 2010년 봄호 15~35면에서 이명박정부가 자신의 통치위기를 남북관계의 경색을 조장함으로써 돌파하려고 하지만 "2000년 6·15정상회담을 계기로 해체기에 들어선 분단체제를 재안정화하려는 시도가 성공할 수 없"으며 "이명박정부조차도 민주정부 시기에 부설된 철로를 장기간 이탈할 수 없"다고 말한 바 있다. 하지만 현재 시점에서 보면 민주정부 10년의 성과는 쉽사리 이탈할 리 없는 철로 위에 우리 사회를 올려놓았다 말하기 어려워 보인다. 민주정부가 마련한 것은 철로라기보다는 도로였고, 우리 사회는 운전사가 바뀌면 그 도로에서 이탈해 다른 길을 갈 수 있는 자동차와 같다고 할 수 있다. 〔이후 개성공단은 7차례 실무협약을 거쳐 2013년 8월 14일 개성공단 재개 합의가 이루어지고 9월 16일부터 정상가동되었으나 2016년 북한의 4차 핵실험과 광명성호 도발을 이유로 2월 10일 가동을 전면 중단했다.〕

6 주지하다시피 우리의 근현대사는 정치적 타자를 식별하는 동시에 경멸하기 위해서 '친일' '친미' '친북'(일부 집단에는 '친노'라는 말도 여기 포함된다) 같은 단어를 써왔다. '종북'과 달리 이런 단어들은 모두 사회적 연결망을 참조함으로써 타자를 비판한다. 예컨대 '친미'의 문자적 의미는 미국인과의 인간적 관계, 미국에 대한 개인적 경험 그리고 그것에서 발원하는 정서적 태도 등을 가리킨다. 그런 사회적 연결망 속에서 조직된 개인적 이익들이 민족적 이익을 거스르며 작동한다는 함축적 의미를 통해 비판이 이루어지는 것이다. 이렇게 직접 대상을 비판하지 않고 함축된 의미를 경유하는 비판은 상당히 절제된 것이라 할 수 있다.

7 2012년 통합진보당의 분열에는 2008년 민주노동당의 분열, 그것도 잘못된 방식으로 진행된 분열의 유산이 자리 잡고 있다. 민주노동당의 당내 갈등에서 평등파는 자주파의 '종북주의'를 비판의 초점으로 삼았고, 그로 인해 자주파의 패권주의 문제가 논쟁의 중심에 오르지 못하게 되었다. 통합진보당의 분열은 이때 논쟁대상이 되지 못한 패권주의 문제가 사후에 폭발하였다는 성격을 가진다. 민주노동당 분열에 대한 상세한 연구로는 정영태 『파벌: 민주노동당 정파갈등의 기원과 종말』, 이매진 2011을 참조하라.

8 분단체제하에서는 보수파가 민주파의 정책들을 민주파보다 더 과감하게 채택하는 오프사이드 플레이를 기대하기 어렵다. 이 점에 대해서는 졸고 「보수파의 오프사이드 전략과 분단체제」, 〈창비주간논평〉 2011.5.25. 참조.

9 좀더 상세한 것은 이매뉴얼 월러스틴 『자유주의 이후』, 강문구 옮김, 당대 1996 참조.

10 체계통합은 시장이나 국가처럼 행위자들의 개인적 선택이나 규범적 내면화에 의존하지 않고 이루어지는 통합이며, 사회통합은 가치와 규범을 경유해 이루어지는 통합이라는 뜻으로 사회학에서 널리 쓰이는 용어인바 여기서도 그런 뜻으로 썼다.

11 우리 시대의 특징은 장래희망이 특정한 직업이 아니라 '정규직' 혹은 '갑'이 되어버린 대학생들에게서 엿볼 수 있다. 한 광고홍보학과 학생은 무엇을 하고 싶으냐는 필자의 질문에 광고일을 하고 싶은데, 광고회사에 가고 싶지는 않고 대기업 광고 담당 부서에서 일하고 싶다고 했다. 그는 갑인 정규직이 되고 싶은 것이다.

12 대출사회의 발달과 그것이 일으킨 문제에 대한 상세한 분석은 제윤경·이헌욱 『약탈적 금융사회』, 부키 2012를 참조하라.

13 이런 자기계발의 구조적 한계에 대한 분석으로는 서동진 『자유의 의지, 자기계발의 의지』, 돌베개 2009를 참조하라. 그리고 몇년 전부터 우리 사회에 불기 시작한 '힐링' 열풍은 자기계발의 자기파괴적 경험과도 관련된다.

14 이매뉴얼 월러스틴 『미국 패권의 몰락』, 정범진·한기욱 옮김, 창비 2004 참조. 금융위기의 효과에 대해서는 로빈 블랙번 「세계 경제위기의 신호탄, 서브프라임 위기」, 서용순 외 옮김 『뉴레프트리뷰』, 길 2009, 68~128면 참조.

15 이런 상황에 부응하려는 담론적 기획의 대표적인 예로는 백낙청 『2013년체제 만들기』, 창비 2012를 참조하라.

16 백낙청 「2013년체제와 변혁적 중도주의」, 『창작과비평』 2012년 가을호 22~23면; 본서 96~97면 참조.

분단체제와 북한의 변화 • 김연철

1 북한의 제안으로 성사된 적십자회담의 자세한 내용에 관해서는 통일부 『남북대화』 제36호(1984.8.~1984.11.) 참조.

2 류승주 「1946~1948년 남북한 전력수급 교섭」, 『역사와현실』 제40호(2001.6.).

3 백낙청 「분단체제극복운동의 일상화를 위해」, 『흔들리는 분단체제』, 창작과비평사 1998, 21~22면 참조.

4 박명림은 인터페이스를 '대쌍관계'로 번역하면서, 상호관계를 넘어서는 "구성된 전체 질서가 두 행위자에게 특정의 조건을 부과하는 관계"라는 점을 강조했다. 박명림 「분단질서의 구조와 변화: 적대와 의존의 대쌍관계동학, 1945~1995」, 『국가전략』 제3권 1호(1997) 참조.

5 장화수 「해방후 '남북한의 지역간무역'에 관한 연구(1945~49)」, 『아세아연구』 제53호(1975.1.) 참조.

6 김보영 「8·15 직후 남북한 경제교류에 관한 연구: 남북한 분단의 경제적 귀결」,

『경제사학』 제22집(1997).

7 Corrales Javier, "The Gatekeeper State: Limited Economic Reforms and Regime Survival in Cuba, 1989~2002," *Latin American Research Review* 39, no. 2 (June 2004) 참조.

8 서보혁 『코리아 인권: 북한 인권과 한반도 평화』, 책세상 2011 참조.

9 서보혁 「분단체제와 인권문제: 북한인권 논의의 재설정」, 『통일인문학』 제61집 (2015) 참조.

새로운 '한반도경제'를 위하여: 네트워크 경제모델의 제안 • 이일영

1 백낙청 「'2013년체제'를 준비하자」, 『실천문학』 2011년 여름호; 『2013년체제 만들기』, 창비 2012, 82면. 여기에서 강조된 것은 의제 자체보다는 2013년체제의 내용을 채우는 여러 의제들간의 '지혜로운 결합'이다.

2 김종엽 「더 나은 체제를 향해」, 『창작과비평』 2011년 가을호; 김대호 「2013년체제는 새로운 코리아 만들기」, 『창작과비평』 2011년 가을호.

3 안현효·류동민은 진보진영의 분열을 극복하는 대안으로서 사회민주주의 대안으로의 수렴 현상을 이야기한 바 있다. 안현효·류동민 「한국에서 신자유주의의 전개와 이론적 대안에 관한 검토」, 『사회경제평론』 제35호(2010).

4 사회민주주의는 국가 차원의 프로그램을 통해 자원을 다수 대중에게 재분배한다는 이상과 운동을 대변하는데, 이매뉴얼 월러스틴은 이러한 사회민주주의 대안은 이제 '환상'이라고 지적한 바 있다. 사회민주주의의 성공을 지탱했던 조건은 세계경제의 확장과 세계체제에서의 미국 헤게모니인데, 세계경제는 장기침체로 접어들었으며 미국의 헤게모니 권력은 길고 완만한 쇠퇴의 과정으로 접어들었다는 것이다. Immanuel Wallerstein, "The Social-Democratic Illusion," *Commentary*, no. 313 (September 15, 2011) (http://www.iwallerstein.com/socialdemocratic-illusion/); 한글판 「복지국가 모델은 지속 불가능… 대안은?」 〈프레시안〉 2011.9.16. 참조.

5 이태수·김연명·안병진·이일영 「대화: 복지국가 진보의 대안인가」, 『창작과비평』 2010년 가을호; 졸고 「복지 논의가 헤쳐가야 할 삼각파도」, 〈창비주간논평〉 2011.2.16.

6 졸저 『새로운 진보의 대안, 한반도경제』, 창비 2009, 6면.

7 2008년 말 아이슬란드·헝가리·파키스탄·우크라이나, 2009년 초 벨라루스·루마니아 등이 차례로 IMF의 자금지원에 의존하게 되었다. 특히 외화표시 단기부채를 다량 보유하고 있던 아이슬란드는 통화가치가 폭락하고 3대 은행을 국유화해야 하는 최악의 위기를 맞았다.

8 중국이 '세계의 공장'이 된 이면에는 중국이 글로벌 생산네트워크에 편입되어 미국·유럽·일본 기업들에 의해 생산량을 통제받는 현실이 존재한다. 중국은 이미 서구와 깊은 관계를 맺고 있다.

9 조반니 아리기는 20세기 이후 세계체제의 시나리오를 서구 중심의 전지구적 제국, 동아시아 중심의 세계시장사회, 세계적 수준의 카오스로 제시한 바 있다. 조반니 아리기 『장기 20세기: 화폐, 권력, 그리고 우리 시대의 기원』, 백승욱 옮김, 그린비 2008. 현실에 가장 근접한 시나리오는 카오스인 것으로 보인다. 세계체제론과는 다른 맥락이지만 누리엘 루비니 뉴욕대 교수, 이언 브레머 유라시아그룹 회장 등은 글로벌 거버넌스의 부재상황을 'G-제로'라고 표현한 바 있다.

10 미시적 차원에서 정의된 네트워크는 둘 이상의 행위자 집합으로서 상호간에 반복적·지속적 교환관계를 추구하면서 교환과정에서 발생할 수 있는 분쟁을 중재, 조정하는 법적 권위체를 가지고 있지 않은 조직형태라고 할 수 있다. 네트워크 형태에 참여하는 행위자는 새로운 기능과 지식의 학습, 합법적 지위의 획득, 경제적 성과의 개선, 자원 의존의 관리, 사회복지 개선이라는 이익을 얻는다. Joel M. Podolny and Karen L. Page, "Network Forms of Organization," *Annual Review of Sociology*, no. 24 (1998), 59~66면.

11 발전주의란 보통 시장에 대한 국가 개입을 용인하는 경제시스템을 의미한다. 그 특징으로는 국가와 민족 이해의 최우선화, 공업화를 통한 경제성장으로의 국력 강화, 자원의 집중적 동원과 관리 등을 지적할 수 있다.

12 한미FTA의 추진은 국내적 갈등비용을 유발하는 한편 미국과 중국의 동아시아 정책이 충돌하는 지점이 될 수 있다는 점에서 논란이 확대되고 있다. 현재로서는 한미FTA는 물론 한중FTA와 한일FTA의 경우에도 통상문제의 차원을 넘어 카오스화하는 세계체제 속에서의 갈등을 유발할 가능성이 높다. FTA의 방아쇠가 당겨진 만큼 협상기간을 길게 가져가고 '낮은 수준'으로 조정되도록 노력하면서 네트워크 관계를 강화하는 것이 바람직하다고 여겨진다.

13 금융세계화에 따라 금융위기가 발생할 가능성이 더 높아졌지만, 그렇다고 금융기능을 폐지할 수는 없다. 위기를 원천봉쇄하는 것이 어렵다면 위기에 대비하고 위기를 관리하는 방안을 준비해야 한다.

14 김상배 「네트워크 세계정치이론의 모색: 현실주의 국제정치이론의 세 가지 가정을 넘어서」, 『국제정치논총』 제48집 제4호(2008).

15 네트워크적 요소를 강화하는 방안으로는 유럽연합에서 시도하고 있는 개방형 정책조정방식을 참고할 수 있다. 유럽연합의 경우 경제·통화·고용·빈곤구제·사회통합·환경 등의 분야에서 초국가기구·회원국 정부·국가 하부의 행위자들 사이에

수직·수평의 정책네트워크가 복잡하게 작동하고 있다. 이를 통해 중앙집중형 규제 메커니즘을 탈피하여 협상과 숙의, 경쟁과 조정을 통한 분산형 메커니즘을 구축하려 하고 있다. 민병원 「네트워크국가의 거버넌스 실험: 유럽연합의 개방형 조정방식(OMC)을 중심으로」, 『국가전략』 제14권 제3호(2008).

16 이는 일종의 '체제이행'에 해당하는 것이다. 이러한 체제이행 프로그램의 첫째 요소는 대외개방 조치다. 이는 특구의 확대 발전, 대외무역과 외국인투자의 확대 등을 핵심정책으로 한다. 특구에 유치한 외자기업에 대한 자유로운 기업활동 보장, 외국인기업과 경쟁할 국내의 기존 기업에 대한 분권화와 인센티브 개혁 추진 등 제도적 개선도 뒤따라야 한다. 둘째 요소는 심화된 제도개혁이다. 사적 소유권을 허용하는 재산권 개혁, 시장원리에 입각한 임금·고용제도 수립, 기업제도에 포함되어 있던 사회보장제도의 독립 등이 이루어져야 한다. 셋째 요소는 남북간에 시장과 제도를 통합하는 것이다. 이를 위해서는 남북한 정부 차원에서 대표성을 위임한 경제공동체를 구성하고 이의 권능을 보장하는 국내법을 각각 제정해야 한다. 앞의 졸저 9장 참조.

17 2011년 12월에 김정일이 사망했지만, 김정일-김정은체제는 2008년 말~2009년 초부터 시작되었다. 필자는 이 시기부터 사실상 '김정일 이후'가 개시되었다고 본다. 졸고 「'김정일 이후'의 '한반도경제'」, 〈창비주간논평〉 2012.1.4.

18 네트워크에 의한 '지중해경제'의 아이디어는 김석철, 백영서에게서도 자극을 받은 것이다. 김석철은 황해공동체와 황해도시연합, 한반도·랴오닝성·산둥성 경제공동체, 한반도 서해안 도시연합 등을 거론하는데, '공동체'나 '연합'은 '동북아 지중해경제'에 적절한 조직형태를 나타내는 개념은 아니라고 여겨진다. 백영서는 진먼, 오끼나와 그리고 인천 앞 서해 5도를 연결하는 동아시아 평화의 '핵심현장' 네트워크를 제안하고 있다. 이는 국가주의를 넘어설 수 있는 주변부적 위치의 도시를 '네트워킹'한다는 발상인데, 하나의 의미있는 요소가 될 수 있음은 분명하지만 '지중해경제'에서는 경제적 비중이 큰 도시들의 네트워크가 더 중요하다고 판단된다. 김석철 『희망의 한반도 프로젝트』, 창비 2005; 백영서 「동북아 평화의 '핵심현장' 네트워크: 진먼·오끼나와·서해 5도」, 10·4남북정상선언 4주년 국제학술회의 '한반도 평화체제와 서해 평화의 섬' 발제문(2011.10.5.).

19 우선적으로 필요한 것은 남북간 교통 및 물류연계 기반시설의 건설이다. 인천과 개성의 연결도로, 해주 항만 확충이 시급하다. 전력·통신은 별도 인프라를 구축하기보다는 남측에서 지원하는 방식(전력은 송전방식, 통신은 중계선방식)으로 설치하는 것이 좋다고 판단된다. 한반도평화포럼 『서해평화협력특별지대 구축 실행방안 연구: 서해 평화번영과 인천 이니셔티브』, 2011, 186면.

20 '지중해경제' 형성의 비전을 세우고 나면 신공항의 필요성도 설득력 있게 받아들여질 수 있을 것이다. 부산-광양 벨트는 세계적인 복합물류단지로 발전할 잠재력이 있다. 한려수도와 제주까지 연결된 남해 바다는 독특하고도 세계적인 매력을 가진 명소로 부각될 수 있고, 동북아의 MICE, 즉 회의(Meeting), 포상관광(Incentives), 컨벤션(Convention), 이벤트와 전시(Events & Exhibition) 중심지가 될 수 있다.

21 '디아스포라'(diaspora)는 '이주'(migration)와 쌍개념인데, 세계화·지역화·정보화의 흐름은 19세기 이래 한인들의 고통에 찬 이주를 전세계적인 방향으로의 '디아스포라'라는 새로운 시각에서 인식하게 하였다.

22 공화주의의 어원은 'res publica'인데, 이 말은 정치공동체 구성원의 공적인 일을 뜻한다. 공화주의의 구성요소로는 다수가 참여하는 공적 결정, 갈등과 균형, 논쟁적·토의적 민주주의, 시민적 덕성 등이 강조된다.

23 한국에서 국가는 산업에 대해 보조금을 제공하고 성과에 연계된 프로그램을 제시했다. 또한 금융자본-산업자본-국가 간의 강력한 연계와 보호주의 전략을 통해 공업생산성을 개선했으며 '학습에 의한 산업화'를 이룩했다.

24 생산 측면의 지역간 격차를 나타내는 1인당 GRDP(지역내 총생산)의 인구가중 변동계수는 1990년대 중반 이후 줄곧 가파른 상승 추세를 보이고 있다. 정준호「지역문제의 담론지형에 대한 비판적 검토」,『동향과전망』2010년 봄호.

25 이와 관련하여 고 노무현 대통령의 다음과 같은 술회를 참고할 만하다. "그 뭐 부당 내부거래를 사전에 원천봉쇄하기 위해서 순환출자, 출자총액 막아라 그랬는데 그게 뭐 효과가 별로 없을 거라고 본 거죠. 그 대신 공정거래위원회를 강화해줘라, 사후 관리를 강화할 수 있게. 공정거래위원회 경제경찰을 아주 강하게 하자, 그쪽으로 간 건데요." 노무현『진보의 미래: 다음 세대를 위한 민주주의 교과서』, 동녘 2009, 232면.

26 국가의 직접 개입 대신 네트워크를 통해 대기업-중소기업 간 격차를 줄이고 전체 경제에서 중소기업이 더 큰 역할을 맡도록 하는 것은 남북한 경제통합 과정에서 함께 지향해야 할 상호변화의 방향이기도 하다. 빈곤과 환경 문제에는 투자자 소유기업과 국가가 영향을 미치는 데 한계가 있을 수 있다. 이러한 문제에 대응하기 위해 여러 종류의 네트워크형 조직형태의 실험을 전개해보아야 할 것이다. 앞의 졸저 6장 참조.

27 광역경제권과 일치하는 행정단위를 만들어낼 수 있다면 이는 현재의 국가체제를 연방제국가로 재구성하는 기초가 될 수 있다. 새로운 광역행정단위를 형성하기 어렵다면 광역경제권에 포함되는 행정단위들 사이의 조정, 광역경제권과 중앙정부

나 국회 사이의 조정을 행할 수 있는 기제를 마련해야 한다. 전병유 외 『지방정부 주도의 분권정책 실행 방안: 분권자치형 국가발전 모델 연구』, 한신대 산학협력단 2011.

제3부 변혁적 중도주의의 실천

분단체제 변혁의 전략적 설계를 위하여 • 이승환

1 유재건 「역사적 실험으로서의 6·15시대」, 『창작과비평』 2006년 봄호 283면; 본서 124면.

2 백낙청 「2013년체제와 변혁적 중도주의」, 『창작과비평』 2012년 가을호 27면; 본서 101면.

3 백낙청은 "근대세계체제의 변혁을 위한 적응과 극복의 이중과제를 한반도 차원에서 실현하는 일이 분단체제 극복작업이고, 그 한국 사회에서의 실천노선이 변혁적 중도주의"라고 규정하고 있다. 백낙청 「큰 적공, 큰 전환을 위하여」, 『백낙청이 대전환의 길을 묻다』, 창비 2015, 63면.

4 '반공규율사회'란 용어는 조희연이 처음 사용하였다. 조희연 「한국의 경제성장과 정치변동: '반공규율사회'와 '국가주의적 발전동원체제의 형성, 균열, 위기 및 재편의 과정」, 『성공회대학논총』 13호(1999).

5 장준하는 1972년 7·4남북공동성명 직후 『씨올의 소리』 1972년 9월호에 「민족주의자의 길」을 발표하였는데, 여기에서 그는 "갈라진 민족, 둘로 나누어진 자기를 다시 하나로 통일하는 이상의 명제는 없다. (…) 모든 통일은 좋은가? 그렇다"라고 격정적으로 토로하고 있다.

6 1989년 문익환 방북 당시 허담 조국평화통일위원회 위원장과 공동명의로 발표된 '4·2남북공동성명' 제4항은 "쌍방은 누가 누구를 먹거나 누가 누구에게 먹히우지 않고 일방이 타방을 압도하거나 타방에게 압도당하지 않는 공존의 원칙에서 연방제 방식으로 통일하는 것이 우리 민족이 선택해야 할 필연적이고 합리적인 통일방도가 되며 그 구체적인 실현방도로서는 단꺼번에 할 수도 있고 점차적으로 할 수도 있다는 점에 견해의 일치를 보았다"고 되어 있다.

7 물론 '6·15담론'에 대한 남북의 해석이 동일한 것은 아니다. 이에 대해서는 박순성 「북핵실험 이후, 6·15시대 담론과 분단체제 변혁론」, 『창작과비평』 2006년 겨울호 등을 참조하라.

8 『조선일보』는 2014년 초 박근혜 대통령의 '통일 대박' 발언 이후 '통일이 미래다'

라는 제목의 연속특집을 통해 남북의 점진적 경제통합에 의한 'M&A 방식의 통일'을 제시하면서, 그 과정에서 설사 북한 급변사태로 인한 갑작스런 통일이 와도 일정 기간 동안은 북한을 행정·경제특구로 운영하는 '2지역체제'를 유지해야 한다는 주장을 내놓았다.

9 구갑우 「평화국가, 평화적 방법에 의한 평화를 추구하는 새로운 정치체」, 참여연대 평화군축센터 엮음 『평화백서 2008—시민, '안보'를 말하다』, 아르케 2008, 25면.

10 이대훈 「남북관계에서 민족과 국가의 주도성」, 민화협 여성위원회 주최 2007 여성평화대토론회 '통일운동이 여성운동에게, 여성운동이 통일운동에게' 자료집(2007.6.7.) 61면.

11 구갑우, 앞의 글 25면.

12 분단체제론은 자본주의 세계체제의 일부로서 분단체제를 이해하는 것인데, 이는 냉전체제를 중심으로 전후 세계를 이해하는 것과 전혀 다른 방식이다. 냉전을 동서대립이 아니라 미국의 자본주의 세계체제 운영'전략'으로 이해하게 되면, 탈냉전 이후에도 한반도가 미국의 새로운 세계체제 운영전략의 지역공간이 되면서 냉전이 그대로 유지되고 있는 이유와 함께, 북핵문제의 원인, 북미·북일 수교가 추진되지 않고 있는 이유 등이 설명된다.

13 백낙청 「2013년체제와 포용정책 2.0」, 『2013년체제 만들기』, 창비 2012, 172면.

14 백낙청 「변혁적 중도주의와 소태산의 개벽사상」, 『어디가 중도며 어째서 변혁인가』, 창비 2009, 321면.

15 백낙청 「변혁과 중도를 다시 생각할 때」, 같은 책 179면; 본서 87면.

16 이혜정 「한미군사동맹 부르는 '자주화' 논란」, 『르몽드 디플로마티크』 2008년 창간호.

17 한국전쟁 시기 미국의 냉전전략가들은 '국가안보'를 교리화하고 NSC-68에 의한 국방예산 증대와 군산복합체 부활을 통해 안보국가의 물적 토대를 구축하는 한편, 군부개편과 국방개혁을 통해 국방성, 국가안보회의(NSC), 중앙정보부(CIA) 및 합동참모본부(JCS) 등을 완비하여 국가안보국가(National Security State)를 완성하였다. Daniel Yergin, *Shattered Peace: The Origins of the Cold War and the National Security State,* New York: Penguin Books 1977, 408면.

18 김동춘은 전쟁의 개념을 상시적인 군사대결 상태를 포함하는 것으로 넓게 해석하여 한반도의 분단상태를 '분단·전쟁체제'로 명명하였다. 김동춘 「분단·전쟁 체제에서 복지국가는 가능한가」, 윤홍식 엮음 『평화복지국가』, 이매진 2013, 29면. 김동춘의 '분단·전쟁체제'론은 주로 남한 사회를 대상으로 삼는다는 점에서 백낙청의 분단체제론과는 분석단위와 기본 발상에서 차이가 있다.

19 평화·복지동맹에 대한 논의는 참여사회연구소가 기획한 두권의 책을 참조할 수 있다. 윤홍식 엮음 『평화복지국가』와 조홍식·장지연 엮음 『평화와 복지, 경계를 넘어』, 이매진 2014.

20 이남주 「분단 체제와 평화 담론—평화 국가의 가능성과 경로를 중심으로」, 윤홍식 엮음 『평화복지국가』, 59면.

21 오랜 단일국가 생활의 역사와 재통일에 대한 광범한 원론적·정서적 합의가 실재하는 한반도에서는 남과 북 두 주권국가의 느슨한 연합이 성립하는 것만으로도 레토릭 이상의 의미를 가지는 '통일을 향한 불가역적 과정'의 시작이라 볼 수 있기에 이를 '1단계 통일'이라 부른다 해도 지나치지 않다. 이에 대해서는 백낙청 『한반도식 통일, 현재진행형』, 창비 2006을 참조하라.

22 이 글에서는 다루지 않았지만, (남한도 포함하여) 북한의 안보국가주의를 규율하는 또 하나의 방법은 국제연대와 다자간 협약의 추진이다. 이는 세가지 문제영역을 포함한다. 우선 국제연대와 다자간 협약 추진을 위해서는 적대적 군사동맹에 가입하지 않거나 그것을 변화시키려는 노력이 전제가 된다. 남한의 경우 전시작전권 환수 등 적대적 군사동맹으로서의 한미동맹의 성격을 변화시키는 동맹 재조정이 필수적이다. 둘째로 6자회담 같은 틀을 공동안보를 위한 지역 평화협력체제로 발전시키는 것이다. 이는 다자간 협약의 틀에서 북한의 국가주의를 통제하는 유력한 방안이 된다. 유라시아 프로젝트 혹은 남·북·러 가스관 협력사업 등도 비핵화 추진과 관련한 다자간 경제프로젝트의 의미를 가질 수 있다. 셋째로는 민간 주도의 무장갈등 예방 노력인 울란바토르 프로세스나 시민사회-의회의 공동 이니셔티브 아래 '동아시아 평화회의'를 추진하려는 움직임 등의 '초국경적 시민운동'이 있다. 이는 북한만을 대상으로 하는 것이 아니라 초국경적으로 국가주의를 넘어서려는 시민외교 혹은 민간 국제연대라 할 수 있다.

23 10·4남북정상선언에서 제시된 '종전선언'은 협정의 형식은 아니지만 미국은 이를 평화협정과 동일한 것으로 간주해왔다. 또한 비핵화 문제나 NLL 문제, 주한미군 문제 등의 난제들은 미뤄두고 우선 가능한 상호위협 감소의 실현을 위해 '잠정협정'을 체결하자는 의견도 평화협정과 관련해서는 매우 현실적인 주장의 하나이다.

24 포괄적인 의미의 안보-안보 교환모델은 임동원, 이종석, 조성렬 등이 제시하였다. "적대관계를 유지하는 정전체제하에서의 '선 관계개선 후 평화'라는 전략은 성공하지 못했습니다. 따라서 이제 발상의 전환을 통해 접근방법을 바꿀 때라고 생각합니다. 군사정전체제를 평화체제로 전환하는 노력 없이는 군사적 대결과 군비경쟁, 미북 적대관계의 산물인 북핵문제의 근본적 해결이나 남북관계와 미북관계 정상화를 기대하기 어렵기 때문입니다." 임동원 인터뷰 「평화 없는 통일은 대

박일 수 없다… 교류협력부터 하라」, 『한겨레』 2014.2.17.

25 이승환「이명박정부 이후의 대북정책 구상」, 『창작과비평』 2012년 가을호 134면.

26 남북연합이 통일의 최종형식이 될 수도 있다는 주장은 '완전통일' 신화에 대한 도전이며, 남북연합 자체를 낮은 단계에서 높은 단계로 발전해나가는 과정적 개념으로 보려는 것이다. 또한 형식의 문제인 연합과 연방의 차이를 크게 강조하지 않으려는 입장이기도 하다. 그런 점에서 이러한 입장은 '과정으로서의 통일론' 혹은 '단계적 통일론'과 배치되는 것이 아니다.

27 백낙청「북의 핵실험 이후: '제3당사자'로서 남쪽 민간사회의 역할」, 『어디가 중도며 어째서 변혁인가』, 창비 2009, 148~49면.

28 김현「독립국가연합의 사례」, 신정현 외 『국가연합 사례와 남북한 통일과정』, 한울아카데미 2004, 213면.

29 물론 군사적 긴장이 중첩되어 있는 한반도 상황에서 평화경제론은 유럽과 다른 의미를 가지며, 평화경제론에 근거한 한반도 통합과정이 유럽처럼 당국과 자본 중심으로 추진될 가능성도 그리 높지 않다고 보인다. 문제는 경제통합 중심의 기능적 통합에 치중할 경우 시민참여의 양과 질이 보장되기 어렵고, 남북관계와 정권의 부침에 따른 불안정을 피하기 어렵다는 점이다.

30 김동진「한반도 평화구축과 인도적 대북지원」, 우리민족서로돕기운동 평화나눔센터 제56회 정책포럼 발표문(2013.7.23.) 21면.

31 김종엽「분단체제와 87년체제」, 김종엽 엮음 『87년체제론』, 창비 2009, 44면.

32 박명규는 기업이나 비정부기구 등 남한의 시민사회가 남북관계의 질적 차이를 가져오고 있다고 보고, 이 시민사회적 공간과 시장상황 등은 시간적 차원에서 '구성성'이라는 새로운 특성을 보인다고 주장한다. 박명규 『남북 경계선의 사회학』, 창비 2012, 83면 참조.

33 같은 책 79면.

34 사실 이 플랫폼은 이미 '6·15민족공동위원회'를 통해 실험되어왔다고 볼 수 있다. 다만 현재의 6·15공동위원회는 과도하게 설정되어 있는 6·15해외측위원회의 위상 조정을 포함하여 구조와 활동방향에서 몇가지 혁신이 있어야 플랫폼으로서의 기능과 역할을 수행해나갈 수 있다고 판단된다.

35 백낙청「6월항쟁 20주년에 본 87년체제」, 김종엽 엮음, 앞의 책 64면.

신자유주의적 권위주의 국가와 생활정치 • 김현미

1 홍성태「촛불집회와 민주주의」, 『경제와사회』 2008년 겨울호 10~39면.

2 정태석「광우병 반대 촛불집회에서 사회구조적 변화 읽기」, 『경제와사회』 2009년

봄호 251~72면.

3 이기호 「생활정치의 관점에서 본 한일간 시민운동의 비교연구」, 『시민사회와 NGO』 2003년 상반기호 173~264면.

4 엄기호 『아무도 남을 돌보지 마라』, 낮은산 2009, 184면.

5 리처드 세넷 『뉴캐피털리즘』, 유병선 옮김, 위즈덤하우스 2009.

6 주디스 버틀러·가야트리 스피박 『누가 민족국가를 노래하는가』, 주해연 옮김, 산책자 2008, 87면.

7 질 들뢰즈 외 『비물질노동과 다중』, 김상운·서창현 옮김, 갈무리 2005.

8 416 세월호 참사 시민기록위원회 작가기록단 『금요일엔 돌아오렴』, 창비 2015, 195면. 강조는 인용자.

9 주디스 버틀러 『불확실한 삶』, 양효실 옮김, 경성대출판부 2008.

10 정태석, 앞의 글 258면.

11 세넷, 앞의 책 218면.

12 「시간제 노동자가 40… 그래도 차별은 없다」, 『한겨레』 2009.5.14.

13 세넷, 앞의 책 220면.

14 Patrick Burman, *Killing Time, Losing Ground: Experience of Unemployment,* Toronto: TEP Inc. 1988.

15 김영옥 「여성·국가·촛불」, 당대비평 기획위원회 엮음 『그대는 왜 촛불을 끄셨나요』, 산책자 2009.

16 자크 데리다 『환대에 대하여』, 남수인 옮김, 동문선 2004.

87년체제 극복과 변혁적 중도의 정치 • 이남주

1 최근 이러한 문제를 잘 보여주는 통계로 자살률이 많이 인용되고 있다. 한국의 자살률은 1990년대 초반까지는 인구 10만명당 10명 이하를 기록했으나, 2003년 20명을 돌파하고 2009~11년에는 30명을 상회했다. 2013년에 28.5명으로 하락했으나 여전히 OECD 국가 중 압도적 1위이다(OECD 평균은 12명 전후). 유엔 세계행복보고서(UN World Happiness Report)의 관련 통계도 유사한 문제를 보여준다. 2016년 보고서에 따르면 한국은 행복지수가 58위에 머물러 2013년 보고서의 41위보다 17계단이 떨어졌다(http://worldhappiness.report/wp-content/uploads/sites/2/2015/04/WHR15.pdf). 특히 2016년 사회적 지지(social support, 어려울 때 도움을 요청할 가족이나 친구가 있는가라는 질문에 대한 답) 관련 점수가 세계평균(0.810)보다도 낮은 0.778이었다(1에 가까울수록 긍정적 평가). 이 한국 관련 통계의 함의에 대해서는 정해식 「행복도 추이와 설명요인: UN 세계행복보고서를

중심으로」, 『보건·복지 Issue & Focus』 317호(2016.6.13.)를 참고.

2 우리 사회에서 '수구'란 보수보다 더 퇴행적이며 극단적인 이념적 경향을 지칭한다. 특히 보수는 근대민주주의 틀 내에서 작동하지만, 수구는 이를 부정하는 경향을 의미하는 경우가 많다. 김호기 「2000년 이후의 보수 세력: 수구적 보수와 뉴라이트 사이에서」, 『기억과전망』 2005년 가을호 69면 참조. 이러한 구분은 여전히 유의미한데, 더 중요하게 지적되어야 할 문제는 왜 다른 민주주의 국가에서는 주변적 경향에 머무르는 극우 등의 수구적 세력이 우리 사회에서는 압도적 영향력을 행사하고 있는가이다. 이는 분단체제의 작용과 분리해서는 설명하기 어렵다.

3 필자는 이 정치기획을 '신종 쿠데타' 혹은 '점진 쿠데타'로 규정한 바 있다. 이에 대해서는 2절에서 상술하는데, 더 자세한 논의는 이남주 「수구의 '롤백 전략'과 시민사회의 '대전환' 기획」, 『창작과비평』 2016년 봄호를 참고.

4 조르조 아감벤 『예외상태』, 김항 옮김, 새물결 2009, 24~27면 참고. 또한 홍민은 '분단-안보 프레임'으로 예외상태가 창출되고 일상화되는 메커니즘을 분석한 바 있다. 홍민 「분단과 예외상태의 국가」, 동국대 분단/탈분단연구센터 엮음 『분단의 행위자 — 네트워크와 수행성』, 한울아카데미 2015.

5 졸고 「이명박정부의 통치 위기: 민주적 거버넌스와의 부조화」, 『창작과비평』 2010년 가을호 참조.

6 처음에는 군사쿠데타와의 차별성을 강조하기 위해 '신종 쿠데타'라는 개념을 사용했으나 '점진'이 그 새로운 특징을 포착하는 장점이 있어 후에 '점진 쿠데타'라는 개념을 사용하기 시작했다. 졸고 「역사쿠데타가 아니라 신종 쿠데타 국면이다」, 〈창비주간논평〉 2015.11.25.

7 백낙청은 시대교체의 열망을 모아야 정권교체라는 일차적 목표를 달성하는 것이 가능하다는 고려에서, 2012년 선거를 앞두고 단순히 정권교체가 아닌 '2013년체제 건설'이라는 목표를 제시한 바 있다. 선거 패배로 그 기획은 수포로 돌아갔지만 이러한 인식은 2017년 새로운 대선이 다가오는 현시점에도 여전히 유효하며, 현재로서는 '대전환'이라는 개념으로 이러한 문제의식을 진전시키고 있다. 이에 대해서는 백낙청 「큰 적공, 큰 전환을 위하여: 2013년체제론 이후」, 『창작과비평』 2014년 겨울호; 『백낙청이 대전환의 길을 묻다』, 창비 2015 참고.

8 이에 대해서는 김종엽 「분단체제와 87년체제」, 『창작과비평』 2005년 겨울호; 김종엽 엮음 『87년체제론』, 창비 2009를 참고.

9 백낙청 「6·15시대의 대한민국」, 창비 신년사 2006.1.1.(http://www.changbi.com/archives/1275?cat=78). 이후 변혁적 중도주의는 정세 변화에 따라 더 구체화되어왔다. 이에 대해서는 졸고 「전지구적 자본주의와 한반도 변혁」」, 『창작과비평』

2008년 봄호; 백낙청 『어디가 중도며 어째서 변혁인가』 창비 2009; 「2013년체제와 변혁적 중도주의」, 『창작과비평』 2012년 가을호(본서 제1부 제3장); 「큰 적공, 큰 전환을 위하여」 등을 참고.

10 이후 열린우리당 및 이를 계승한 정당들의 지지도는 선거 때마다 부침을 거듭했으며 이 정당들의 성공은 전략적 투표에 크게 의존했다. 야권 지지층을 자신의 지지기반으로 전화시키기 위한 적극적인 노력이 없이 그들을 단순히 자신의 표밭으로 간주하는 식으로는 선거에서 승리하기 어렵다. 2016년 4월 총선에서 더불어민주당의 정당지지율이 크게 하락한 것도 이러한 요인으로 설명할 수 있다.

11 여기에는 당시 확산되던 신자유주의 담론의 부정적 효과가 있다. 신자유주의를 비판하는 것은 필요하지만, 한국에서 신자유주의 극복을 위해서는 당장 무엇을 우선적인 정책목표로 할 것이며, 이를 위해 어떤 정치연합을 이루어낼지에 대한 구체적인 고민이 필요하다. 신자유주의 비판론만 가지고는 해결할 수 없는 문제이다.

12 손호철 교수는 2007년 8월 27일자 〈프레시안〉에 게재된 「그렇다. 문제는 경제, 신자유주의다」라는 글에서 "우리의 신자유주의를 그대로 남겨놓은 상태에서의 남북경협은 오히려 월스트리트의 금융자본과 한국재벌이 중심이 된 한국의 종속적 신자유주의의 북한으로의 영토적 확장이 되고 말 것이다"라고 주장한 바 있다(http://www.pressian.com/news/article.html?no=85370). 물론 그런 가능성을 배제할 수는 없지만 남북협력이 신자유주의의 극복, 그 폐해를 줄일 기회를 제공할 수 있다는 점을 전혀 고려하지 않는 것은 문제이다.

13 '종북'이라는 표현은 2007~8년 사이에 민주노동당 내 논쟁을 거치며 확산되었는데, 현재는 애초 사용자들의 의도와는 달리 수구보수가 자신들에 대한 대부분의 비판세력을 공격하는 표현으로 전유되었다. 진보파 내에서 종북과 같이 그 함의가 모호하지만 분단체제에서 매우 강력한 정치적 효과를 발휘하는 표현으로 정치적 견해가 다른 사람들을 비판한 것 자체가, 분단체제가 한국 사회에서 작동하는 방식에 무관심한 데서 비롯된 문제이다.

14 이는 최장집이 『민주화 이후의 민주주의』, 후마니타스 2005에서 전개한 주요 논지이며, 이같은 논지로 당시 노무현정부와 열린우리당을 비판했다.

15 최장집 교수는 2007년 대선 전과 후에 여러차례 '정권교체〔가 이루진다면, 이〕는 정상적인 민주적 선거경쟁의 결과'라는 논지를 반복해서 주장했다. 논리적으로 타당하고 노무현정부에 적절한 비판도 있었지만, 적어도 한나라당으로 정권교체되었을 때의 결과까지 고려해서 이야기할 필요가 있었다. 정권교체 이후에도 노무현정부 시기와 큰 차이가 없는 상황이 전개될 것이라는 태도는 그가 현실을 잘못 판단하고 있었음을 보여준다.

16 이 시기 연합정치론과 변혁적 중도의 관계에 대해서는 졸고 「정치연합, 진보개혁 세력 상생의 길」, 『창작과비평』 2010년 봄호를 참고.

17 '인간안보'는 유엔의 「인간 개발 보고서(Human Development Report) 1994」에서 적극 제기된 개념으로, 국가안보에 초점을 맞춘 전통적 관점에서 개인·시민에 초점을 맞춘 안보로의 전환을 요구한다.

18 2016년 5월 22일 기자간담회에서 심상정 정의당 상임대표는 후보단일화 중심의 야권연대에서 탈피하고 앞으로는 "정당명부비례대표제와 결선투표제를 골자로 하는 선거제도 개혁투쟁에 집중할" 것이라고 밝혔다(http://www.justice21.org/newhome/board/board_view.html?num=65686&page=10). 정의당이 정치적 자주성이 보장되지 않는 무조건적 연대에서 벗어날 필요는 있다. 그렇지만 선거제도 개혁에만 초점을 맞추는 것으로 정치적 존재감을 증대할 수 있을지는 의문이다. 자칫하면 이 역시 정의당의 자기 몫 챙기기로 비칠 수 있다. 이보다 변혁적 중도와 같이 한국 사회와 한반도에서 진정한 진보를 실현할 수 있는 비전을 생산하고 이를 꾸준히 실천하는 작업이 더 중요하다.

19 2012년 이후의 정치연합이 진전되는 과정에서 정치개혁이 결과적으로 야권 내의 기득권을 보호하는 부작용이 있다는 우려를 더 분명하게 제기하고 그 해결방안을 진지하게 논의하고 고민했어야 했다. 당시에는 선거 승리를 위해 야권의 정치연합이 필요하다는 점이 지나치게 부각되었다. 사실 정치연합에 따른 부작용은 2012년 4월 총선에서 이미 드러났으나 12월 대선까지 해결할 시간과 수단이 없었다. 이는 야권연합 추진과 관련해 지금까지 중요한 문제로 남아 있다. 야권연합이 현실 정치세력들간의 이익조정으로 귀결될 경우에는 이를 위한 사회적 동력을 만들어내기 어렵고 선거에 대한 영향도 긍정적이지만은 않다.

전환을 위한 새로운 연대, 새로운 주체: 모두의 안녕을 위한 따뜻한 연대 • 이태호

1 "If we want things to stay as they are, things will have to change." 기득권자들의 유연한 잡식성의 적응력이나 낡은 체제가 야기하는 사회적 부담과 비용을 빗댄 표현이다. 주세뻬 또마시 디 람뻬두사(Giuseppe Tomasi di Lampedusa)의 소설 *Il Gattopardo* (The Leopard) 1958; 이매뉴엘 월러스틴 『자유주의 이후』, 강문구 옮김, 당대 1996, 10, 68~69면에서 재인용.

2 1989년 11월 베를린장벽을 무너뜨린 시위사태는 그 한달 전 동독 라이프치히에서 시작되었다. 당시 시위대가 내걸었던 구호는 "우리가 인민이다(Wir sind das Volks)"였다. 베를린장벽 붕괴를 계기로 동구 사회주의 붕괴 도미노가 시작되어 2년 후인 1991년 겨울 소련이 해체되었다. 한편, 2008년 리먼브러더스 파산을 도

화선으로 미국발 세계 경제위기가 발생했고 미연방준비은행, IMF, 세계은행 등이 공식적으로 신자유주의의 문제점을 시인했다. 2011년 월가를 점거한 시위대들이 내건 대표적인 구호는 "우리가 99의 인민이다(We are the 99 people)"였다. 동구의 인민공화국들이 인민에 의해 거부당한 지 만 20년 만에, 월가와 신자유주의를 인민의 이름으로 거부하는 시위가 전세계 인민의 공명을 얻어냈다.

3 에드워드 오스본 윌슨 『지구의 정복자: 우리는 어디서 왔는가, 우리는 무엇인가, 우리는 어디로 가는가?』, 이한음 옮김, 최재천 감수, 사이언스북스 2013, 297면.

4 상리공생이란 서로 다른 종의 생물이 상호작용을 통해 이익을 주고받는 관계를 말한다. 예컨대 균류(버섯, 곰팡이)와 조류의 공생체인 지의류가 없으면 대개의 육지 식물들이 생장할 수 없다. 톰 웨이크퍼드 『공생, 그 아름다운 공존』(원제 Liaisons of Life), 전방욱 옮김, 해나무 2004; Suzanne Simard, "The networked beauty of forests-Suzanne Simard", TED-Ed 2014.04.14. (http://ed.ted.com/lessons/the-networked-beauty-of-forests-suzanne-simard) 참조.

5 「알기쉬운 지속가능발전목표 SDGs」, 국제개발협력시민사회포럼(KoFID), 한국국제개발협력단(KOICA) 공동 발행, 2016(http://www.kofid.org/ko/book.php?type=publication).

6 박순성 「한반도 분단현실에 대한 두 개의 접근」, 동북대학교 분단/탈분단연구센터 엮음 『분단의 행위자: 네트워크와 수행성』, 한울 2015, 38~45면.

7 홍민 「분단과 예외상태의 국가」, 동북대학교 분단/탈분단연구센터 엮음, 앞의 책 134~37면; 조르조 아감벤 『예외상태』, 김항 옮김, 새물결 2009 참조.

8 백낙청 『어디가 중도며 어째서 변혁인가』, 창비 2009 참조.

9 「교황 성모승천대축일 미사 강론 전문」, 〈노컷뉴스〉 2014.8.15.(http://www.nocutnews.co.kr/news/4074370).

10 캐나다 저널리스트인 나오미 클라인이 그의 저서 『쇼크 독트린』(*The Shock Doctrine: The Rise of Disaster Capitalism*)에서 사용한 개념이다. 나오미 클라인에 따르면, 쇼크 독트린은 충격적인 사건이 벌어졌을 때 시민들의 공포를 이용해 지배세력을 위한 체제를 강화시키는 '재난자본주의'의 수법이다. "쇼크 독트린의 신봉자들이 보기에, 마음껏 그릴 수 있는 백지를 만들어내는 위대한 구원의 순간은 홍수, 전쟁, 테러공격이 일어난 때다." 나오미 클라인 『쇼크 독트린』, 김소희 옮김, 살림Biz 2008, 34면 참조.

11 글렌 그린월드 『더 이상 숨을 곳이 없다: 스노든, NSA, 그리고 감시국가』, 박수민·박산호 옮김, 모던타임스 2014 참조.

12 졸고 「시민운동의 위기와 새로운 혁신의 과제」, 『시민과 세계』 2008년 상반기호,

참여사회연구소 2008 참조.

13 구갑우 「녹색·평화국가론과 한반도 평화체제」, 『통일과 평화』 2집 1호, 서울대학교 통일평화연구원 2010, 9~14면; P. Evans, D. Rueschemeyer, and T. Skocpol, eds., *Bringing the State Back In*, Cambridge: Cambridge University Press 1985; 더글러스 러미스 『경제성장이 안 되면 우리는 풍요롭지 못할 것인가?』, 김종철·이반 옮김, 녹색평론 2006.

14 해경은 세월호 구조구난업무를 '한국해양구조협회' 소속 인양업체 언딘에게 독점하도록 한 일에 대해 "구조나 수색 이런 점에선 오히려 [정부보다] 민간[언딘]이 실력이 낫다"고 변명했다. 「자본주의, 참사의 문고리를 잡고 웃다」, 『한겨레 21』 2014.05.13.(http://h21.hani.co.kr/arti/cover/cover_general/37035.html).

15 청와대 국가안보실은 세월호 참사에 대한 컨트롤타워가 아니라고 부인했다. 참사 당일 인근에서는 적어도 한·미·호주 등의 해군이 참여한 해군연합기동훈련인 '쌍용'이 진행되고 있었지만 그 함정들은 세월호 참사 구조현장에 나타나지 않았다. 2012년 이후 매년 제주도 인근에서는 한미일 해군이 '수색구조'(search and rescue) 훈련이라는 명분으로 해양차단(maritime interdiction)작전 훈련을 실시해오고 있지만 결과적으로 미일 해군의 어느 전력도 세월호 참사 수색구조 임무에는 동원되지 않았다.

16 국가안보라는 이데올로기적 추상 개념을 헌법에 처음 등장시켜 헌법의 평화주의 원리를 형해화한 것은 1972년 유신헌법에서부터였다. 이경주 「개헌사와 평화주의」, 『평화권의 이해』, 사회평론 2014, 130~34면.

17 국가안보라는 전통적인 인식틀을 갖고는 결코 문제를 해결할 수 없다는 전제 아래 냉전 이후 유엔 내의 독립위원회들에 참가한 NGO와 학자들은 안보 개념의 재정의를 시도했다. 이들의 결론은 대체로 다음과 같다. '군사력이 반드시 안보를 보장하지는 못한다.' '세계화시대에 진정한 안보란 일국 차원에서는 달성될 수 없다.' '국가의 안보에 대한 전통적 접근은 적절하지 못하며, 여기에 국민들의 안전과 행복이 포함될 필요가 있다. 결국 진정한 안보를 위해서는 군대보다 민주적 거버넌스와 활발한 시민사회가 더 중요할 수 있다.' '비군사적 요소가 안보와 안정에 훨씬 중요할 수 있다. 자원 경쟁, 환경 파괴, 가난과 빈부격차, 인구 증가, 실업과 생계불안 등이다.' 마이클 레너 「안보의 재정의」, 월드워치연구소(The Worldwatch Institute) 엮음 『지구환경보고서 2005: 특별기획 지구안보』, 오수길·진상현·남원석 옮김, 도서출판 도요새 2005, 31~32면.

18 「존엄과 안전에 관한 4·16 인권선언」. 2016.08.04 현재 4,361명이 선언에 동참했다(http://rights.416act.net/).

19 2016년 4월 16일 2주기 추모행사에 참여한 방송인 김제동은 "아이들이 곧 국가"라고 일갈했다.

20 「진실, 정의, 배상, 재발방지 보장에 관한 유엔 특별보고관 보고서」(http://www.ohchr.org/Documents/Issues/Truth/A-HRC-30-42.pdf).

21 ""참사를 겪은 사람들은 다시 삶을 살아내기 위해 어떤 도움이 필요하다고 이야기를 하던가요?" 두가지 이야기를 했습니다. '우리에게 진짜로 벌어진 일을 밝혀 세상에 들려주세요.' '우리가 겪은 비극으로부터 사회가 뭔가를 배우면 좋겠습니다.'" 이원재 「쓰나미와 세월호 존엄과 안전에 관한 4·16 인권선언」, 『한겨레』 2014.10.07.

22 '권리 기반 접근'이라고도 번역한다. 「UN Principle and guidline for a human rights approach to poverty reduction strategies」(http://www.ohchr.org/Documents/Publications/PovertyStrategiesen.pdf).

23 「인권기반개발협력 애드보커시 수행가이드」, 한국인권재단 2015, 35~37면.

24 참여연대·경실련 등 시민단체들의 활동이 인권 기반 접근으로 나아가기보다는 요구(수요) 기반 접근에 머물고 것은 아닌지 스스로 경계하고 성찰해야 한다. 실사구시하면서 합리적 대안을 추구하겠다는 좋은 취지에도 불구하고 이미 형성된 사회적 수요를 만족시키는 미시적·정태적 운동에 몰입하거나 제도나 관행의 허용범위 내에서 절충 혹은 조율하는 일에 자족하는 일은 없는지 반성해야 한다.

25 "사람들의 권리를 충족시키기 위해 일하는 것과 수혜자의 요구를 충족시키기 위해 일하는 것 간에는 중대한 차이가 있다. 요구가 충족이 안되는 상태가 불만족이라면, 권리가 존중되지 않은 상태는 침해에 해당하기 때문이다. 권리를 침해받은 이들은 합법적으로 정당한 배보상을 요구할 수 있다." 「The Human Rights Based Approach」, United Nation Population Fund(UNFPA) 웹사이트 http://www.unfpa.org/human-rights-based-approachsthash.IxlTqgxg.dpuf 참조.

26 "If I can't dance, I don't want to be part of your revolution." 19세기 페미니스트 에마 골드먼(Emma Goldmann)이 한 말로 알려져 있지만 문헌으로는 확인되는 바 없다. *Emma Goldman: Anarchist Woman*, Filiquarian Publishing, LLC. 2008, 55면.

27 "인권 기반 접근은 가장 주변화되거나 배제당하거나 차별당하는 이들에게 초점을 둔다. 인구 중 가장 주변화된 소외된 부분에 영향을 미칠 수 있도록 개입하기 위해서는 성(젠더)에 대한 규범, 다양한 형태의 차별, 권력 불균형을 분석하는 것이 요구된다." 「The Human Rights Based Approach」, United Nation Population Fund(UNFPA) (http://www.unfpa.org/human-rights-based-approachsthash.IxlTqgxg.dpuf); UN Practitioner's Portal on Human Rights Based Approaches to

Programming(HRBA Portal) (http://hrbaportal.org/) 참조.

28 여성들이 운동의 주인공이 되면서 사회운동에 새로운 내러티브(서사)를 공급하고 있다. 밀양구술프로젝트 『밀양을 살다: 밀양이 전하는 열다섯 편의 아리랑』, 오월의봄 2014 참조.

29 조지 레이코프는 그의 저서 『코끼리는 생각하지 마』에서 보수주의는 주로 '엄한 아버지' 프레임, 진보주의는 주로 '자애로운 어머니' 프레임에 그 도덕적 가치의 기반을 둔다고 주장한다. 조지 레이코프는 또한 가치 기반 접근을 강조한다. 조지 레이코프 식으로 분류하자면 인권 기반 접근·성인지적 접근은 본질적으로 '자애로운 어머니'의 가치 혹은 돌봄의 가치를 확장하는 프레임으로서 '종북불순세력 vs. 친일친미지배세력'으로 국가주의적·가부장적 대결구도로 이뤄지고 고착된 정치적 대결구도에 새로운 상상력과 정치적 주체를 공급할 수 있다. 조지 레이코프 『코끼리는 생각하지 마: 10주년 전면개정판』, 유나영 옮김, 와이즈베리 2015 참조.

30 2015년 6월 15일 정의당 당대표 후보에 출마한 조성주는 출마선언문에서 "민주화 이후의 민주주의, 노동운동 밖의 노동에 대한 경험과 대안 부족이야말로 지금 진보정치에 가장 절박한 문제"라고 지적하고 2세대의 진보정치는 '광장 밖 사람들의 삶'에서 출발할 것을 제안했다(http://media.daum.net/politics/others/newsview?newsid=20150619181020234).

31 한석호 「노동운동의 눈과 심장을 민주노총 바깥으로 옮겨야 한다」, 『매일노동뉴스』 2016.8.8.

32 졸고 「시대교체와 군사주의의 덫」, 『창작과비평』 2014년 봄호 참조.

33 더불어민주당 을지로위원회의 활동은 이런 종류의 활동에서 모범이 될 만하다.

34 야당의 정책은 주로 젊은 유권자들을 비롯한 대부분의 유권자들이 경제적으로는 진보적이고 안보에는 보수적이라는 여론조사기관들의 분석에 의존하고 있는 것으로 보인다. 그런데 젊은 유권자들이 실제 삶에서 부딪히는 경제·민생·노동문제의 절실함만큼 국가안보에 대해서도 절실한지는 꼼꼼히 따져봐야 한다.

35 4·16세월호참사 특별조사위원회 강제종료 문제는 행정부가 국회가 만든 법의 적용기간을 일방적이고 자의적으로 해석하여 헌법기구인 국회의 권한을 침해하고 독립 국가기구의 독립적 조사활동을 위법하게 가로막은 경우다.

36 레베카 솔닛 지음, 『이 폐허를 응시하라』, 정해영 옮김, 도서출판 펜타그램, 2012

정현곤(鄭鉉坤) 세교연구소 선임연구원, 시민사회단체연대회의 정책위원장, 계간 『창작과비평』 편집위원. 민족화해협력범국민협의회 사무처장, 6·15공동선언실천남측위원회 사무처장 역임. 저서로 『천안함을 묻는다』(공저)가 있음.

백낙청(白樂晴) 문학평론가, 서울대 명예교수, 계간 『창작과비평』 명예편집인. 최근 저서로 『어디가 중도며 어째서 변혁인가』 『문학이 무엇인지 다시 묻는 일』 『2013년체제 만들기』 『백낙청이 대전환의 길을 묻다』 등이 있음.

유재건(柳在建) 부산대 사학과 교수, 계간 『창작과비평』 편집위원. 공역서로 『고대에서 봉건제로의 이동』 『근대 세계체제』 『영국 노동계급의 형성』 등이 있음.

김종엽(金鍾曄) 한신대 사회학과 교수, 계간 『창작과비평』 편집위원, 세교연구소장. 저서로 『웃음의 해석학』 『연대와 열광』 『에밀 뒤르켐을 위하여』 『우리는 다시 디즈니의 주문에 걸리고』 『세월호 이후의 사회과학』(공저), 역서로 『토템과 터부』 『여자에겐 보내지 않은 편지가 있다』, 편서로 『87년체제론』 『A4 두 장으로 한국사회 읽기 2006-2008』 등이 있음.

김연철(金鍊鐵) 인제대 통일학부 교수. 노무현정부 통일부장관 정책보좌관, 한겨레평화연구소 소장 역임. 저서로 『북한의 산업화와 경제정책』 『만약에 한국사』 『실패한 외교』 『냉전의 추억』 『협상의 전략』 등이 있음.

이일영(李日榮) 한신대 글로벌협력대학 교수, 경제학. 계간 『창작과비평』 편집위원. 저서로 『중국의 농촌개혁과 경제발전』 『개방화 속의 동아시아』 『중국 농업, 동아시아로의 압축』 『새로운 진보의 대안, 한반도경제』 『혁신가 경제학』, 공저서 『개방화 속의 동아시아: 산업과 정책』 『WTO로 가는 중국: 변화와 지속』 『한반도경제론』 『한국형 네트워크 국가의 모색』 등이 있음.

이승환(李承煥) 경남대 정외과 박사과정. 시민평화포럼 공동대표, 민족화해협력범국민협의회 집행위원장, 6.15공동선언실천 남측위원회 집행위원장 등을 역임. 논문으로 「2000년 이후 대북정책담론 연구」, 공저서로 『민족화해와 남남대화』 등이 있음.

김현미(金賢美) 연세대 문화인류학과 교수. 저서로 『글로벌 시대의 문화번역』 『우리는 모두 집을 떠난다: 한국에서 이주자로 살아가기』, 공저서로 『친밀한 적: 신자유주의는 어떻게 우리의 일상이 되었나』 『젠더와 사회』 『한국 다문화주의 비판』 등이 있음.

이남주(李南周) 성공회대 중어중국학과 교수, 계간 『창작과비평』 편집위원. 세교연구소장 및 참여연대 평화군축센터 소장 역임. 저서로 『중국 시민사회의 형성과 특징』 『동아시아의 지역질서』(공저) 등, 편서로 『이중과제론』 등이 있음.

이태호(李泰鎬) 참여연대 정책위원장, 시민평화포럼 공동운영위원장, 4·16연대 상임운영위원. 「'시대교체'와 군사주의의 덫」 등의 글과 공저서로 『봉인된 천안함의 진실』 등이 있음.

서장 변혁적 중도의 실현을 위하여 • 정현곤 신고.

제1부 분단체제와 변혁적 중도론의 제기

분단체제의 인식을 위하여 • 백낙청 『창작과비평』 1992년 겨울호(통권 78호); 『분단체제 변혁의 공부길』(창작과비평사 1994). '보론'은 『창작과비평』 1992년 겨울호의 글을 책으로 간행하면서 붙임.

변혁과 중도를 다시 생각할 때 • 백낙청 『한겨레』 기획 '한국사회 미래논쟁'의 일환으로 집필, 『한겨레』 2007.6.16.; 『어디가 중도며 어째서 변혁인가』(창비 2009).

2013년체제와 변혁적 중도주의 • 백낙청 『창작과비평』 2012년 가을호(통권 157호). 본서에 실으면서 총 5절 가운데 5절을 빼고 보론을 붙임.

제2부 분단체제론의 지평

한반도 분단체제의 독특성과 6·15시대 • 유재건 『창작과비평』 2006년 봄호(통권

131호); 『지역과 사회』 2007년호. 원제는 '역사적 실험으로서의 6·15시대'로 본서에 실으면서 수정, 보완.

분단체제와 87년체제의 교차로에서 • 김종엽 『창작과비평』 2013년 가을호(통권 161호). 본서에 실으면서 수정, 보완.

분단체제와 북한의 변화 • 김연철 『창작과비평』 2015년 가을호(통권 169호). 본서에 실으면서 수정, 보완.

새로운 '한반도경제'를 위하여: 네트워크 경제모델의 제안 • 이일영 『창작과비평』 2012년 봄호(통권 155호). 원제는 '2013년 이후의 '한반도경제': 네트워크 모델의 제안'으로 본서에 실으면서 수정, 보완.

제3부 변혁적 중도주의 실천

분단체제 변혁의 전략적 설계를 위하여 • 이승환 신고.

신자유주의적 권위주의 국가와 생활정치 • 김현미 『창작과비평』 2009년 가을호(통권 145호). 본서에 실으면서 수정, 보완.

87년체제' 극복과 변혁적 중도의 정치 • 이남주 『창작과비평』 2016년 봄호(통권 171호). 본서에 실으면서 수정, 보완.

전환을 위한 새로운 연대, 새로운 주체 • 이태호 신고.

'창비담론총서'를 펴내며

한국사회에서 변혁의 방향과 이를 위한 새로운 주체 형성에 대한 관심이 그 어느 때보다 뜨거운 지금, 계간 『창작과비평』과 출판사 창비는 '창비담론총서'를 새로이 출간해 독자의 요구에 부응하려고 한다.

'창조와 저항의 자세'를 가다듬는 '거점'으로서의 역할을 다짐하며 출범한 『창작과비평』은 1970, 80년대와 90년대에 걸쳐 민족문학론, 리얼리즘론, 분단체제론, 동아시아론 등 우리 현실에 기반을 둔 실천적 담론들을 개발하고 사회적으로 확산해오면서 일정한 성과를 거두었다. 2000년대에 들어서도 이중과제론, 87년체제론 등 기존의 문제의식을 이어받으면서 변화하는 상황에 대응하는 새로운 담론을 통해 이론적 모색과 실천활동의 밑거름이 되고자 했다. 계간지 특집

형식 등으로 최근 제기해온 이런 담론의 일부를 이번에 단행본 체재로 엮어내는 것은 우리의 지적 궤적에 대한 하나의 중간결산이기도 하다.

총서의 간행에 즈음해, 우리가 계간지 창간 40주년을 맞아 약속한 것을 돌아본다. 창비가 우리 시대의 요구에 부응하는 과제 수행에 더 많은 이들이 동참할 수 있도록 앞장서되, 단순히 공론의 장을 제공하는 일을 넘어 '창비식 담론'을 만들겠다고 밝혔다.

그리고 '창비식 담론'은 '창비식 글쓰기'에 의해 뒷받침될 것이라고 했다. 여기서 말하는 '창비식 글쓰기'란 현실문제에 직핍해 날카롭게 비평하고 대안을 제시하는 논쟁적 글쓰기를 뜻하는데, 이것이야말로 문학적 상상력과 현장의 실천경험 및 인문사회과학적 인식의 결합을 꾀하는 창비가 남달리 잘해야 마땅한 일이다. 우리는 그 일에 나름으로 정성을 다해 기대에 보답하려는 자세를 견지해왔다.

우리는 한국이 직면한 여러 문제에 대한 현실대응력이 한반도의 중장기적 발전전망과 연결되어야 온전히 작동할 수 있다는 문제의식에 입각하여, 우리 사회의 주류와 비주류의 경계를 넘나들고 거대담론과 구체적인 실천과제 논의를 아우르면서 비판적이고도 균형잡힌 담론을 개척하는 데 일조해왔다고 자부한다.

이러한 노력이 한층 많은 공감을 얻기를 바라며 이 총서를 간행한다. 올해는 출판사 창비가 설립된 지 35주년이기도 해 그 출발의 의의가 더 새롭다.

'창비담론총서'라는 이름을 공유하는 책들이 모두 같은 성격은 아니다. 그야말로 창비가 개발하고 앞장서서 이끌어온 담론이 있는가 하면, 우리 사회의 여러 곳에서 벌어지는 논의에 창비가 한몫을 떠맡은 경우도 있다. 또한 총서에 해당 주제에 대해 반드시 일치된 견해만 수록하거나 모든 글들이 동일한 방향성을 갖도록 모은 것도 아니다. 그러나 '창비담론총서'의 이름에 값할 만큼의 특색과 유기적으로 연관된 지향점을 갖추고자 노력했다.

앞으로도 창비의 담론에 반향이 있는 한 그 성과를 묶어내는 작업은 계속될 것이다. 총서 간행을 계기로 우리 사회 안은 물론이고 동아시아와 세계에 이르기까지 소통의 범위가 확산되기를 바라는 마음 간절하다.

2009년 4월

'창비담론총서' 간행위원진을 대표해서

백영서 씀

창비담론총서5
변혁적 중도론

초판 1쇄 발행/2016년 9월 7일

엮은이/정현곤
펴낸이/강일우
책임편집/박대우·정편집실
조판/박아경
펴낸곳/(주)창비
등록/1986년 8월 5일 제85호
주소/10881 경기도 파주시 회동길 184
전화/031-955-3333
팩시밀리/영업 031-955-3399 편집 031-955-3400
홈페이지/www.changbi.com
전자우편/human@changbi.com

ISBN 978-89-364-8605-1 03300
978-89-364-7977-0 (세트)

* 책값은 뒤표지에 표시되어 있습니다.